KB118547

사회과학 연구를 위한

SPSS
AMOS
활용의 실제 2판 ——— | 김석우 저 |

STATISTICAL PACKAGE FOR THE SOCIAL SCIENCES
ANALYSIS OF MOMENT STRUCTURES

학지사

2판 머리말

2010년에 이 책의 초판을 낸 지 5년 만에 부족한 내용을 수정하고 새로운 내용을 추가하여 개정판을 내게 되었다. 그동안 많은 독자들에게 분에 넘치는 사랑을 받아서 기쁘기도 하지만 초판에 설명이 미진하거나 잘못 기술된 내용이 없었나 하는 두려움도 함께 갖고 있다.

이 책이 출판된 이후로 사회과학 연구에서 활용되는 통계 분석 방법의 변화는 크지 않았으나 초판에서 통계 분석 방법을 설명하기 위해 사용한 SPSS(Statistical Package for the Social Sciences)와 AMOS(Analysis of Moment Structures) 프로그램의 버전이 14.0에서 21.0까지 업그레이드가 되었다. 따라서 이번 개정판은 초판의 오류를 수정하고 업그레이드된 새 버전의 프로그램을 활용하여 재구성하였다. 그러나 SPSS와 AMOS 프로그램을 활용하여 수집된 자료를 올바른 통계 방법으로 분석하고 그 결과를 제대로 보고할 수 있도록 하는 데 중점을 두었던 초판의 집필 목적 및 방향은 그대로 유지하였다.

초판은 3부 19장으로 구성되었으나, 이번 개정판은 '4부 SPSS를 활용한 비모수 통계분석'을 추가하여 총 4부 25장으로 구성되어 있다. 구체적으로 1부에서는 데이터 다루기, 기술통계 및 빈도분석, 다중응답분석을 소개하고, 2부에서는 상관분석, 회귀분석, 교차분석, 신뢰도분석, t검정, 변량분석, 공변량분석을 설명하였다. 3부에서는 중다변량분석, 정준상관분석, 판별분석, 로지스틱 회귀분석, 군집분석, 요인분석, 경로분석, 확인적 요인분석, 구조방정식모형, 4부에서는 χ^2검정, 콜모고로프-스미르노프검정, 부호검정(Sign test), 크루스칼-왈리스검정, 프리드만검정, 런검정을 다루고 있다.

초판과 마찬가지로 이 책의 특징은 다음과 같다. 첫째, 통계 방법에 대한 수리적 지식이 없는 독자라도 자신의 연구문제와 유사한 문제를 찾아 그 방법을 따라 할 수 있도록 구성하였다. 둘째, 통계 분석에서 그치지 않고 분석 결과를 논문이나 보고서에 어떤 양식으로 제시하는가를 보여 줌으로써 보고서 작성에 어려움을 없애고자 하였다. 셋째, 중요한 부분을 원으로 표시하여 누구나 쉽게 따라 할 수 있도록 표시하였다.

이 책을 집필하며 최대한 오류를 줄이고 독자들에게 도움이 되는 책을 만들고자 나름대로 노력하였지만 여전히 부족함이 남아 있다. 그러한 부분은 전적으로 저자의 책임이자 능력 부족이라고 생각하며, 독자들의 격려와 조언을 통해 앞으로도 계속 수정ㆍ보완하여 더 좋은 책으로 만들어 나갈 것을 약속한다.

이 책이 개정되기까지 많은 분의 도움이 있었다. 이 책의 원고정리 및 교정에 도움을 준 김윤용, 장재혁 선생님과 이승배, 박정민, 서문효진 대학원생에게 고마운 마음을 전한다. 특히 전체적으로 원고편집을 하는 데 도움을 준 이승배 학생에게 감사한다. 이들의 헌신적인 노력이 없었다면 이 책은 제때에 출간되지 못했을 것이다.

끝으로 지금은 돌아가셨지만 항상 마음속에 계신 아버님과 언제나 큰 사랑으로 자식의 삶을 지켜봐 주시는 어머님께 깊은 감사를 드리고, 아울러 부족한 원고임에도 기꺼이 출간을 맡아 주신 학지사 김진환 사장님, 그리고 이 책의 출간을 위해 수고해 주신 편집부 관계자 여러분께 감사의 말씀을 전한다.

2015년 8월
금정산 연구실에서
김석우

1판 머리말

통계 방법에 대한 다양한 저서가 이미 출간되어 있지만 사회과학 영역의 연구 수행자들이 자신들의 연구에 대한 통계 분석에서 여전히 많은 어려움을 호소하고 있다. 이에 사회과학 연구에서 통계 분석을 하는 데 실제적으로 활용할 수 있는 좀 더 체계적이고 편리한 책이 필요함을 느끼게 되어 이 책을 집필하게 되었다. 따라서 이 책은 SPSS(Statistical Package for the Social Sciences) WIN 21.0 및 AMOS(Analysis of Moment Structures) 21.0 프로그램을 활용하여 수집된 자료를 올바른 통계 방법으로 분석하고 그 결과를 제대로 보고할 수 있도록 하는 데 중점을 두었다.

이 책은 총 3부 19장으로 구성되어 있으며 1부에서는 SPSS를 활용한 통계분석 입문, 2부에서는 SPSS를 활용한 기초통계 분석, 3부에서는 SPSS · AMOS를 활용한 고급 통계 분석을 다루고 있다. 구체적으로 1부에서는 데이터 다루기, 기술통계 및 빈도분석, 다중응답분석을 소개하고, 2부에서는 상관분석, 회귀분석, 교차분석, 신뢰도분석, t검정, 변량분석, 공변량분석을 설명하였다. 3부에서는 중다변량분석, 정준상관분석, 판별분석, 로지스틱 회귀분석, 군집분석, 요인분석, 경로분석, 확인적 요인분석, 구조방정식모형을 다루고 있다.

이 책의 특징은 다음과 같다. 첫째, 실제 연구에서 제기된 연구문제와 수집된 자료를 분석하였으므로 독자는 자신의 연구문제와 유사한 문제를 찾아 그 방법을 따라가기만 하면 된다. 둘째, 각 통계 방법을 설명한 다음에 그 처리 결과를 논문이나 보고서에 어떤 양식으로 제시하는가를 보여 주고 있다. 셋째, 여러 선택사항이 있거나 더 많은 설명이 필요할 경우에는 'more'를 이용하여 도움을 주고 있다. 넷째, 누구나 쉽게 따라 할 수 있도록 구체적인 과정을 그림과 함께 제시하고 있으며 중요한 부분은 원을 이용하여 표시하였다.

이 책을 집필하며 최대한 오류를 줄이고 독자들에게 도움이 되는 책을 만들고자 나름대로 노력하였지만 여전히 부족함이 남아 있다. 그러한 부분은 전적으로 저자의 책임이자 능력 부족이라고 생각하며, 독자들의 격려와 조언을 통해 앞으로도 계속 수정 · 보완하여 더 좋은 책으로 만들어 나갈 것을 약속한다.

이 책이 출간되기까지 많은 분의 도움이 있었다. 이 책의 원고정리 및 교정에 도움을 준 강영이, 김윤용, 정홍식, 채덕봉, 한홍련 선생님과 김수연, 서미란, 이승배 대학원생에게 고마운 마음을 전한다. 특히 전체적으로 원고편집을 하는 데 도움을 준 이대용 선생님에게 감사한다. 이들의 헌신적인 노력이 없었다면 이 책은 제때에 출간되지 못했을 것이다.

끝으로 지금은 돌아가셨지만 항상 마음속에 계신 아버님과 언제나 큰 사랑으로 자식의 삶을 지켜봐 주시는 어머님께 깊은 감사를 드리고, 아울러 부족한 원고임에도 기꺼이 출간을 맡아 주신 학지사 김진환 사장님, 그리고 이 책의 출간을 위해 수고해 주신 편집부 관계자 여러분께 감사의 말씀을 전한다.

2010년 1월
금정산 연구실에서
김석우

차 례

2005　　2006　　2007　　2008　　2009

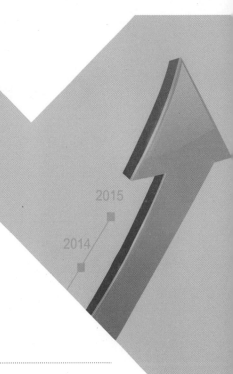

제1장

데이터 다루기

설문지 응답 코딩하기

다음은 중학교 교육계획 수립을 위한 설문지 문항의 일부에 응답한 예시다.

---

1. 학년
   ① 1학년 (　) 　　② 2학년 (∨) 　　③ 3학년 (　)

2. 성별
   ① 남 (∨) 　　　② 여 (　)

3. 자신이 가장 근심(걱정)하고 있는 것이 있다면 무엇입니까?
   ① 건강 (　) 　　② 용모 (　) 　　③ 버릇 (∨)
   ④ 성적부진 (　) 　⑤ 이성문제 (　) 　⑥ 기타 (　)

4. 고민거리나 어려운 문제가 생길 때 주로 누구와 의논하여 해결합니까?
   ① 어떤 문제라도 부모님께 말씀드려 도움을 청한다. (　)
   ② 부모님이 이해하지 않으실 것 같아 숨기는 경우가 많다. (　)
   ③ 선생님 (∨) 　　④ 친구 (　) 　　⑤ 혼자서 해결한다. (　)

5. 계발활동 운영을 어떠한 방법으로 하는 것이 좋겠습니까?
   ① 전일제 (∨) 　　　　　② 현행 격주제(2주에 한 번씩) (　)
   ③ 매주 1시간제 (　) 　　　④ 기타 (　)

6. 인성교육을 위해서 특별히 강조해야 할 것은 무엇이라고 생각하십니까?
   ① 예절지도 (∨) 　　　　② 명상의 시간을 통한 지도 (　)
   ③ 교과를 통한 지도 (　) 　④ 봉사활동을 통한 지도 (　)
   ⑤ 기타 (　)

7. 본교는 남녀공학으로서 지금은 남녀 합반으로 운영하고 있는데 앞으로는 어떻게 운영하면 좋겠습니까?
   ① 남녀 합반(∨) 　　　　　② 남녀 분반 (　)

앞의 설문지 문항을 변수로 하여 응답 결과를 코딩(coding)하면 다음과 같다.

	학 년	성 별	고민거리	의논대상	계발활동	인성교육	남녀공학
응답자 1	2	1	2	1	3	1	1
응답자 2	1	1	2	4	1	1	2
응답자 3	1	1	6	1	2	3	1
⋮	⋮	⋮	⋮	⋮	⋮	⋮	⋮

2 데이터의 입력과 저장

데이터를 입력하고 저장하는 방법을 따라가 보자. 데이터는 흔글, 엑셀(Excel) 프로그램을 이용하여 입력하는 방법과 SPSS 프로그램을 이용하여 직접 입력하는 방법이 있다.

1) 흔글(Hwp)에서 입력하는 경우

1 응답자 1번의 코딩된 데이터를 띄우지 않고 첫 행에 입력한 후, 2번 응답자의 것은 다음 행에 입력한다(무응답일 경우는 '0' 또는 결측값으로 기록하여 빈자리로 인한 입력 오류를 막는다).

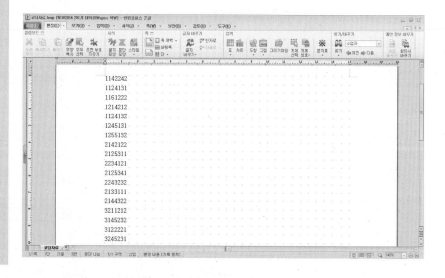

▶▶▶ more 코딩 시에는 자릿수와 열의 수를 일치시켜야 한다.

2 데이터가 입력된 후 저장을 누른다. 파일 이름을 적고, **파일 형식**에서 **텍스트 문서** (*.txt)를 선택한 후 **저장** 버튼을 선택한다.

3 **저장** 버튼을 선택한다.

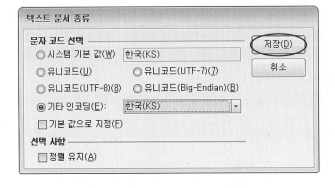

2) Excel에서 입력하는 경우

1 코딩된 데이터를 Excel 프로그램을 활용하여 입력한다. 첫 셀에 문항 1의 코딩된 내용을 넣고, 커서로 이동하면서 데이터를 계속 입력한다.

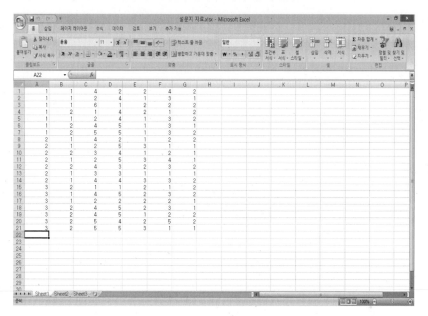

2 모든 데이터의 입력을 마친 후 **파일(F) → 다른 이름으로 저장(A)**을 선택한다.

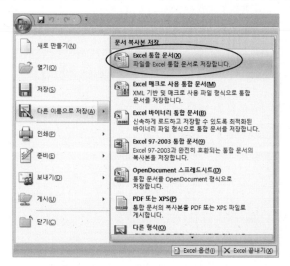

3 파일 이름을 적고 **저장** 버튼을 선택한다.

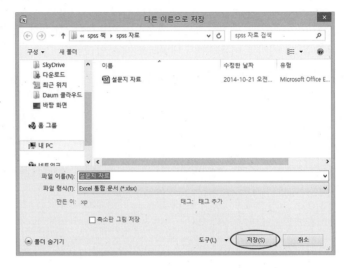

3) SPSS에서 입력하는 경우

SPSS 프로그램을 실행한 후 데이터 편집기 창에서 데이터를 직접 입력하는 방법이 있다.

1 첫 행의 첫 셀에 문항 1의 코딩된 내용을 넣고, 커서나 Enter 키를 이용하여 두 번째 셀로 이동한 후 문항 2의 데이터를 입력한다. 모두 입력한 후 **저장**한다.

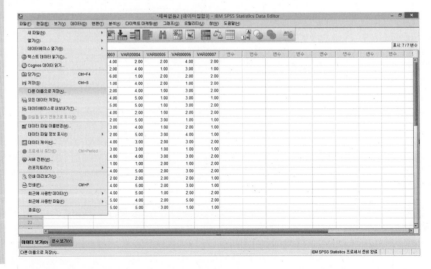

more **코딩된 데이터의 오류를 찾는 방법**

많은 자료를 코딩하다 보면 잘못된 데이터로 인해 고생하는 경우가 많다. 빈도분석과 데이터 편집기 창의 찾기(F)를 통해 오류를 쉽게 찾을 수 있다. 우선 빈도분석을 통해 반응의 통계치를 구한 다음 결과를 살펴보고, 데이터 편집기 창의 편집(Edit) → 찾기(F)를 통해 잘못 입력된 데이터를 찾아 고치면 된다.

③ 데이터 불러오기

1) SPSS에서 입력한 데이터 파일(*.sav)을 불러올 경우

1 오른쪽의 데이터 불러오기 창을 이용하거나 혹은 이를 취소하고 데이터 편집기 창을 이용할 수 있다.

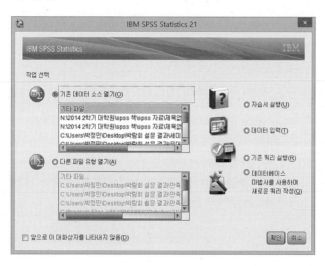

2 데이터 편집기 창에서 **파일(F)** → **열기(O)** → **데이터(A)**를 선택한다.

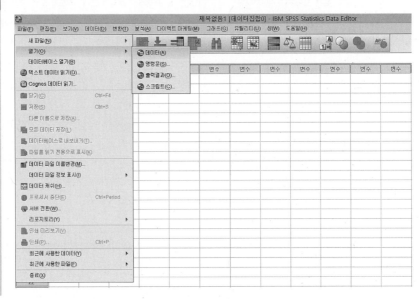

━━ more ━━ **마우스 사용 … 기본 사용은 흔글과 같다.**

1. 오른쪽 마우스 사용

   데이터 편집기 실행 시 실행 가능한 명령어를 표시한다.

2. 드래그 사용

   원하는 자료를 복사하거나 자를 때 사용한다.

3. 변수의 이동

   여러 개의 변수를 한꺼번에 이동시킬 경우는 마우스를 떼지 않고 그대로 드래그하거나 shift 키를 이용하여 ▶를 선택하면 된다. 또한 선택해야 할 변수들이 연이어 있지 않다면 ctrl 키를 누른 후 여러 개의 변수를 동시에 선택한다.

2) 혼글에서 입력한 텍스트 파일(*.txt)을 불러올 경우

1 데이터 편집기 창에서 **파일(F) → 텍스트 데이터 읽기(D)**를 선택한다.

2 **파일 열기**를 통해 저장된 자료를 지정한 후 **열기(O)** 버튼을 선택한다.

열기(O) 버튼을 클릭하면 다음과 같은 텍스트 가져오기 마법사가 뜬다.

3 **1단계**에서는 불러들이는 텍스트 파일이 사전 정의된 형식과 일치하는지를 묻는 물음에 대해 '아니오'를 체크한 후 **다음(N)** 버튼을 선택한다.

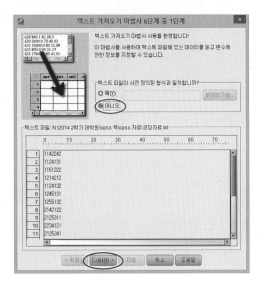

4 **2단계**에서는 변수의 배열에 관한 물음에 대하여 '고정 너비로 배열(F)'을 체크하고, 변수 이름이 파일의 처음에 있는지를 알아보는 물음에는 '아니오(O)'를 체크한 후 **다음(N)** 버튼을 선택한다.

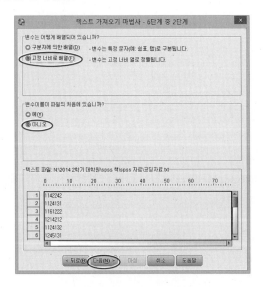

5 **3단계**에서는 데이터의 첫 번째 사례가 시작되는 행에 대해서는 '1'을, 몇 개의 행이 한 사례를 나타내는가에 대해서도 '1'을 기입하고, 몇 개의 사례를 가져오는가에 대해서는 '모든 사례'를 체크한 후 **다음(N)** 버튼을 선택한다.

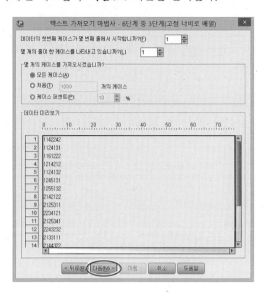

6 **4단계**에서는 데이터 미리보기 창에서 변수 구분선을 삽입하거나 이동·삭제하여 변수를 구분한 후 **다음(N)** 버튼을 선택한다. 변수 구분선은 변수를 구분하고자 하는 위치에 마우스를 클릭하면 생긴다.

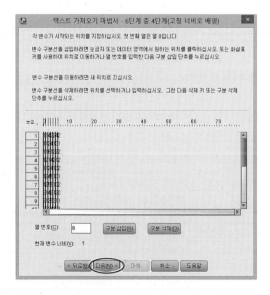

> **more**　**변수 구분선**
>
> 6단계 중 4단계에 해당하는 고정 너비로 배열된 파일에서는 데이터 파일에서 변수를 읽는 방법을 드롭다운 형태의 변수 구분선을 이용하여 변경할 수 있다. 미리보기 창에서 세로 열은 텍스트 마법사가 현재 파일에서 각 변수의 시작 위치를 결정하고 있다는 것을 나타낸다.

7　5단계에서는 원하는 변수 이름과 데이터 형식을 지정한 후 **다음(N)** 버튼을 선택한다.

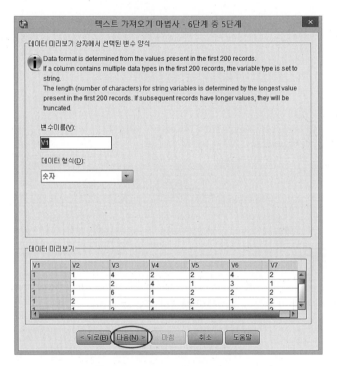

> **more**　**변수 이름과 데이터 형식**
>
> 여기서 각 변수의 이름을 설정하는 방법은 이 장의 '4. 데이터 편집, 나) 변수의 정의' 부분에서 자세하게 다룰 것이다. 여기에서는 초기 지정값으로 두면 된다. 데이터의 형식(D)은 대부분 숫자로 지정되나 다음과 같이 여러 가지 옵션이 있다.

자료 형식	설명
숫자(Numeric)	수치로 된 자료
문자(String)	문자변수(숫자 포함) 또는 특수문자로 된 변수. 자료 편집기에서 자료를 입력할 경우 자료 값이 아닌 문자 값일 때는 문자를 지정해 주어야 입력이 가능함
날짜/시간(Date/Time)	날짜나 시간 중 하나를 선택하도록 함
달러(Dollar)	미화 $ 표시 숫자
콤마(Comma)	부호로 시작되는 천 단위마다 콤마를 붙인 수치 자료
점(Dot)	부호로 시작되는 천 단위마다 점을 붙인 수치 자료

8 6단계에서는 파일을 저장하겠는지를 묻는 물음에 '아니오'를 체크하고, 명령문의 첨가 여부를 묻는 물음에도 '아니오'를 체크한 후 **마침** 버튼을 선택한다.

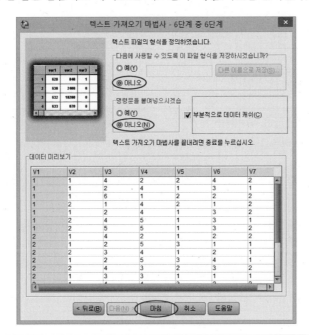

9 데이터 편집기 창에서 각 응답의 결과를 확인한 후 **파일(F) → 저장(S)**을 선택하여 이름을 지정한다.

3) Excel에서 입력한 데이터(*.xls)를 불러올 경우

Excel에서 저장된 데이터는 복사하여 데이터 편집기 창에서 붙여넣기를 하거나, 데이터 편집기 창에서 파일(F) → 열기(O)를 통해 불러올 수 있다.

(1) 복사하여 붙여넣기

1 저장된 Excel 데이터를 불러오고 마우스로 원하는 자료를 드래그한 후 **마우스의 오른쪽 버튼을 클릭하여 복사**를 선택한다.

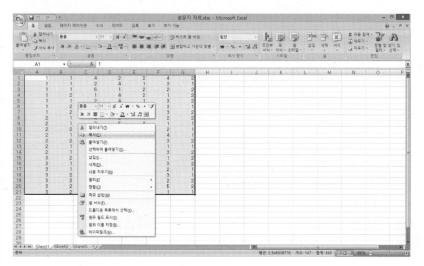

2 SPSS 프로그램을 실행한 후 데이터 편집기 창을 연다. **마우스의 오른쪽 버튼을 클릭하여 붙여넣기**를 선택하면 Excel에서 복사한 데이터의 내용이 뜬다. 이때 데이터 편집기 창의 변수 보기에서 변수를 정의한 후 데이터를 저장한다.

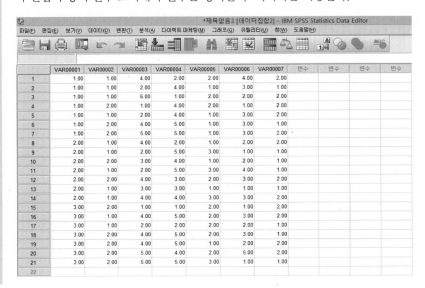

(2) SPSS 데이터 편집기 창에서 Excel 자료 불러오기

1 저장된 Excel 데이터를 불러오기 위해 SPSS 데이터 편집기 창에서 **파일(F) → 열기(O) → 데이터(A)**를 선택한다.

2 파일 열기를 통해 저장된 Excel 자료를 지정한 후 **열기(O)** 버튼을 선택한다.

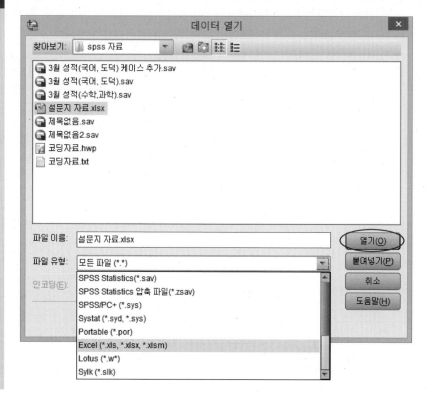

3 데이터 첫 행에서 변수 이름 읽어오기를 체크하지 않은 후 **확인** 버튼을 선택한다.

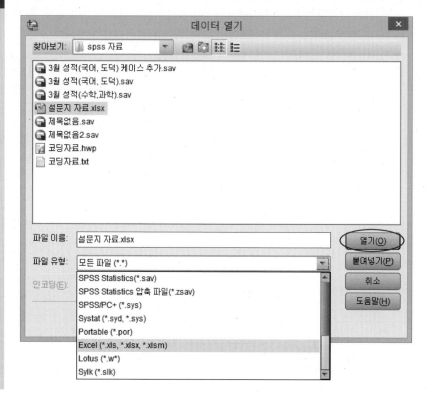

 데이터 편집

데이터 편집기 창은 데이터를 입력하고 편집하는 곳으로 구성 메뉴는 파일(File), 편집(Edit), 보기(View), 데이터(Data), 변환(Transform), 분석(Analysis), 다이렉트 마케팅(Direct Marketing), 그래프(Graphs), 유틸리티(Utilities), 창(Window), 도움말(Help)로 구성된다. 아울러 분석할 자료를 연구목적에 따라 편집하는 방법을 익힌다면 자료를 좀 더 쉽게 다룰 수 있다.

1) 데이터 편집기의 이해

주어진 자료를 통계분석하기 위해서는 데이터 편집기에 대한 이해가 필요하다.

> **more** 데이터 편집기
>
> 데이터 편집기의 초기 창은 설문지의 사례(Cases)로 구성된 행(Rows)과 설문지의 변수로 구성된 열(Columns), 사례에 대한 변수의 값으로 구성된 셀(Cells)로 구성된다.
> SPSS 14.0 버전부터는 데이터 편집기 창, 명령문 편집기 창, 뷰어 창 모두 동시에 2개 이상 열 수 있다.

1   데이터 편집기 창은 그림과 같은 메뉴판으로 구성되어 있다.

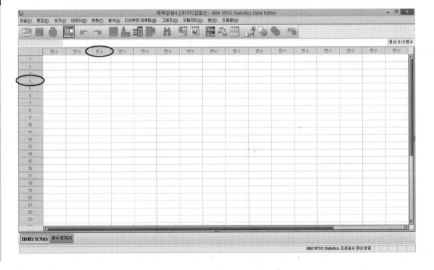

제목 표시줄

	제목없음4 [데이터집합3] - IBM SPSS Statistics Data Editor

메뉴

파일(F) 편집(E) 보기(V) 데이터(D) 변환(T) 분석(A) 다이렉트 마케팅(M) 그래프(G) 유틸리티(U) 창(W) 도움말(H)

도구상자 모음

데이터 보기(Date View)는 데이터 값을 보여 주는 창이며, 변수 보기(Variable View)는 데이터를 입력한 후 변수에 관한 정보를 제공하는 창이다.

데이터 보기(D)	변수 보기(V)

메뉴	설명
파일(File)	새로 SPSS 파일을 작성하거나 기존의 작성된 파일을 불러올 수 있고, 텍스트 파일 및 기타 응용 프로그램에서 작성된 파일을 변환하여 읽을 수 있음
편집(Edit)	편집 메뉴로 작성된 자료와 명령문을 편집 · 복사하는 역할을 수행함
보기(View)	상태 표시바와 툴바의 표시, 글꼴, 격자선을 설정하거나 해제하고 변수값 설명이나 데이터 설명에 대한 출력을 제어함
자료(Data)	데이터 메뉴에서 작성된 자료를 사용자가 원하는 방식으로 정렬, 병합, 전치, 변환함으로써 자료 파일에 전반적인 변화를 가져오게 함
변환(Transform)	데이터 파일에서 이미 작성된 자료와 변수들을 새로운 값과 수식을 가지고 변환함
분석(Analysis)	각종 통계분석 방법을 사용하여 자료를 분석함
다이렉트 마케팅 (Direct Marketing)	다양한 그룹을 정의, 인구통계학적 구매 및 기타 특성을 파악하고 긍정적인 응답 비율을 최대화하기 위해 특정 그룹을 대상으로 직접 마케팅 캠페인 결과를 개선하기 위해 설계한 도구 세트임
그래프(Graphs)	막대도표, 원도표, 산점도 같은 그래프를 작성하여 분석을 보다 용이하게 함
유틸리티 (Utilities)	파일이나 변수의 정보를 표시하고 변수 세트를 설정함
창(Window)	창 메뉴로 SPSS 창 간에 전환하거나 열려 있는 SPSS 창을 모두 아이콘으로 표시화할 수 있음
도움말(Help)	도움말 메뉴로 SPSS 인터넷 홈페이지에 연결하거나 SPSS에서 사용할 수 있는 기능에 대한 온라인 도움말을 볼 수 있음

2) SPSS 뷰어의 이해

1 SPSS 뷰어 창의 왼쪽은 탐색기 형태의 결과 디렉토리이고, 오른쪽은 결과 창이다. 원하는 통계 결과를 찾기 위해서 디렉토리의 해당 부분을 선택하면 결과 창을 볼 수 있다.

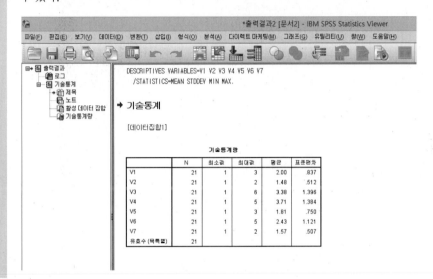

───── more SPSS 파일

SPSS 파일은 .sav 혹은 .spo라는 확장자명을 가진다. .sav 확장자명은 SPSS 데이터 파일임을 나타내고, .spo 확장자명은 통계분석의 결과인 출력 내용이 담긴 표와 그래프임을 나타낸다.

3) 명령문

명령문(Syntax Editor)은 사용자가 선택한 통계기법이 명령어를 통하여 프로그램 형태로 기록된 것을 말한다. 이를 이용하면 기록된 프로그램을 쉽게 수정하거나 편집할 수 있다.

(1) 기존 저장된 명령문에서 찾기

1 데이터 편집기에서 **파일(F) → 열기(O) → 명령문(S)**을 선택한다.

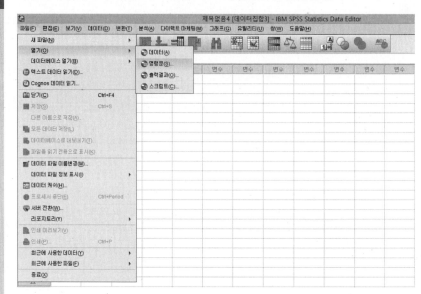

2 저장된 명령문 파일을 선택하고 **열기(O)** 버튼을 선택한다.

3 명령문 편집기 창이 뜬다.

(2) 분석 후에 명령문 저장하기(SPSS 21.0에는 없음)

1 반복측정 MANOVA 분석에서 분석 옵션을 설정한 후 **명령문(P)**을 선택한다.

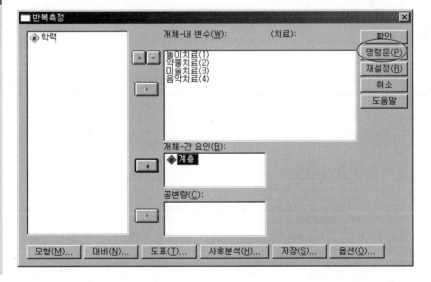

2   앞의 설정사항에 대한 명령문(P) 창은 그림과 같다. SPSS 명령문 편집기 창에 반복 측정 MANOVA분석 명령문이 나타난다.

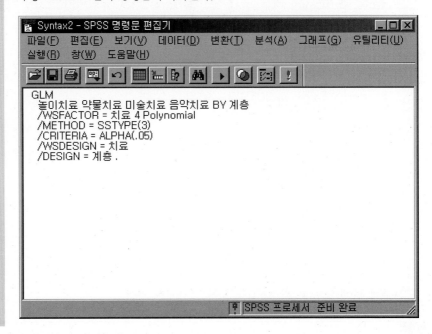

```
GLM
   놀이치료 약물치료 미술치료 음악치료 BY 계층
   /WSFACTOR = 치료 4 Polynomial
   /METHOD = SSTYPE(3)
   /CRITERIA = ALPHA(.05)
   /WSDESIGN = 치료
   /DESIGN = 계층 .
```

▬▬ more   **명령문 대화상자 이용하기**

① 각 분석의 대화창에서 명령문(P)을 선택한다.

② Syntax-SPSS 명령문 편집기 대화상자가 열린다.

③ 편집기 대화상자에 옵션을 선택한다.

④ 마우스를 이용하거나 블록을 설정하고 편집(Edit) 메뉴에서 전체 선택(Select All)을 하여 블록을 설정한다.

⑤ 메뉴에서 실행(Run)을 선택하면 앞에서 적용한 절차와 동일하게 분석된다.

4) 변수의 정의(설문지 자료.sav)

변수 정의(Define Variable)는 변수에 대한 정보를 설정하는 것이다. 변수 정의에서는 변수의 이름, 자료의 유형, 자릿수, 소수점 이하 자릿수, 설명, 값, 결측값, 척도 등을 정의할 수 있다.

▬▬ more   **데이터 보기 창과 변수 보기 창**

창 하단에 데이터 보기(Data View) 창과 변수 보기(Variable View) 창이 구분되어 있다. 변수 보기 창을 이용하여 변수 정의를 하면 편리하다.

1 데이터 편집기 창의 **파일(F) → 열기(O) → 데이터(A)**로 파일을 불러온다.

2 데이터 편집기 창 아래의 **변수 보기**를 선택한다.

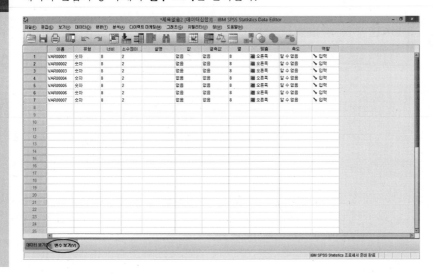

변수 보기	설 명
이름(Name)	특수문자 사용은 불가, (_)는 사용 가능, 동일한 이름 사용 불가, 숫자로 시작할 수 없음
유형(Type)	변수의 형태를 나타냄. 숫자는 양적 변수, 문자열은 질적 변수를 입력하는 데 사용됨
자릿수(Width)	입력 자료의 자릿수를 결정하는 것으로 8자리로 되어 있음
소수점 이하 자리 (Decimals)	소수점 이하의 자릿수를 결정하는 것이며, 소수점 둘째 자릿수로 지정되어 있음
설명(Label)	변수의 설명을 나타내고자 하는 경우에 사용됨, 출력 결과에 변수 이름 대신 변수 설명이 나타남
값(Values)	변수값의 구체적인 설명을 나타내는 경우에 사용됨
결측값(Missing)	사용자 무응답치 처리에 관한 것이며, 초기 지정값은 없음
열(Columns)	변수를 입력할 때 자릿수를 의미하며, 초기 지정값은 8임
맞춤(Align)	자료를 입력할 때 정렬 방식을 결정하는 것이며, 오른쪽 정렬 방식으로 지정되어 있음
측도(Measure)	척도를 결정하는 것이며, 비율척도가 지정되어 있음

3　**이름**에서는 더블클릭하여 변수명을 적는다.

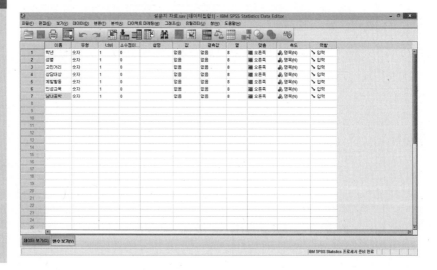

4 변수의 유형을 지정하려면 **변수 유형**을 클릭하고 오른쪽 부분을 다시 클릭한 후 원하는 유형을 체크한다. 숫자(N)와 자릿수(W), 소수점 이하 자릿수(P)를 적고 **확인** 버튼을 선택한다.

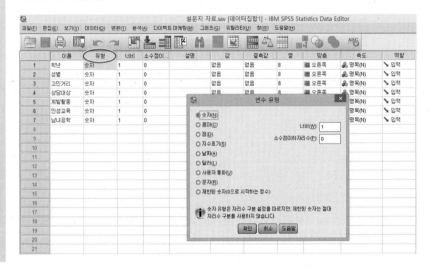

5 **설명**에서는 더블클릭하여 변수에 대한 설명을 적는다. 변수에 관한 설명을 적는 경우 출력 창에 그 설명이 적혀 나오게 된다.

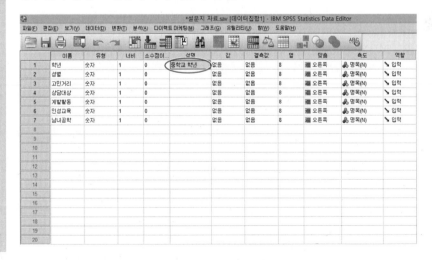

6 변수값을 지정하려면 **값**을 클릭한 후 필드의 오른쪽 부분에서 마우스 왼쪽 버튼을 누르면 설정된다. 변수값을 지정하고 그에 대한 설명을 쓴 후 **추가** 버튼을 누르면 변수값에 대한 설명이 저장된다. 나머지 변수값도 같은 방법으로 추가한다.

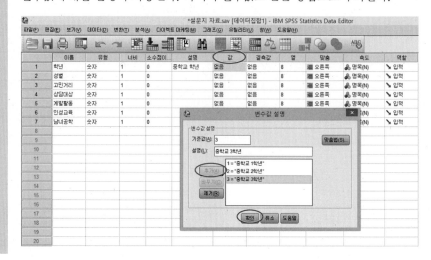

━━ **more** ━━ **변수값 설명**

값(Value)을 선택하면 각 변수값에 대한 자세한 설명을 지정할 수 있다. 이는 데이터 파일에서 숫자 코드를 사용하여 비숫자 범주를 나타낼 때(예를 들어, 1과 2를 남성과 여성으로 코딩하는 경우) 특히 유용하다. 변수값 설명은 최대 60문자까지 쓸 수 있고 긴 문자변수(8자가 넘는 문자변수)에는 사용할 수 없다.

7 결측값을 정의하려면 이산형 결측값 또는 범위 지정을 선택한 후 지정한 결측값을 기입한다. 결측값이 '0'이면 '0'을 기입한 후 **확인** 버튼을 선택한다.

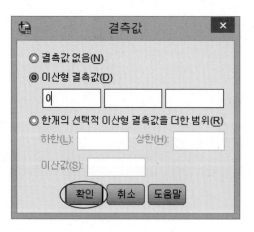

==== **more** **복사 기능 사용하기**

변수 보기에 입력한 내용이 다른 변수에도 해당될 경우 마우스 오른쪽 버튼을 사용하여 복사한 후 붙여 사용할 수 있다.

선택 버튼	설명
결측값 없음 (No missing values)	사용자 누락치가 없음. 따라서 모든 변수들이 타당할 때 사용함. 이는 초기값임
이산형 결측값 (Discrete missing values)	변수에 대해 3개까지 사용자 누락치를 입력할 수 있음
1개의 선택적 이산형 결측값을 더한 범위 (Range plus one discrete missing value)	낮은 값부터 높은 값까지의 값과 누락치 범위 밖의 값도 추가하여 누락치로 처리할 수 있음

==== **more** **결측값 정의**

결측값(Missing Value) 정의는 지정된 데이터 값을 사용자 결측값으로 정의한다. 이 작업은 정보 결측 이유를 알고자 할 때 유용하다. 예를 들어, 응답자가 대답하려 하지 않아서 발생하는 데이터 결측과 질문이 응답자에게 적용되지 않을 때 발생하는 데이터 결측 간의 차이를 알고 싶은 경우가 해당된다. 사용자 결측값으로 지정된 데이터 값은 특수 처리로 표시되고, 일반적인 계산에서 제외되며, 시스템 결측값과 구별된다. 시스템 결측값은 자료가 입력될 셀이 공백으로 남아 있을 경우 자동적으로 결측 값으로 처리된다.

결측값은 3개의 이산형(개별) 결측값과 결측값 범위 또는 범위와 이산형 변수값을 입력할 수 있으며, 범위는 숫자변수에만 지정할 수 있다. 긴 문자변수(8자가 넘는 문자변수)에 대해서는 결측값을 정의할 수 없다. 특별히 결측값으로 정의하지 않는 경우 유효한 값으로 간주된다.

8 **열**은 몇 열을 선택하느냐에 따라, **맞춤**은 오른쪽과 가운데 중 하나를 선택한다.
측도는 더블클릭하여 해당 측도를 선택한다.

9 변수에 관한 모든 것을 입력한 후 창 아래쪽의 **데이터 보기**를 클릭하면 다시 데이터가 입력된 창이 뜬다. 변수 설명을 설정한 경우 데이터 셀의 오른쪽을 선택하면 데이터 값이 설명된다.

more **척도의 종류**

명목척도 (Nominal scale)	가감승제나 순서의 개념은 없으며 어떤 고유한 특성에 따라 분류되거나 구분된 척도다. 예를 들면, 성별을 1과 2로 코딩하는 것을 말한다.
서열척도 (Ordinal scale)	대상의 비교를 위하여 특정한 수치를 부여한 데이터로서 순서척도라고도 한다. 예를 들어, 키 순서대로 번호를 부여하는 것을 말한다.
등간척도 (Interval scale)	사칙연산이 가능하고 평균, 표준편차, 분산 등의 값을 구할 수 있는 척도로서 어떤 대상들이 양적인 정도의 차이에 따라 등간격성을 갖는 경우를 말한다. 절대영점의 의미가 없다. 예를 들어, 주가지수, 만족도 등이 있다.
비율척도 (Ratio scale)	등간척도의 특성에 비율 계산을 포함한다. 예를 들어, 나이, 무게, 가격 등이 있다.

5) 자료의 편집

수집된 자료로 통계분석을 하다 보면 새로운 자료를 첨가, 삭제 또는 수정해야 할 때가 있다. 여기서는 SPSS 프로그램에서 실행되는 몇 가지 편집 기능을 설명한다.

more **데이터 복구**

입력된 데이터가 지워진 경우, 편집 → 셀값 수정 복구를 누르거나 Ctrl+Z를 하면 원래의 데이터를 복구할 수 있다.

(1) 데이터 수정(설문지 자료.sav)

1 더블클릭으로 수정할 셀을 선택하여 데이터 값을 수정한다. 다음은 고민거리의 1번 응답자의 반응을 4에서 3으로 고친 것이다.

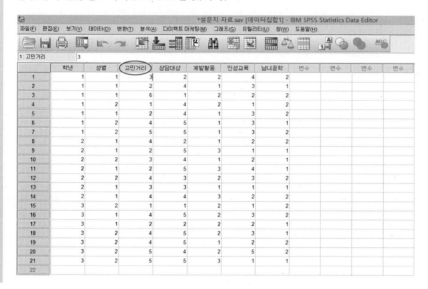

(2) 변수 삽입

1 변수를 삽입할 경우에는 마우스로 지정된 현재 변수의 왼쪽 열로 삽입된다. 마우스를 변수가 삽입될 열에 위치시킨 후 **편집(E) → 변수 삽입(I)**을 선택한다.

2 커서가 '상담대상' 변수 위에 있을 때는 그림과 같이 왼쪽에 새로운 변수가 삽입된다.

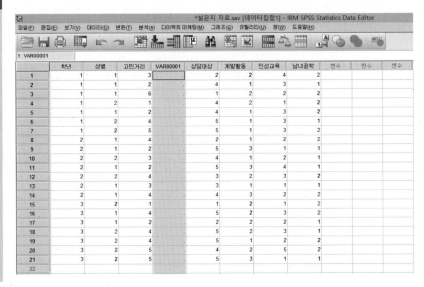

(3) 케이스 정렬

입력된 사례를 특정 기준(오름차순 또는 내림차순)으로 정렬하고자 할 경우에는 사례 정렬(Sort Cases) 기능을 선택할 수 있다.

1 데이터(D) → 케이스 정렬(O)을 선택한다.

2 정렬해야 할 변수를 선택하여 **정렬기준(S)**으로 옮기고 정렬 순서에서 **내림차순(D)** 을 체크한 후 **확인** 버튼을 선택한다.

3 각 사례들이 '학년'이라는 변수를 기준으로 하여 내림차순으로 정렬된 결과를 볼 수 있다.

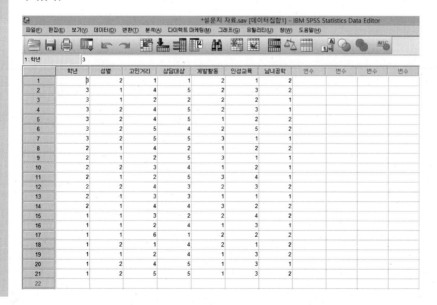

	학년	성별	고민거리	상담대상	계발활동	인성교육	남녀공학	변수	변수	변수	변수
1	3	2	1	1	2	1	2				
2	3	1	4	5	2	3	2				
3	3	1	2	2	2	2	1				
4	3	2	4	5	2	3	1				
5	3	2	4	5	1	2	2				
6	3	2	5	4	2	5	2				
7	3	2	5	5	3	1	1				
8	2	1	4	2	1	2	2				
9	2	1	2	5	3	1	1				
10	2	2	3	4	1	2	1				
11	2	1	2	5	3	4	1				
12	2	2	4	3	2	3	2				
13	2	1	3	3	1	1	1				
14	2	1	4	4	3	2	2				
15	1	1	3	2	2	4	2				
16	1	1	2	4	1	3	1				
17	1	1	6	1	2	2	2				
18	1	1	2	4	2	1	2				
19	1	1	2	4	1	3	2				
20	1	2	4	5	1	3	1				
21	1	2	5	5	1	3	2				
22											

6) 데이터 변환(변수 계산.sav)

연구자의 편의에 따라 수집된 데이터를 변환(Transform)해야 할 경우가 있다. 이때 변수 계산에 의한 방법과 새로운 변수로 변환하는 리코딩 방법 등이 있다.

변수 계산(Compute)은 수학적 계산식을 이용하여 기존 자료를 변환하는 기능이다. 그 예로 변수 속도와 정확성 점수를 합하여 '컴퓨터 능력도'라는 새로운 변수를 만드는 과정을 살펴보자.

1 데이터 편집기 창에서 데이터를 불러온 후 **변환(T) → 변수 계산(C)**을 선택한다.

2 대상변수(T) 란에 대상변수의 이름을 설정하면 **유형 및 설명(L)** 버튼이 반전된다.

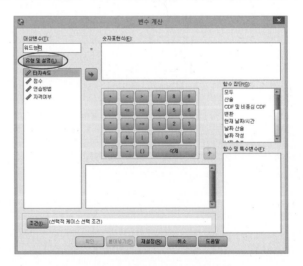

3 반전된 **유형 및 설명** 버튼을 선택하여 설명(L)에 대상변수에 대한 간단한 설명을 적고, 대상변수에 알맞은 유형을 선택한 후 **계속** 버튼을 선택한다.

4 변수 '타자속도'를 **숫자표현식(E)**으로 옮긴 후 다음 계산기의 + 버튼을 선택하고, 변수 '점수'도 **숫자표현식(E)**으로 이동한다. 함수를 이용하여 계산할 수 있다. **확인** 버튼을 선택한다.

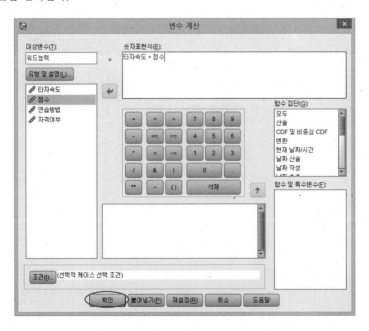

5 데이터 편집기 창에 새로운 변수인 **'워드능력'**이 생성된다.

	타자속도	점수	연습방법	자격여부	워드능력	변수	변수	변수	변수	변수	변수
1	25.00	30.00	1.00	1.00	55.00						
2	35.00	29.00	2.00	1.00	64.00						
3	22.00	25.00	1.00	1.00	47.00						
4	18.00	25.00	1.00	2.00	43.00						
5	23.00	22.00	2.00	2.00	45.00						
6	26.00	27.00	2.00	2.00	53.00						
7	33.00	30.00	2.00	2.00	63.00						
8	30.00	28.00	3.00	1.00	58.00						
9	25.00	26.00	2.00	2.00	51.00						
10	26.00	21.00	1.00	2.00	47.00						
11	21.00	18.00	2.00	2.00	39.00						
12	27.00	20.00	1.00	1.00	47.00						
13	30.00	26.00	3.00	1.00	56.00						
14	19.00	25.00	2.00	2.00	44.00						
15	23.00	23.00	1.00	1.00	46.00						
16											
17											
18											
19											
20											

7) 사례 선택

수집된 데이터 중 특정 사례에 대해 연구하고자 할 때는 파일분할(Split File)과 사례
선택(Case Selection)을 이용하는 방법이 있다. 예를 들어, 파일분할을 이용할 때 분할
할 변수가 부모 연령이라고 하면 부모 연령대에 따라 파일이 분할되어 분석되는 것이
다. 사례 선택은 선택된 사례만으로 분석되는 것으로, 부모 연령에서 2번(30~40세)
을 사례 선택하였을 경우에는 부모 연령의 변수값이 2가 아닌 사례들은 분석에서 제
외된다.

(1) 파일분할

1 데이터 편집기 창에서 데이터를 불러온 후 **데이터(D) → 파일분할(F)**을 선택한다.

2 **집단들 비교(C)**를 체크하고 분할할 변수를 지정하여 분할 집단변수(G)로 옮긴 후 **확인** 버튼을 선택한다.

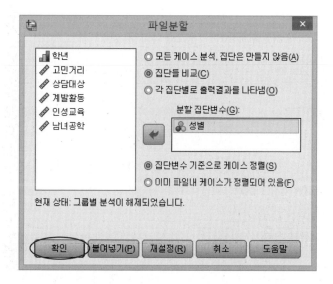

3 데이터 편집기 창에서 살펴보면 '성별'이라는 변수에 따라 자료가 분할되어 있음을 알 수 있다.

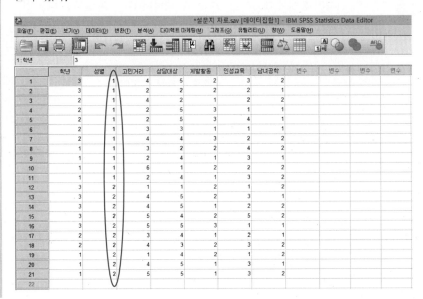

이와 같이 파일분할한 자료를 빈도분석하였을 경우 다음과 같은 결과를 얻을 수 있다.

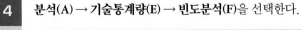

4 **분석(A) → 기술통계량(E) → 빈도분석(F)**을 선택한다.

5 빈도분석을 할 변수를 **변수(V)**로 이동시킨 후 **확인** 버튼을 선택한다.

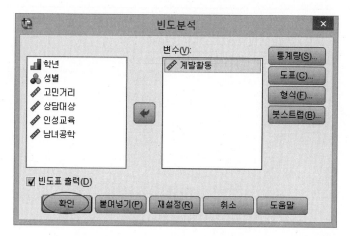

6 SPSS 뷰어 창에서 '계발활동'의 빈도가 파일분할된 '성별'이라는 변수에 의해 나뉘어 결과분석되었음을 알 수 있다.

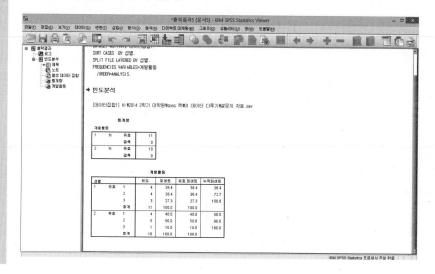

(2) 사례 선택

1 데이터 편집기 창에서 데이터를 불러온 후 **데이터(D) → 케이스 선택(S)**을 선택한다.

2 사례를 선택한 후 조건을 **만족하는 사례(C)**를 체크하면 **조건(I)**이 반전된다. **조건 (I)** 버튼을 선택한다.

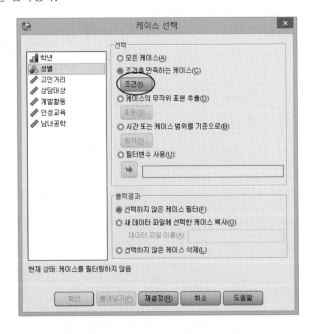

3 '성별'을 선택하여 ▶를 눌러 진술문 창으로 이동시킨 후 분석에서 사용될 값만 적는다(여기서는 성별 중에서 '1'인 남자만을 분석하고자 한다). 선택이 끝나면 **계속** 버튼을 선택한다.

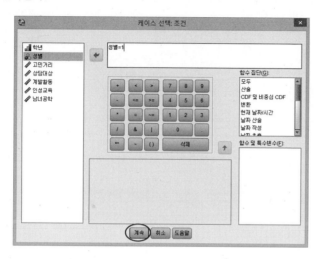

> **more** 진술문 작성
>
> 사례 선택을 여러 개 하고자 할 때는 다음과 같이 진술문을 작성하면 된다.
>
> 예를 들어, 변수 A1은 1이고 A2는 2인 사례들만 선택하고자 할 경우의 진술문은 다음과 같다.
>
> $$A1 = 1 \ \& \ A2 = 2$$
>
> 변수 V1은 m이고 V2는 2인 사례들만 선택하고자 할 경우의 진술문은 다음과 같다.
>
> $$V1 = 'm' \ \& \ V2 = 2$$

4 데이터 편집기 창의 왼쪽 사례번호에서 성별이 여자인 경우(2)는 제외되었음이 사선 표시로 나타난다. 이 사례들은 분석에서 제외된다.

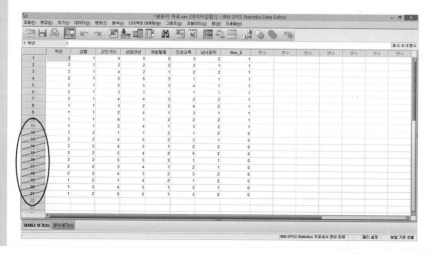

5 앞의 결과를 확인하기 위해 **분석(A)** → **기술통계량(E)** → **빈도분석(F)**을 선택한다.

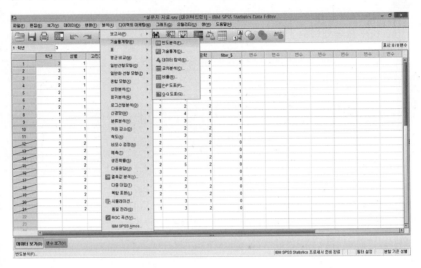

6 '계발활동'을 변수로 옮긴 후 **확인** 버튼을 선택한다.

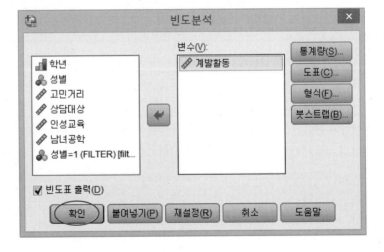

7 빈도분석 결과, 전체 사례 21개 중에서 성별이 여자인 경우(10)는 제외되고 남자의 사례인 11개만 분석되었음을 알 수 있다.

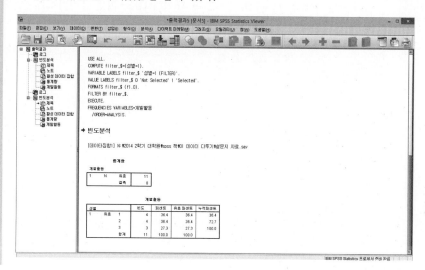

8) 파일 합치기

파일 합치기(Merge Files)에는 '변수 추가(Add Variable)'와 '사례 추가(Add Cases)'의 두 종류가 있다. 한 예로 동일한 대상에 대해 한 연구자는 수학 성적을 입력하고 다른 연구자는 국어 성적을 입력하였을 경우, 이 두 파일의 변수를 합치는 것은 '변수 추가'가 된다. '사례 추가'는 두 사람이 같은 변수에 대해 코딩 작업한 사례를 합치는 것을 말한다.

(1) 변수 추가

1 데이터 편집기에서 데이터를 불러온 후 **데이터(D) → 파일 합치기(G) → 변수 추가(V)**를 선택한다.

=== more | **변수 추가**

변수 추가를 사용하면 사례는 같으나 변수가 다른 외부 데이터 파일로 작업 데이터 파일을 합칠 수 있다. 예를 들어, 사후검정 결과가 있는 데이터 파일에 사전검정 결과가 있는 데이터 파일을 합칠 수 있다. 이런 경우 두 파일에 있는 사례들의 순서와 위치는 동일해야 한다.

2 찾아보기(B)를 클릭한다.

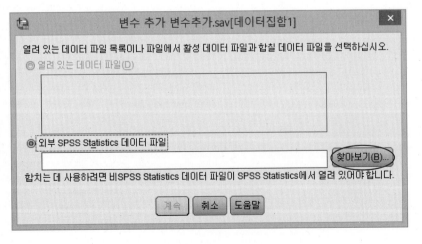

파일 읽기(R)에서 읽어 들일 파일을 지정한 후 **열기** 버튼을 선택한다.

3 계속을 클릭한다.

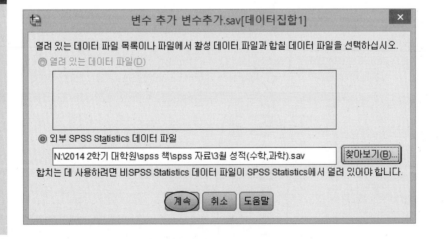

새로운 작업 데이터 파일(N)에 두 파일의 변수들이 모두 나타남을 알 수 있다. 이 중 제외되어야 할 변수가 있다면 버튼을 눌러 제외된 변수(E) 창으로 이동시킨 후 **확인** 버튼을 선택한다.

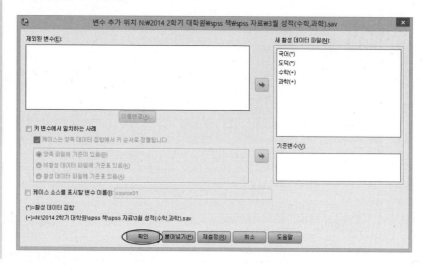

───── more 　**변수 제외하기**

　두 파일에 있는 변수가 같으면 자동적으로 변수가 제외된다. 그러나 동일한 변수인데도 두 파일에 변수명이 다르게 되어 있으면 자동적으로 제외되지 않기 때문에 ▶ 버튼을 이용해서 제외시킨다.

4　데이터 편집기 창에 두 파일의 변수들이 합쳐진 것을 알 수 있다. 수학과 과학이 새로 추가된 변수다.

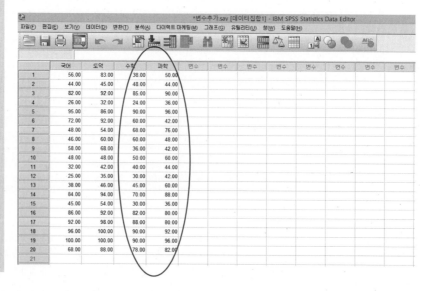

(2) 사례 추가

1 데이터 편집기 창에서 데이터를 불러온 후 **데이터(D) → 파일 합치기(G) → 케이스 추가(C)**를 선택한다.

찾아보기(B)를 클릭한다.

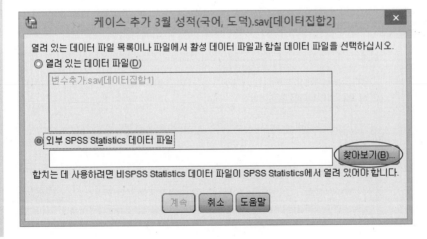

2 파일 읽기에서 추가될 사례의 파일을 지정한 후 **열기** 버튼을 선택한다.

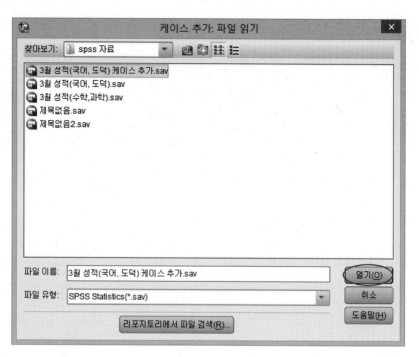

3 찾아보기(B)를 클릭한다.

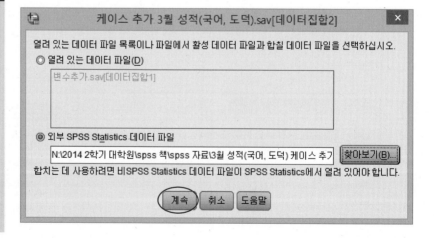

새로운 작업 데이터 파일의 변수에 두 파일에서 변수명이 같은 변수로 국어와 도덕이 나타난다. 반면 영어는 대응되지 않으므로 대응되지 않은 변수(U)에 나타난다. **확인** 버튼을 선택한다.

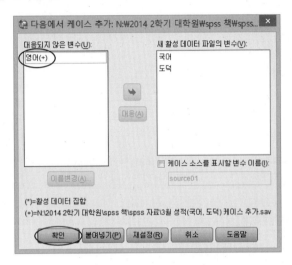

4 데이터 편집기 창에 '자료' 파일의 **사례 수 20개에 20개가 추가**되었음을 알 수 있다.

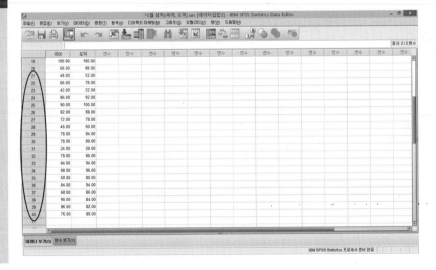

9) 결과표의 저장

분석을 실행하여 결과표가 SPSS 뷰어 창에 나타났을 때 결과물을 저장하는 방법에는 세 가지가 있다. 첫째는 개체 복사로서 결과가 그림 형식으로 변환되어 복사되는 방식이다. SPSS 뷰어 창에서 표를 더블클릭한 후 도구상자를 이용하여 글씨체나 글자 크기, 형태 등을 편집할 수 있다. 둘째는 내보내기를 통해 흔글에서 저장하는 방식이다. 이는 흔글에서도 편집 가능하다는 장점을 가진다. 셋째는 인터넷 브라우저 창에서 저장하는 것이다.

(1) 개체 복사

1 SPSS 뷰어 창에서 원하는 결과를 마우스로 선택한 후, 마우스의 오른쪽 버튼을 클릭하여 **복사**를 선택한다.

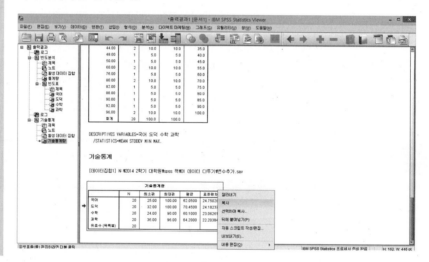

2 흔글 프로그램에서 마우스의 오른쪽 버튼을 이용하여 **붙이기(P)**를 한 후 저장한다.

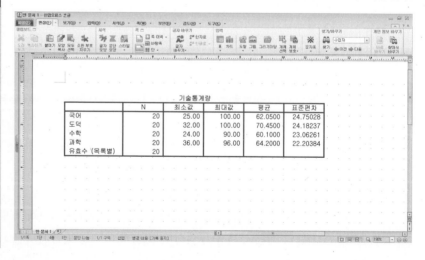

(2) 내보내기

1   SPSS 뷰어 창에서 마우스의 오른쪽 버튼을 클릭한 후 **내보내기(E)**를 선택한다.

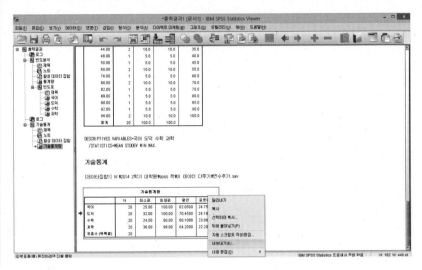

2   내보내기 출력 결과 창이 뜨면 **파일 이름(OUTPUT)**을 적고 **내보내기 대상**에서 **모두(A)**를 체크한 후, **파일 유형**에서 htm을 지정하고 **확인** 버튼을 선택한다(도표 는 그림 파일 형식으로만 저장이 가능하다).

3 흔글에서 **불러오기(O)**를 선택한다.

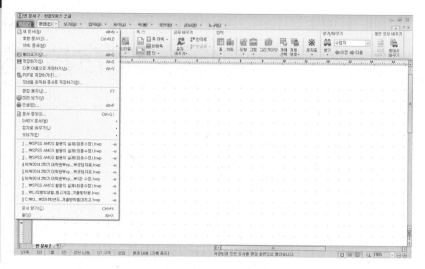

4 자료 폴더에서 저장된 파일을 불러오기 위하여 파일 형식에서 모든 파일(*.*)을 선택한 다음, 저장된 htm 문서를 지정하고 **열기** 버튼을 선택한다.

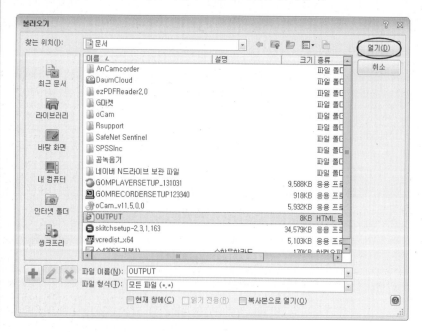

5 화면이 뜨면 **새 이름**으로 저장하되 확장자명을 hwp로 바꾼다.

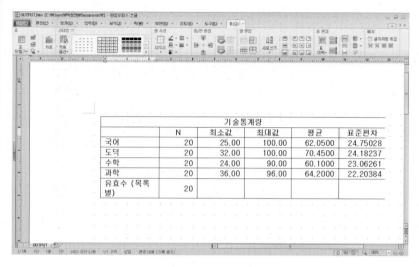

기술통계량					
	N	최소값	최대값	평균	표준편차
국어	20	25.00	100.00	62.0500	24.75028
도덕	20	32.00	100.00	70.4500	24.18237
수학	20	24.00	90.00	60.1000	23.06261
과학	20	36.00	96.00	64.2000	22.20384
유효수 (목록별)	20				

more 개체 복사와 내보내기

　개체 복사는 SPSS 결과 중에서 특정한 부분을 보고할 때, 내보내기는 SPSS 통계 처리한 결과 모두를 다른 프로그램으로 옮기고 싶을 때 유용하게 사용할 수 있다.

(3) 인터넷 브라우저에서 불러오기

1 내보내기로 저장된 파일을 인터넷 브라우저에서 불러올 수 있다.

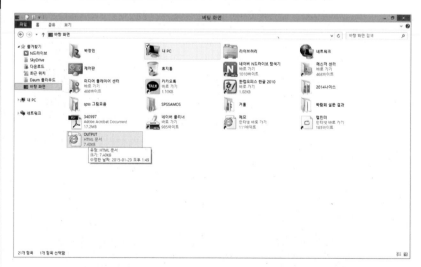

2 불러들인 내용은 그림과 같다.

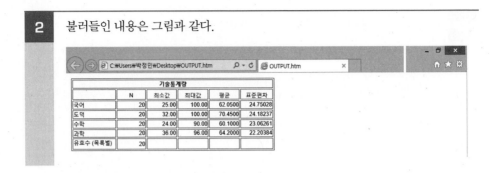

10) 표와 그래프

SPSS 프로그램을 이용하여 자료를 분석할 때는 그 결과를 다양한 형태의 표와 그래프로 나타낼 수 있다. 이와 같이 표와 그래프를 이용하면 분석의 결과를 쉽게 이해할 수 있다.

(1) 히스토그램

히스토그램(Histogram)은 분포의 형태, 중심, 산포도 등을 나타낸다. 히스토그램에 정규 곡선을 추가하여 데이터가 정규적으로 분포되었는지를 확인할 수 있다. 데이터, 숫자 코드나 단문자를 사용하여 범주형 변수를 코딩한다. 막대의 높이는 빈도를 나타내고, 막대의 넓이는 점수의 정확한계를 나타낸다.

1 데이터 편집기 창에서 데이터를 불러온 후 **레거시 대화상자(L) → 히스토그램(I)**을 선택한다.

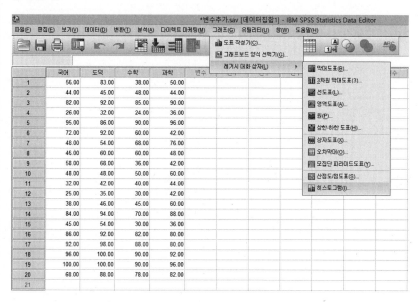

2 히스토그램으로 나타낼 변수를 이동시킨 후 **확인** 버튼을 선택한다. 상단의 '히스토그램'을 클릭하여 '정규곡선 출력'을 체크하고 **확인** 버튼을 선택한다.

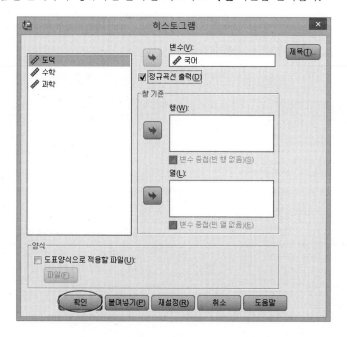

| 3 | 프로그램이 실행되면 그림과 같은 그래프가 나온다. |

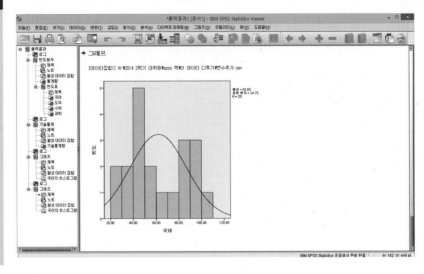

(2) 산포도(산점도)

산포도(Scatter Plot)는 자료가 퍼진 정도를 뜻하는 것으로서 하나의 숫자변수를 다른 숫자변수와 대응하여 도표화한다.

| 1 | 데이터 편집기 창에서 데이터를 불러온 후 **그래프(G) → 레거시 대화상자(L) → 산점도/점도표(S)**를 선택한다. |

2 단순 산점도를 그리기 위해 **단순 산점도**를 체크한 후 **정의** 버튼을 선택한다.

3 단순 산점도 창에서 X축과 Y축의 변수를 지정한 후 **확인** 버튼을 선택한다.

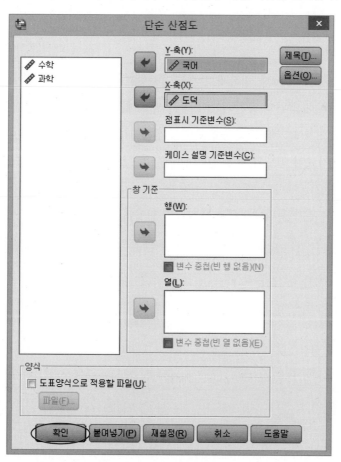

4 프로그램이 실행되면 그림과 같은 산점도 그래프가 나타난다.

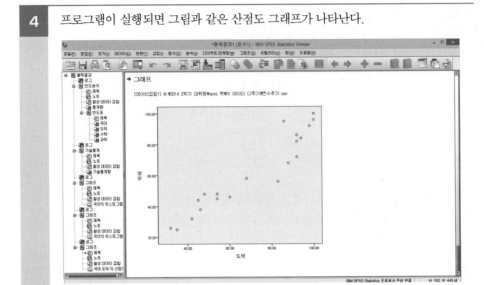

(3) 막대도표

막대도표(Barchart)란 명목척도나 서열척도로 측정한 자료의 빈도분포를 나타낼 때 막대 사이에 약간의 공간이 있도록 그린 그래프를 말한다. 이런 경우에 분리된 막대는 척도가 분리되어 뚜렷한 유목을 구성하고 있음을 강조하는 것이다. 이러한 막대도표는 자료의 빈도와 백분율(%)을 시각적으로 가장 잘 나타내 주는 그래프라 할수 있다.

빈도분석 결과를 막대도표로 나타내면 다음과 같다.

1 데이터 편집기 창에서 데이터를 불러온 후 **분석(A)** → **기술통계량(E)** → **빈도분석(F)**을 선택한다.

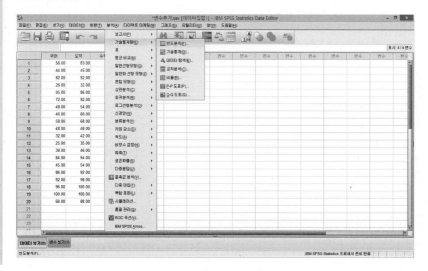

2 빈도분석을 할 변수를 이 동시킨 후 **도표(C)** 버튼을 선택한다.

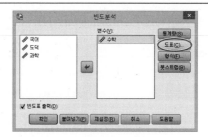

3 도표 유형에 **막대도표(B)**를 체크하고, 도표화 값에 빈도(F)를 체크한 후 **계속** 버튼을 선택한다.

| 4 | 모두 설정되었으면 **확인** 버튼을 선택한다. 프로그램이 실행되면 그림과 같은 결과가 나온다. |

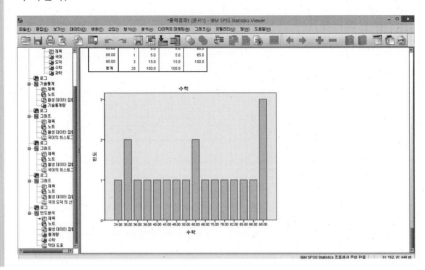

11) SPSS 뷰어 창에서 표나 그래프 편집

| 1 | 마우스 왼쪽 버튼을 더블클릭하여 설정한 다음 편집을 할 수 있다. |

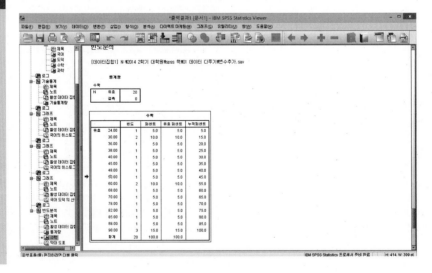

2 피벗 트레이(Pivot tray): 마우스 오른쪽 버튼을 클릭하여 다음과 같은 피벗 창에서 편집할 수 있다.

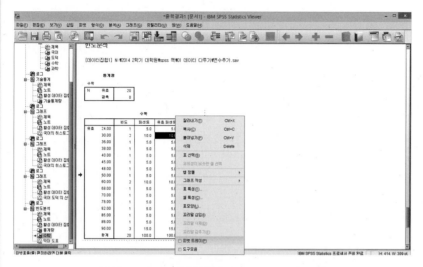

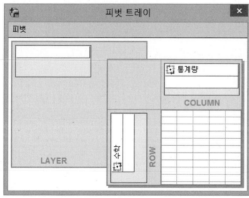

제2장
기술통계 및 빈도분석

2015

2014

2005

개 요

기술통계분석(Descriptive Analysis)은 등간척도와 비율척도로 된 데이터를 분석할 때 주로 사용하며, 하나의 표에 변수들의 다양한 통계치가 나타나는 장점이 있다. 또한 자료의 최대값, 최소값, 표준편차, 범위, 평균의 표준오차 등을 구할 때 주로 사용된다. 이 분석은 빈도분석에서 산출되는 모든 통계량 대신에 필요한 통계량만을 산출하고자 할 때 유용하다. 예를 들어, 학기말 평가 후 과목별 성적 분포를 알아보기 위한 방법이나 설문조사의 문항별 응답 비율을 알아보기 위한 방법으로 많이 사용된다.

빈도분석(Frequency Analysis)은 변수들이 이루는 분포의 특성을 밝히려는 것이다. 즉, 빈도분석은 평균치, 중앙치, 최빈치 등의 대표치와 최저치, 최고치, 범위 그리고 첨도와 왜도 분포를 통해 분포의 특성을 파악하고자 할 때 사용된다. 또한 자료를 입력할 때 잘못 입력된 값을 찾아내는 데도 이용된다. 빈도분석으로는 여러 종류의 변수를 설명하는 데 유용한 그래픽 표시와 통계량을 사용할 수 있다. 빈도 보고서와 막대도표에서는 빈도에 따라 내림차순이나 오름차순으로 개별 값을 조정하고 범주 순서를 지정한다. 변수에 개별 값이 많을 때는 빈도 보고서가 출력되지 않을 수도 있다. 도표에는 빈도 또는 퍼센트를 설명으로 붙여 넣을 수 있다.

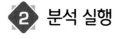 **분석 실행**

1) 기술통계

연구문제	사교육비와 학생이 스스로 학습하는 시간(자습시간)의 기술통계량 구하기 A

적용 절차(2장 기술통계 원자료.sav)는 다음과 같다.

1 데이터 편집기 창에서 데이터를 불러온 후 **분석(A) → 기술통계량(E) → 기술통계 (D)**를 선택한다.

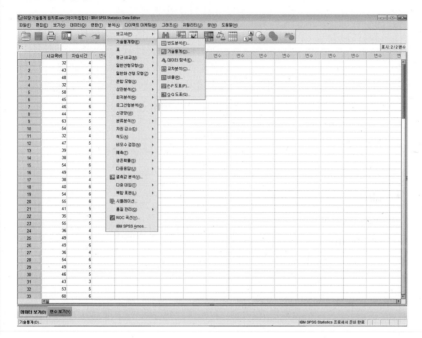

2 분석하고자 하는 변수를 선택하여 **변수(V)**로 이동 시킨다.

3 통계치를 구하기 위해 **옵션 (O)** 버튼을 선택한다. 필요한 항목을 체크한 후 **계속** 버튼을 선택한다.

키워드	설 명
평균(Mean)	산술평균을 보여 줌
합계(Sum)	지정한 변수의 수집된 자료의 전체 합계

산포도	설 명
표준편차(Std. deviation)	평균으로부터 퍼져 있는 정도를 나타냄. $\sqrt{분산}$
분산(Variance)	평균으로부터 얼마나 떨어져 있는가를 나타내는 변량. 표준편차를 제곱한 값
범위(Range)	최대값과 최소값의 차이를 나타내는 범위
최소값(Minimum)	수집된 자료 중에서 가장 작은 값
최대값(Maximum)	수집된 자료 중에서 가장 큰 값
평균의 표준오차 (Semean)	평균의 표준오차로 표본평균의 흩어진 정도

분포(Distribution)	설 명
첨도(Kurtosis)	분포의 뾰족한 정도. $K=0$(표준 정규분포), $K<0$(납작한 모양), $K>0$(뾰족한 모양)
왜도(Skewness)	분포의 기울어진 방향과 정도, 즉 비대칭의 정도 $S=0$(좌우대칭), $S<0$(왼쪽으로 긴 꼬리 모양), $S>0$(오른쪽으로 긴 꼬리 모양)

4 모두 설정되었으면 **확인** 버튼을 선택한다. 프로그램이 실행되어 그림과 같은 결과가 나오면 저장해 둔다.

2) 빈도분석

연구문제 초등학교 4학년 국어, 수학, 과학 점수 중 평균이 가장 높은 과목은 무엇인가?

적용 절차(2장 빈도분석 원자료.sav)는 다음과 같다.

1 데이터 편집기 창에서 데이터를 불러온 후 **분석(A) → 기술통계량(E) → 빈도분석
(F)**을 선택한다.

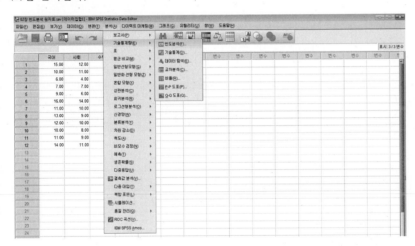

2 빈도분석이 필요한 변수를 선택하고 변수(V)로 이동시킨 후 **통계량(S)** 버튼을 선
택한다.

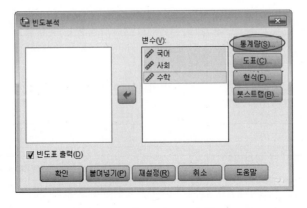

3 여러 통계량(S) 중에서 필요한 항목을 체크한 후 **계속** 버튼을 선택한다.

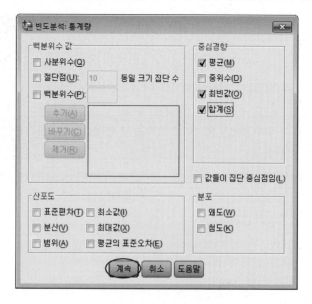

백분위수 값(Percentile Values)	설 명
사분위수(Quartiles)	사분위수. 데이터의 25, 50, 75번째의 비율을 보여 줌
절단점(Cut points for)	사례들을 똑같은 크기의 집단으로 나누는 비율 값을 의미함. 2와 100 사이의 정수 값을 입력하여 집단을 나눌 수 있음
백분위수[Percentile(s)]	사분위수 이외에 다른 원하는 데이터의 비율을 보고 싶을 때 사용함

중심경향(Central Tendency)	설 명
평균(Mean)	산술평균, 연속적인 자료를 설명하기에 가장 대표적인 통계치
중위수(중앙치, Median)	중앙값. 자료를 순서대로 배열할 때 가운데에 위치하는 값
최빈치(Mode)	가장 많은 빈도를 보이는 값
합계(Sum)	합계
값들이 집단 중심점임 (Values are group midpoints)	데이터 값이 집단의 중심점일 때 원자료의 집단화하지 않은 데이터의 중앙치와 백분위수를 추정할 때 사용함

4 **도표(C)** 버튼을 선택하고, 도표의 유형 세 가지 중에서 필요한 항목을 체크한 후 **계속** 버튼을 선택한다.

5 **형식(F)** 버튼을 선택하고 필요한 항목을 체크한 후 **계속** 버튼을 선택한다.

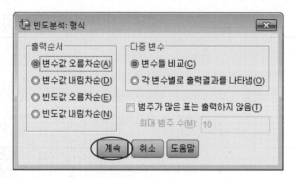

출력 순서(Order By)	설 명
변수값 오름차순(Ascending values)	변수값을 오름차순으로 보여 줌
변수값 내림차순(Descending values)	변수값을 내림차순으로 보여 줌
빈도값 오름차순(Ascending counts)	변수값의 빈도를 오름차순으로 보여 줌
빈도값 내림차순(Descending counts)	변수값의 빈도를 내림차순으로 보여 줌

다중변수(Multiple Variables)	설 명
변수들 비교(Compare variables)	여러 개의 변수를 사용할 때 변수를 비교할 수 있도록 한꺼번에 보여 줌
변수별로 출력 결과를 나타냄 (Organize output by variables)	여러 개의 변수를 사용할 때 차례대로 변수를 보여 줌
표 출력 범주 제한 (Suppress tables with more than)	출력되는 표의 범주 수를 제한할 수 있음

6 모두 설정되었으면 **확인** 버튼을 선택한다. 프로그램이 실행되어 그림과 같은 결과가 나오면 저장해 둔다.

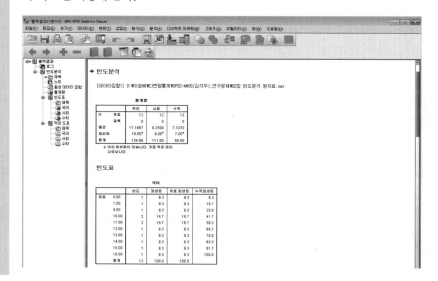

③ 분석 결과

1) 기술통계

(1) 기술통계량

변 수	N	최소값	최대값	평 균	표준편차
사교육비	100	25	65	46.10	8.989
자습시간	100	3	7	4.77	.856
유효 수(목록 수)	100				

이 결과표는 각 변수에 대한 기술통계량을 나타낸 것이다. 사례 수(N)는 각각 100명이고, 각 변수에 대한 최소값과 최대값 그리고 평균과 표준편차가 나타나 있다.

2) 빈도분석

(1) 통계량

		국 어	사 회	수 학
N	유효	12	12	12
	결측	0	0	0
평균		11.1667	9.2500	7.3333
최빈값		10.00[a]	9.00[a]	7.00[a]
합계		134.00	111.00	88.00

a. 여러 최빈값이 있다. 가장 작은 값이 나타난다.

이 결과표는 각 변수의 응답 빈도를 나타낸 것이다. 표에서 평균을 보면 국어는 11.1667, 수학은 9.2500, 과학은 7.3333으로 국어의 평균이 가장 높게 나타났다. 최빈값은 국어 10.00, 사회 9.00, 수학 7.00이다. 합계는 국어 134.00, 사회 111.00, 수학 88.00으로 나타났다.

(2) 빈도표(국어)

		빈 도	퍼센트	유효 퍼센트	누적 퍼센트
유효	6.00	1	8.3	8.3	8.3
	7.00	1	8.3	8.3	16.7
	9.00	1	8.3	8.3	25.0
	10.00	2	16.7	16.7	41.7
	11.00	2	16.7	16.7	58.3
	12.00	1	8.3	8.3	66.7
	13.00	1	8.3	8.3	75.0
	14.00	1	8.3	8.3	83.3
	15.00	1	8.3	8.3	91.7
	16.00	1	8.3	8.3	100.0
	합계	12	100.0	100.0	

이 결과표는 국어 점수에 관한 빈도를 나타낸 것이다. 10점과 11점의 빈도는 2로 나타났다.

(3) 막대도표

다음은 국어 점수에 관한 빈도를 막대도표로 나타낸 것이다. 가로축은 점수, 세로축은 빈도를 나타낸다.

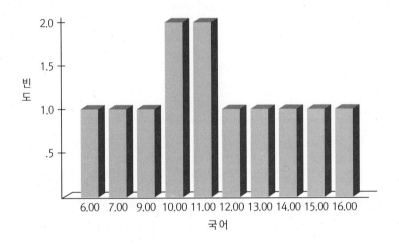

4 논문 양식

1) 기술통계

논문에 기술통계량을 제시하는 경우는 자료가 어떻게 조사·수집되었는지를 설명할 경우다. 따라서 전체적인 분포 모양이나 여러 가지 통계값을 보여 주는 것이 아니고, 연속형 척도로 되어 있는 자료의 평균과 표준편차만을 제시한다.

〈표 2-1〉 **사교육비와 자습시간에 관한 기술통계량**

변 수	N	평 균	표준편차
사교육비	100	46.10	8.98
자습시간	100	4.77	.85

　사례 수는 100명, 사교육비의 평균은 46.10(만 원), 표준편차는 8.98이고, 자습시간의 평균은 4.77, 표준편차는 .85다.

2) 빈도분석

　빈도분석의 기술통계는 다른 분석을 하기 위한 준비과정이므로 논문에는 필요한 부분만 제시한다.

〈표 2-2〉 국어 과목의 빈도와 퍼센트

과 목	점 수	빈 도	퍼센트
국어	6.00	1	8.3
	7.00	1	8.3
	9.00	1	8.3
	10.00	2	16.7
	11.00	2	16.7
	12.00	1	8.3
	13.00	1	8.3
	14.00	1	8.3
	15.00	1	8.3
	16.00	1	8.3
	합계	12	100.0

연습문제

1 다음 상관표를 보고 수학과 과학 과목의 기술통계량을 구하시오.

과 학 \ 수 학	50	60	70	80	90	100	합 계
100					1	2	3
90			1	4	3		8
80			4	8	2		14
70		2	4	5	1		12
60		3	4	3			10
50	1	2					3
합계	1	7	13	20	7	2	50

2 다음은 교육연구법 수강생의 전공대학에 대한 조사 결과다. 각 대학별 백분율을 구한 후 도표로 나타내시오.

전공대학	수강생 수	전공대학	수강생 수
인문대학	30	의과대학	15
자연대학	40	기타	10
체육대학	25	무응답	5
사범대학	30		

※ 데이터 파일 작성 시 2개의 변수(전공대학, 수강생 수)를 만들고, 자료를 입력한 후 자료 변환 중 가중값 부여 부분을 참고하여 가중 사례로 지정한다.

제3장

다중응답분석

개 요

　　다중응답분석은 하나의 설문 문항에 복수 응답한 것을 처리하고 분석하는 것이다. 그 방법으로는 범주형, 이분형, 순위형이 있다. 범주형은 설문지 문항의 응답지 중 우선순위 없이 정해진 수만큼 선택하도록 하는 것이다. 이분형은 문항의 응답지 중 해당하는 모든 것을 선택하도록 하는 것이다. 그리고 순위형은 문항의 응답지 중 정해진 수만큼 순위대로 선택하는 것이다.

　　범주형, 이분형, 순위형 모두 빈도분석 혹은 교차분석을 실시한다.

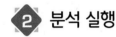 분석 실행

1) 범주형

1. 중학교 3학년의 창의적 체험활동에 동아리 활동으로 가장 바람직하다고 생각하는 것 2개만 고르시오.

　　① 해양교육 동아리　　　② 환경 동아리

　　③ 소비자교육 동아리　　④ 독서 동아리

　　⑤ 진로교육 동아리　　　⑥ 통일 동아리

　　⑦ 인성 동아리

　　적용 절차(3장 다중응답분석 원자료.sav)는 다음과 같다.

1 자료 입력

'문항1 선택1' '문항1 선택2'……(선택할 보기 개수)로 변수명을 정하여 응답자가
선택한 번호를 코딩한다. 무응답일 경우에는 결측값 9를 입력한다.

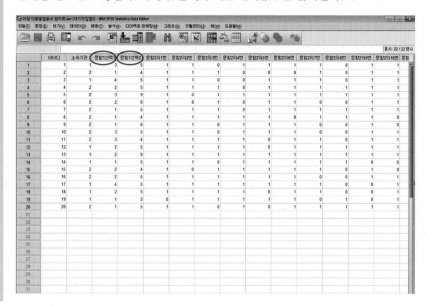

2 변수군 정의

메뉴에서 **분석(A) → 다중응답(U) → 변수군 정의(E)**를 선택한다.

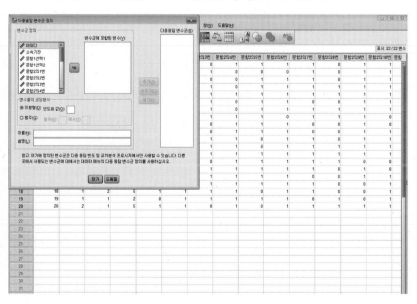

3 변수군 정의에서 '문항1 선택1'과 '문항1 선택2'를 **변수군에 포함된 변수(V)** 칸으로
옮긴다.

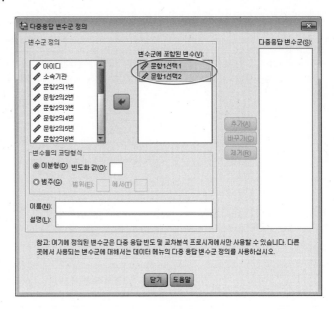

4 변수들의 코딩 형식은 범주형으로 선택한다. 범위는 응답지가 1번에서 7번까지이
며 무응답지가 9까지이므로 1에서 9라고 입력한다. 이름(N)에 '문항1', 설명(L)에
'창의적체험 동아리'로 입력하고, **추가(A)**를 클릭한다.

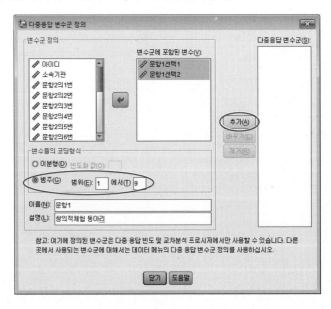

5   오른쪽의 다중응답 변수군(S)으로 '$문항1'을 옮긴다. 모든 과정을 다 마쳤으면 **닫기**를 클릭한다.

6   자료분석

복수 응답에 대한 빈도분석을 한다.

메뉴에서 **분석(A)** → **다중응답(U)** → **빈도분석(F)**을 선택한다.

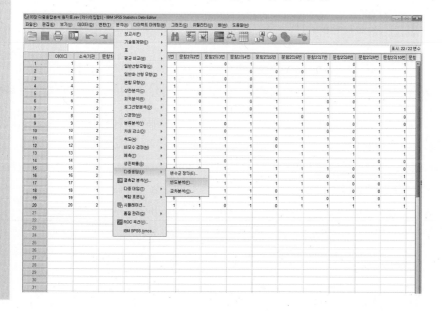

| 7 | 다중응답 변수군(M)에서 '창의적체험 동아리 [$문항1]'을 오른쪽 표작성 응답군으로 이동시킨다. |  |

| 8 | **확인** 버튼을 클릭하면 빈도분석을 실행하고, 출력 화면이 나타난다. | 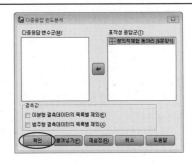 |

2) 이분형

2. 본교의 교육복지투자학교 프로그램 중 학생들의 교육에 도움이 되었다고 생각되는 것을 모두 고르시오.

① 대학생 멘토링   ② 방과후교육 지원
③ 복지실 운영   ④ 학생 상담 및 치유
⑤ 학력평가대비 종합반   ⑥ 개별학습반 제과제빵반 운영
⑦ 해양체험   ⑧ 진로체험
⑨ 방과후학교 일본어반 운영 ⑩ 석식 지원
⑪ 학부모 평생교육   ⑫ 교직원 전문성 신장
⑬ 진로 초청강연   ⑭ 동아리활동 지원
⑮ 꿈나눔터 운영

적용 절차(3장 다중응답분석 원자료.sav)는 다음과 같다.

1 자료 입력

응답지 ①은 '문항2의 1번'으로 응답지 ②는 '문항2의 2번'으로, 응답지 ⑮는 '문항 2의 15번'으로 변수명을 정한다. 선택한 경우에는 1, 선택하지 않은 경우에는 0으로 입력한다.

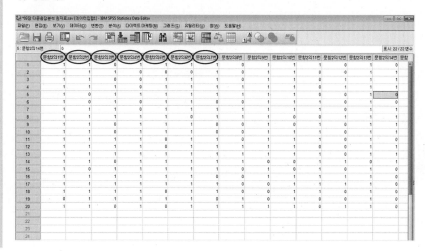

메뉴에서 분석 → 다중응답 → 변수군 정의 순서로 선택하면 다음과 같은 창이 열린다.

2 변수군 정의

변수군 정의에서 분석하고자 하는 변수를 선택하여 변수군에 포함된 변수(V)로 이동시킨다. 즉, '문항2의 1번'에서 '문항2의 15번'까지 모두 이동시킨다.

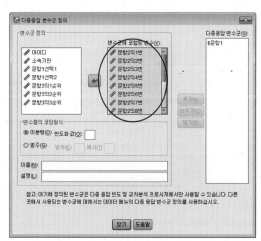

3 변수들의 코딩 형식에서 이분형을 선택하고, 빈도화 값에는 답지가 선택된 경우의 값 1을 입력한다. 이름은 '문항2'로, 설명은 '교육복지투자학교 프로그램'으로 문항을 나타내도록 기록하고 **추가**를 클릭한다.

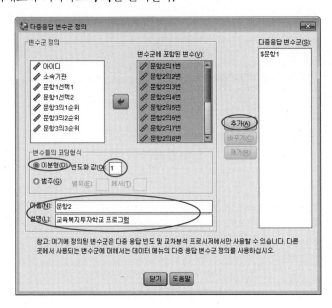

4 다중응답 변수군(S)으로 '$문항2'가 옮겨 간다. 모든 과정을 마쳤으면 **닫기**를 클릭한다.

5 자료분석

메뉴의 **분석(A) → 다중응답(U) → 빈도분석(F)**을 하면 그림과 같은 창이 열린다.

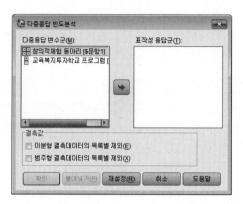

6 다중응답 변수군(M)의 교육복지투자학교 프로그램 [$문항2]를 오른쪽 표작성 응답군(T)으로 이동시키고 **확인**을 클릭한다.

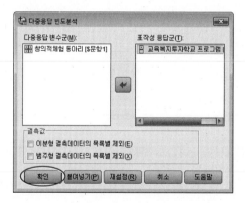

3) 순위형

3. 우리 학교 학생들이 고쳐야 할 생활태도는 무엇인지 가장 심각한 것부터 순서대로 세 가지를 고르시오. (1순위: _____, 2순위: _____, 3순위:_____).

① 두발, 복장 불량   ② 휴지, 쓰레기 버리기

③ 욕설, 비어 사용   ④ 수업 준비 불성실

⑤ 흡연

적용 절차(3장 다중응답분석 원자료.sav)는 다음과 같다.

1 자료 입력

문항3의 1순위는 '문항3의 1순위'로, 2순위는 '문항3의 2순위'로, 변수명을 정하고
순위대로 각각 코딩한다. 무응답은 일반적으로 9를 입력한다.

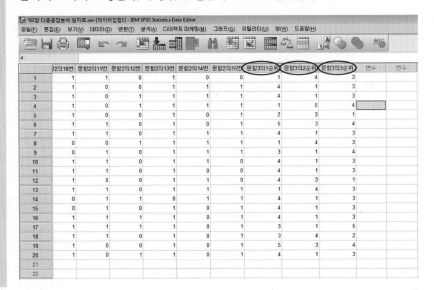

2 자료분석

메뉴에서 **분석(A)** → **기술통계량(E)** → **빈도분석(F)**을 선택한다.

3 빈도분석 창이 뜨면 중요도 순으로 각각 입력한 세 변수 '문항3의 1순위', '문항3의 2순위', '문항3의 3순위'를 빈도분석을 할 변수(V)로 이동시킨다.

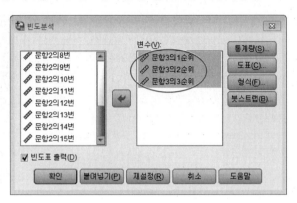

 분석 결과

1) 범주형

범주형의 다중응답 실행 결과는 다음과 같다.

사례 요약						
	사례					
	유효		결측		합계	
	N	퍼센트	N	퍼센트	N	퍼센트
$문항1[a]	20	100.0%	0	.0%	20	100.0%

문항1 빈도				
		응답		사례 퍼센트
		N	퍼센트	
창의재량 범교과 학습[a]	1	7	17.5%	35.0%
	2	8	20.0%	40.0%
	3	4	10.0%	20.0%
	4	6	15.0%	30.0%
	5	11	27.5%	55.0%
	6	2	5.0%	10.0%
	9	2	5.0%	10.0%
합계		40	100.0%	200.0%

a. 집단 설정

more
- 사례 요약: 전체 응답자 수는 20명이며, 결측값은 없다는 것을 나타낸다.
- 1, 2, 3, 4, 5, 6, 7: 문항1에서 선택할 수 있는 응답지가 1~7개 있다는 것을 나타낸다.
- 응답 N: 각 응답지가 선택된 빈도를 나타낸다. 한 사람이 2개씩 선택했으므로 N의 합계는 20(명)×2(회)=40(회)이다.
- 응답 퍼센트: 전체 응답 빈도 중에서 각 응답지가 선택된 퍼센트를 나타낸다. 전체 반응 빈도가 40(회)이고 응답지1이 선택된 빈도는 7개이므로, 응답지 1의 응답 퍼센트는 (7÷40)×100=17.5% 가 된다. 선택 1과 선택 2를 합한 전체 빈도(40)는 100%가 된다.
- 사례 퍼센트: 전체 응답자 중 각 응답지를 선택한 사람의 비율을 나타낸다. 전체 응답자는 20명이고 그중 응답지 1을 선택한 사람이 7명이므로, 응답 퍼센트는 (7÷20)×100=35%가 된다. 한 사람이 2개씩 선택하였으므로 사례 퍼센트의 합은 200%가 된다.

2) 이분형

이분형의 다중응답 실행 결과는 다음과 같다.

사례 요약

	사례					
	유효		결측		합계	
	N	퍼센트	N	퍼센트	N	퍼센트
$문항2[a]	20	100.0%	0	.0%	20	100.0%

a값: 1에서 표로 작성된 이분형 집단

$문항2 빈도

		응답		사례 퍼센트
		N	퍼센트	
교육복지 투자학교 프로그램[a]	문항2의 1번	19	8.7%	95.0%
	문항2의 2번	17	7.8%	85.0%
	문항2의 3번	14	6.4%	70.0%
	문항2의 4번	15	6.9%	75.0%
	문항2의 5번	15	6.9%	75.0%
	문항2의 6번	18	8.3%	90.0%
	문항2의 7번	15	6.9%	75.0%
	문항2의 8번	9	4.1%	45.0%
	문항2의 9번	16	7.3%	80.0%
	문항2의 10번	16	7.3%	80.0%

문항2의 11번	12	5.5%	60.0%
문항2의 12번	7	3.2%	35.0%
문항2의 13번	19	8.7%	95.0%
문항2의 14번	10	4.6%	50.0%
문항2의 15번	16	7.3%	80.0%
합계	218	100.0%	1090.0%

a값: 1에서 표로 작성된 이분형 집단

more
- 사례 요약: 전체 응답자 수는 20명이며, 결측값은 없다는 것을 나타낸다.
- '문항2의 1번', '문항2의 2번' …… '문항2의 15번': 문항2에서 선택할 수 있는 응답지가 1~15개 있다는 것을 나타낸다.
- 응답 N: 각 응답지가 선택된 빈도를 나타낸다. '① 대학생 멘토링'이 선택된 빈도는 19회다.
- 응답 퍼센트: 전체 응답 빈도 중에서 각 응답지가 선택된 퍼센트를 나타낸다. 전체 응답 빈도는 218(회)이고, 응답지 1(대학생 멘토링)이 선택된 빈도는 19개이므로 응답지 1의 응답 퍼센트는 (19÷218)×100 = 8.7%가 된다. 응답 빈도의 합계인 218은 100%가 된다.
- 사례 퍼센트: 전체 응답자 중 각 응답지를 선택한 사람의 비율을 나타낸다. 전체 응답자는 20명이고 응답지 1을 선택한 사람은 19명이므로, 응답 퍼센트는 (19÷20)×100 = 95%가 된다. 한 사람이 여러 개 선택했기 때문에 사례 퍼센트의 합은 응답지별 사례 퍼센트를 합한 것이 된다.

3) 순위형

순위형의 다중응답 실행 결과는 다음과 같다.

(1) 통계량

통계량		문항3의 1순위	문항3의 2순위	문항3의 3순위
N	유효	20	20	20
	결측	0	0	0

이 표는 문항3의 1순위, 2순위, 3순위에 응답한 사례 수를 나타내 준다. 각 순위에 대하여 20명씩 응답을 하였고 결측값은 없음을 나타낸다.

(2) 빈도표

문항3의 1순위

		빈도	퍼센트	유효 퍼센트	누적 퍼센트
유효	1	4	20.0	20.0	20.0
	2	1	5.0	5.0	25.0
	3	3	15.0	15.0	40.0
	4	10	50.0	50.0	90.0
	5	2	10.0	10.0	100.0
합계		20	100.0	100.0	

문항3의 2순위

		빈도	퍼센트	유효 퍼센트	누적 퍼센트
유효	1	11	55.0	55.0	55.0
	3	4	20.0	20.0	75.0
	4	4	20.0	20.0	95.0
	5	1	5.0	5.0	100.0
합계		20	100.0	100.0	

문항3의 3순위

		빈도	퍼센트	유효 퍼센트	누적 퍼센트
유효	1	2	10.0	10.0	10.0
	2	1	5.0	5.0	15.0
	3	12	60.0	60.0	75.0
	4	4	20.0	20.0	95.0
	5	1	5.0	5.0	100.0
합계		20	100.0	100.0	

빈도분석을 실행하면 각 응답지에 대한 반응 빈도와 퍼센트, 유효 퍼센트, 누적 퍼센트가 산출된다. 응답자들이 학생들의 생활태도에서 고쳐야 할 점으로 선택한 것을 보면, 1순위(문항3의 1순위)에 1번(두발, 복장 불량)을 선택한 사람은 4명이며 전체 응답자의 20%다. 1순위에 2번(휴지, 쓰레기 버리기)을 선택한 사람은 1명(5%), 3번(욕설, 비어 사용)을 선택한 사람은 3명(15%), 4번(수업 준비 불성실)을 선택한 사람은 10명(50%), 5번(흡연)을 선택한 사람은 2명(10%)으로 나타났다. 더불어 2순위에 대한 응답(문항3의 2순위)과 3순위에 대한 응답(문항3의 3순위)도 같은 방식으로 산출되어 있다.

이상의 결과는 다음과 같이 하나의 표로 정리할 수 있다.

응답지 번호	1순위	2순위	3순위
1	4(20%)	11(55%)	2(10%)
2	1(5%)	0(0%)	1(5%)
3	3(15%)	4(20%)	12(60%)
4	10(50%)	4(20%)	4(20%)
5	2(10%)	1(5%)	1(5%)
합계	20(100%)	20(100%)	20(100%)

앞의 빈도분석 결과 1순위, 2순위, 3순위에 대하여 중요도순으로 가중치를 주어서 해석해야 한다. 가중치를 부여하는 비율은 연구자의 이론적·경험적 근거에 입각하여 부여하며, 또 순위의 중요도에 기초하여 다르게 부여할 수 있다.

이 경우 1순위에 300%, 2순위에 200%, 3순위에 100%의 가중치를 부여하였을 때 다음과 같이 계산할 수 있다.

응답지 번호	1순위	2순위	3순위	전 체
1	4×300＝1200	11×200＝2200	2×100＝200	3600
2	1×300＝300	0×200＝0	1×100＝100	400
3	3×300＝900	4×200＝800	12×100＝1200	2900
4	10×300＝3000	4×200＝800	4×100＝400	4200
5	2×300＝600	1×200＝200	1×100＝100	900
빈도	20	20	20	

가중치를 부여하여 계산한 결과 응답지 4(수업 준비 불성실)의 점수가 4200으로 가장 높게 나타났고, 응답지 2(휴지, 쓰레기 버리기)가 가장 낮게 나타났다. 즉, 학생들의 생활태도 중에서 고쳐야 할 점으로 가장 심각성을 느끼는 것은 '수업 준비 불성실'이며, 반대로 가장 심각성을 적게 느끼는 것은 '휴지, 쓰레기 버리기'임을 알 수 있다.

논문 양식

1) 범주형

범주형의 논문 양식은 다음과 같다.

〈표 3-1〉 중3 창의재량시간의 범교과학습(복수응답: N = 20)

기록 방법	빈 도	퍼센트
해양교육	7	35.0
환경교육	8	40.0
소비자교육	4	20.0
독서교육	6	30.0
진로교육	11	55.0
통일교육	2	10.0
인성교육	2	10.0
전체	40	200.0

중3 창의재량시간의 범교과학습으로 적합한 것 2개를 선택하는 복수응답을 하도록 한 결과 전체 20명 중 11명(55%)이 진로교육을 선택하여 가장 높게 나타났다. 그 다음은 환경교육(8명, 40%), 해양교육(7명, 35%), 독서교육(6명, 30%)의 순으로 나타났다.

2) 이분형

이분형의 논문 양식은 다음과 같다.

〈표 3-2〉 교육복지투자학교 프로그램 중 학생교육에 도움이 된 것(복수응답: N = 20)

검사 방법	빈 도	퍼센트
대학생 멘토링제	19	95.0
방과후학교 지원	17	85.0
복지실 운영	14	70.0
학생 상담 및 치유	15	75.0
학력평가대비 종합반	15	75.0
개별학습반 제과제빵반 운영	18	90.0
해양체험	15	75.0
진로체험	9	45.0
방과후학교 일본어반 운영	16	80.0
학부모 평생교육	16	80.0

교직원 전문성 신장	12	60.0
진로 초청강연	7	35.0
동아리활동 지원	19	95.0
석식 지원	10	50.0
꿈나눔터 운영	16	80.0
전체	218	1090.0

교육복지투자학교 프로그램이 학생교육에 도움을 준 것 모두를 고르도록 한 결과 응답한 교사 20명 중 95%인 19명이 가장 도움을 준 것으로 대학생 멘토링제와 동아리활동 지원을 선택하였다. 그다음은 개별학습반 제과제빵반 운영(18명, 90%), 방과후학교 지원(17명, 85%)의 순으로 나타났다. 교직원 전문성 신장은 12명(60%)이 응답하여 학생교육에 도움을 가장 적게 준 것으로 나타났다.

3) 순위형

순위형의 논문 양식은 다음과 같다.

〈표 3-3〉 학생의 생활태도 중 개선되어야 할 점(N = 20)

학생의 생활태도 문제점	빈 도	퍼센트
① 두발, 복장 불량	4	20%
② 휴지, 쓰레기 버리기	1	5%
③ 욕설, 비어 사용	3	15%
④ 수업 준비 불성실	10	50%
⑤ 흡연	2	10%
합계	20	100

이 표를 보면 학생들의 생활태도 중 고쳐야 할 점에 응답자의 50%인 10명이 '수업 준비 불성실'로 응답하여 가장 심각하게 느끼는 것으로 나타났다. 두 번째로 '두발, 복장 불량'에 4명(20%)이 응답하였고, 그다음으로는 '욕설, 비어 사용'에 3명(15%)이 응답하였다.

연습문제

▼ 다음 설문지를 가지고 10명의 학생을 대상으로 직접 조사를 실시한 후 그 결과를 다중
응답분석으로 해석하고 논문 양식으로 제시하시오.

1 도덕과의 단원 중에서 자신에게 가장 도움이 되었던 단원을 2개 고르시오.

① 개인생활 단원　　　　② 가정생활 단원　　　　③ 학교생활 단원
④ 전통문화생활 단원　　⑤ 경제생활 단원　　　　⑥ 민주생활 단원
⑦ 국제사회생활 단원　　⑧ 통일교육 단원　　　　⑨ 인물학습 단원

2 모둠활동으로 협동학습을 하였을 때 어떤 특성이 있었는지 모두 고르시오.

① 학습 내용을 잘 이해하게 되었다.
② 학급 전체 분위기가 좋아졌다.
③ 친구를 사귀게 되었다.
④ 조사활동을 많이 하게 되었다.
⑤ 발표력이 길러졌다.
⑥ 서로 돕는 협동성이 길러졌다.
⑦ 가장 재미있는 수업 방법이었다.
⑧ 노력하지 않아도 드러나지 않았다.
⑨ 각자 맡은 역할을 하는 동안 책임감이 길러졌다.
⑩ 노력하지 않고도 점수를 받는 학생이 있었다.

3 도덕과 수업 방법 중에서 가장 마음에 드는 수업을 순서대로 3개 고르시오.

① 모둠별 협동학습　　　② 도서관 활용수업　　　③ 개인별 발표수업
④ 토의토론 수업　　　　⑤ 역할극 수업　　　　　⑥ ICT 활용수업
⑦ 강의식 수업　　　　　⑧ 초빙교사 수업　　　　⑨ 영상매체 수업
⑩ 선택과제 수행평가

제2부

SPSS를 활용한 기초통계 분석

2005   2006   2007   2008   2009   2010   2011   2012   2013   2014   2015

제4장

상관분석

개 요

상관분석(Correlation Analysis)이란 서열척도, 등간척도, 비율척도로 측정된 두 변수 간의 상관관계가 존재하는지 알아보고 상관관계의 정도를 측정하는 것이다. 상관관계는 원인과 결과의 관계를 나타내는 인과관계와는 다르다.

상관분석은 두 변수 간의 선형적인 상관관계를 알아보는 것으로 정적상관과 부적상관의 두 종류가 있다. 한 변수의 측정값이 증가할 때 다른 변수의 값도 증가하면 두 변수 사이에는 정적상관이 있다고 하고, 반대로 한 변수의 측정값이 증가할 때 다른 변수의 값은 감소하면 두 변수 사이에는 부적상관이 있다고 한다.

예를 들어, 지능과 학업성취라는 두 변수는 한 개체 안에서 서로 유기적인 관련을 지녔다고 볼 수 있다. 이처럼 사회과학에서 다루는 데이터의 경우 대체로 개체 안에서 유기적인 관련을 가지고 있기 때문에 상관분석은 매우 유용하게 쓰이는 분석기법이라 할 수 있다.

상관계수의 기본 가정은 다음과 같다.

① 선형성을 만족시켜야 한다.
② 등분산성의 가정을 만족시켜야 한다.
③ 극단치(outlier)의 유무를 확인하여 제거할 것인지를 고려해야 한다.
④ 자료가 절단되어 있지 않아야 한다.

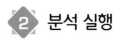 **분석 실행**

2개 변수 간의 상관관계를 알아보기 위해서 단순상관분석(Simple Correlation Analysis)과 편상관분석(Partial Correlation Analysis)을 이용한다.

1) 단순상관분석

연구문제	학생들의 주당 학습시간과 점수 간에는 어떤 상관이 있는가?

적용 절차(4장 단순상관분석 원자료.sav)는 다음과 같다.

1   **분석(A) → 상관분석(C) → 이변량상관계수(B)**를 선택한다.

━━ more   **산포도 그리기**

상관분석을 할 때에는 선형성, 등분산성, 극단치의 존재 여부를 알아보기 위해서 산포도(scatter plot)를 먼저 그려 보는 것이 좋다. 산포도를 통해 두 변수 간의 관계가 직선적인지 아닌지를 알 수 있다. 즉, 자료가 상관분석에 적합한 자료인지를 알 수 있다. SPSS 프로그램에서는 메뉴의 그래프 → 산점도/점도표에서 '단순산점도'를 선택하여 X축과 Y축을 정해 주면 된다.

2 주당학습시간과 점수를 선택하여 변수(V)로 이동한다. 초기 지정값으로 **Pearson (N)**이 선택되었고, **유의성 검정**도 **양쪽(T)**이 선택되어 있다.

----- more **상관계수의 선택**

데이터가 서열척도일 경우에는 상관계수에서 Spearman(S)에 체크한다. 그러나 많은 상관계수들이 Pearson 적률상관계수를 변형한 것이기 때문에 Pearson(N) 상관계수만 체크해도 무방하다.

상관계수(Correlation Coefficient)	
Pearson(N)	변수 간 상관관계를 산출하며 대각선의 값은 '1'임
Kendall의 타우-b(K)	Spearman의 ρ(rho)이며 순위 상관계수를 산출함
Spearman(S)	순위상관계수를 산출함

유의성 검정(Test of Significant)	
양쪽T(Two-tailed)	양쪽 검정은 모집단의 특성을 알 수 없을 때 사용함
한쪽L(One-tailed)	한쪽 검정은 모집단의 특성을 알 수 있을 때 사용함
유의한 상관계수 표시 (Flag significant correlations)	변수 간의 유의확률을 표시해 줌 유의수준 .05에서 유의할 경우 별표 1개, 유의수준 .01에서 유의할 경우 별표 2개 표시함

3　**옵션(O)** 버튼을 선택한 후 필요한 통계량을 체크한다. **계속** 버튼을 선택한다.

통계량(Statistics)	
평균과 표준편차 (Means and standard deviations)	각 변수에 대한 평균과 표준편차를 구함
교차곱 편차와 공분산 (Cross-product deviation and covariances)	편차의 교차곱은 수정된 평균 변수곱의 합과 같음

결측값(Missing Values)	
대응별 결측값 제외 (Exclude cases pairwise)	한 상관계수의 대응변수 하나 또는 모두에 대한 결측값이 있는 사례는 분석에서 제외함
목록별 결측값 제외 (Exclude cases listwise)	변수에 대한 결측값을 포함하는 사례는 분석에서 제외함

4　모두 설정되었으면 **확인** 버튼을 선택한다. SPSS 뷰어 창에 결과가 나오면 저장해 둔다.

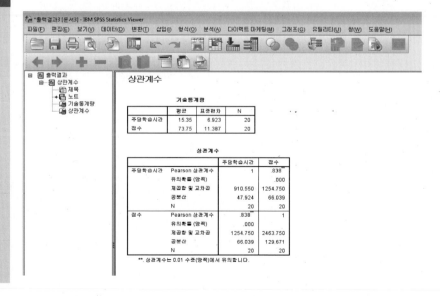

2) 편상관분석

편상관은 두 변인에 영향을 미치는 제3의 변인을 통제하였을 때, 두 변인이 가지는 상관관계를 구하는 것으로 부분상관이라고도 한다.

연구문제	고등학교 학생들의 사회경제적 지위(SES)를 통제하였을 때 성적과 학교 적응도와는 어떤 상관이 있는가?

편상관분석(partial correlation analysis)의 적용 절차(4장 편상관분석 원자료.sav)는 다음과 같다.

1 데이터 편집기에서 데이터를 불러온 후 **분석(A)** → **상관분석(C)** → **편상관계수(R)** 를 선택한다.

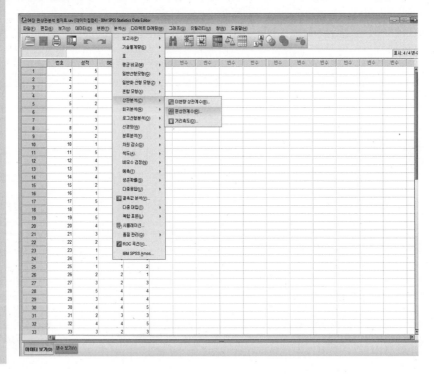

2 성적과 학교적응도를 **변수**로 이동하고, SES를 **제어변수(C)**로 이동한다.

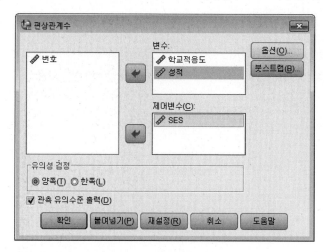

3 **옵션(O)** 버튼을 선택하여 평균과 표준편차(M)와 0차 상관(Z)을 체크하고 결측값
에 **목록별 결측값 제외(L)**를 체크한 후 **계속** 버튼을 선택한다.

통계량(statistics)	
평균과 표준편차 (Means and Standard deviations)	각 변수에 대해 표시되며 결측되지 않은 값이 있 는 사례 수도 함께 표시함
0차 상관 (Zero-order correlations)	통제변수를 비롯한 모든 변수 간에 단순상관행렬 을 표시함

<table>
<tr><td>4</td><td>모두 설정되었으면 **확인** 버튼을 선택한다. SPSS 뷰어 창에 편상관분석의 결과가
나오면 저장해 둔다.</td></tr>
</table>

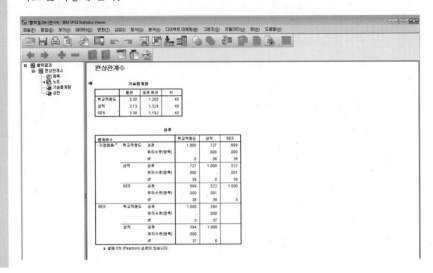

③ 분석 결과

1) 단순상관분석

(1) 기술통계량

	평 균	표준편차	N
주당 학습시간	15.35	6.923	20
점수	73.75	11.387	20

이것은 두 변수에 관한 기술통계량으로, 평균이 주당 학습시간은 15.35이고 점수
는 73.75로 나타났다.

(2) 상관계수

		주당 학습시간	점 수
주당 학습시간	Pearson 상관계수	1	.838**
	유의확률(양쪽)		.000
	제곱합 및 교차곱	910.550	1254.750
	공분산	47.924	66.039
	N	20	20
점수	Pearson 상관계수	.838**	1
	유의확률(양쪽)	.000	
	제곱합 및 교차곱	1254.750	2463.750
	공분산	66.039	129.671
	N	20	20

** 상관계수는 .01 수준(양쪽)에서 유의하다.

주당 학습시간과 점수의 분석 결과, 둘의 상관관계는 Pearson 상관계수가 .838이고 $p < .01$이므로 통계적으로 유의미하다. 따라서 주당 학습시간과 점수는 강한 정적상관이 있는 것으로 나타났다.

> **more** 상관계수의 해석기준

상관계수의 범위	상관계수의 해석
±.00~.10	상관이 거의 없다.
±.10~.30	상관이 낮다.
±.30~.70	상관이 뚜렷하다.
±.70~1.00	상관이 매우 높다.

2) 편상관분석

(1) 기술통계량

	평 균	표준편차	N
성적	3.12	1.324	40
학교적응도	3.30	1.265	40
SES	3.37	1.192	40

각 변인에 관한 기술통계량으로 각 변인에 대한 평균, 표준편차, 사례 수(N)가 나타나 있다.

(2) 상관계수

통제변수			성 적	학교적응도	SES
지정않음	성적	상관	1.000	.727	.522
		유의수준(양측)	.	.000	.001
		df	0	38	38
	학교적응도	상관	.727	1.000	.689
		유의수준(양측)	.000	.	.000
		df	38	0	38
	SES	상관	.522	.689	1.000
		유의수준(양측)	.001	.000	.
		df	38	38	0
SES	성적	상관	1.000	.594	
		유의수준(양측)	.	.000	
		df	0	37	
	학교적응도	상관	.594	1.000	
		유의수준(양측)	.000	.	
		df	37	0	

이 표는 SES를 통제하지 않았을 경우와 SES를 통제했을 경우에 각 변인 간의 상관관계를 출력한 것이다. SES를 통제하지 않았을 경우 성적과 학교적응도의 상관관계는 .727, 유의확률은 .000으로 나타났으며, SES를 통제할 경우 성적과 학교적응도의 상관관계는 .594, 유의확률은 .000으로 나타났다.

 논문 양식

1) 단순상관분석

〈표 4-1〉 주당 학습시간과 점수 간의 상관계수

n＝20

	점 수
주당 학습시간	.838**

** p＜.01

학생들의 주당 학습시간과 점수의 상관관계를 분석한 결과, 둘은 상관계수가 .838로 유의수준 .01에서 유의한 것으로 나타나 강한 정적상관을 이루고 있었다.

2) 편상관분석

〈표 4-2〉 SES 통제 후 성적과 학교적응도 간의 상관계수

n＝40

	학교적응도
성적	.594***

*** p＜.001

고등학교 학생들의 사회경제적 지위를 통제하였을 때 성적과 학교적응도의 상관관계는 Pearson 상관계수 .594다. 이는 유의수준 .001에서 유의한 것으로 나타났다. 따라서 고등학교 학생들의 성적과 학교적응도의 상관관계는 사회경제적 지위를 통제하더라도 서로 통계적으로 유의미한 상관을 가지고 있음을 알 수 있다.

1 기초통계학을 수강하는 학생들의 연습문제 풀이 횟수와 10개 문항으로 된 퀴즈 점수
와는 어떤 관계가 있는가?

연 번	연습문제 풀이 횟수	점 수
1	1	3
2	2	5
3	3	7
4	3	8
5	5	9
6	4	7
7	3	6
8	4	5
9	1	4
10	2	7
11	3	7
12	5	6
13	4	9
14	3	8
15	5	8
16	2	4
17	1	2
18	1	1
19	5	7
20	0	3

1) 산포도를 그려 보시오.

2) 연습문제 풀이 횟수와 점수 간의 상관계수를 구하시오.

3) 논문 양식으로 표현하고 해석하여 보시오.

2 초등학교 교감의 지도성 유형인 목표지향을 통제하였을 때 또 다른 지도성 유형인 관
료지향과 교사의 직무 수행인 전문성 간에는 어떤 상관관계가 있는가?

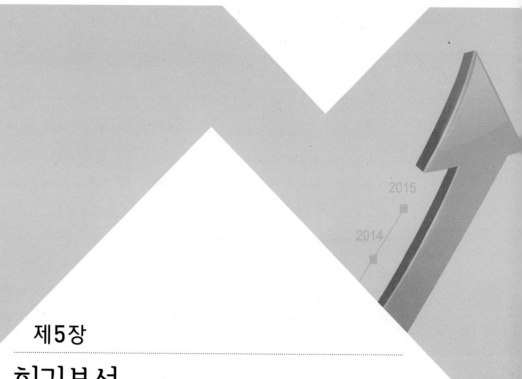

제5장

회귀분석

1 개요

회귀분석(Regression Analysis)은 하나 이상의 독립변수로 이루어진 함수모형으로 종속변수를 설명하거나 예측하는 통계적 방법이다. 여기서 하나의 독립변수와 하나의 종속변수 사이의 관계를 분석하는 것을 단순회귀분석(Simple Regression Analysis)이라고 하며, 여러 독립변수와 하나의 종속변수 간의 관계를 분석하는 것을 중다회귀분석(Multiple Regression Analysis)이라고 한다.

서로 인과관계를 가지고 있는 변수들 중에서 다른 변수에 영향을 주는 변수를 독립변수(independent variable)라고 하며, 독립변수에 의해 영향을 받는 변수를 종속변수(dependent variable)라고 한다. 독립변수는 설명변수나 예측변수라고 하기도 하고, 종속변수는 피설명변수 또는 준거변수라고도 한다.

상관분석이 단순히 두 변수 사이의 상관 정도만을 분석하는 것이라면, 회귀분석은 두 변수 사이의 인과관계를 알 수 있고 이를 통해 한 변수로부터 다른 변수의 변화를 예측할 수 있는 통계적 분석 방법이다. 회귀분석의 기본 가정은 다음과 같다.

① 선형성(linearity): 독립변수와 종속변수의 관계가 직선적이어야 한다는 것이다. 이 가정은 산포도를 통해서 확인할 수 있다.

② 정규성(normality): 독립변수의 값에 관계없이 오차의 분포가 정상분포를 가지고 있어야 한다는 것이다. 오차의 평균이 0이고 일정한 변량을 지닌 정규분포를 가정한다.

③ 독립성(independence): 종속변수 측정치의 오차 간에는 서로 영향을 미치지 않아야 한다. 또 각 독립변수와 오차 간에 상관이 없으며, 오차는 평균이 0, 표준편차가 σ인 확률분포를 가진다는 것을 가정한다.

④ 동분산성(homoscedasticity, equal variance): 독립변수의 값에 관계없이 종속변수의 흩어진 정도가 같아야 한다.

한편 중다회귀분석은 독립변수 중 어느 변수가 종속변수에 영향을 미치는지와 그 영향력의 크기를 알아보고자 하는 데 목적이 있다.

앞에서 논의된 단순회귀분석의 기본 가정은 중다회귀분석에도 그대로 적용된다. 다만 중다회귀분석에서는 독립변수의 수가 늘어남에 따라 새로이 추가되어야 할 가정이 있다.

① 독립변수 간에 다중공선성(multicollinearity)이 존재하지 않는다.
② 독립변수 간에 상호작용 효과가 존재하지 않는다.
③ 표본의 수가 회귀모형에 포함되는 변수의 수보다 커야 한다.

2 분석 실행

1) 단순회귀분석

연구문제 고등학교 입학 성적은 대학입학시험 성적에 어떤 영향을 미치는가?

단순회귀분석의 방법을 활용해서 고등학교 입학성적이라는 독립변수가 대학입학시험 성적이라는 종속변수에 미치는 영향력을 검정해 보자.
적용 절차(5장 단순회귀 원자료.sav)는 다음과 같다.

1 **분석(A) → 회귀분석(R) → 선형(L)**을 선택한다.

2 고입성적을 선택해서 독립변수(I)로 이동시키고, 대입성적을 선택해서 종속변수 (D)로 이동시킨다.

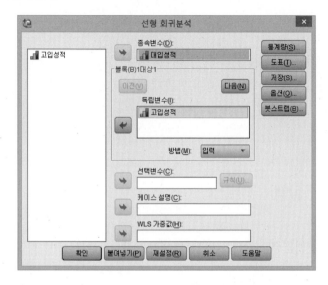

3 **방법(M)**을 선택한다. 여기서는 단계선택법(stepwise)을 선택한다. 그러나 단순회 귀분석에서는 진입변수가 하나이기 때문에 어떠한 방법을 선택해도 결과는 동일 하다.

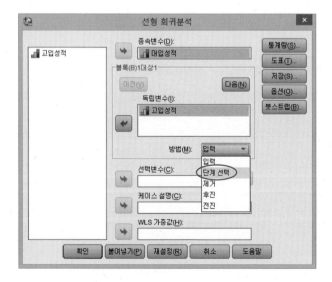

방법(Method)	
입력(Enter)	독립변수가 어떤 순서에 의해서 투입되는 것이 아니라 한꺼번에 투입되는 방법. 독립변수의 강제적 투입이라고도 함
단계선택(Stepwise)	전진선택법과 후진제거법을 개선한 방법으로 독립변수의 추가와 제거를 적절히 조합하여 변수를 선택하는 방법. 현재 가장 많이 사용하는 변수 선택 방법임
후진제거 (Backward elimination)	등록된 모든 독립변수를 포함하여 통계적 기준에 따라 중요도가 낮은 변수부터 한 변수씩 제거하기 시작하여 더 이상 제거할 변수가 없을 때 중단하고 남아 있는 변수를 중요한 변수로 선택하는 방법
전진선택 (Forward selection)	등록된 변수를 통계적 기준에 따라 가장 중요한 변수부터 선택하여 더 이상 중요한 변수가 없다고 판단될 때 중단함으로써 이미 선택된 변수만 중요한 변수로 선택하는 방법. 어떤 독립변수가 일단 선택되고 나면 다른 변수에 의해서 중요성을 상실하더라도 회귀모형에서 빠져나올 수 없다는 단점이 있음

4　　**통계량(S)** 버튼을 선택한다. 추정값(E)과 모형 적합(M), 기술통계(D)를 체크하여 간단하게 변수의 평균, 표준편차와 상관계수행렬표를 구할 수 있다. **계속** 버튼을 선택한다.

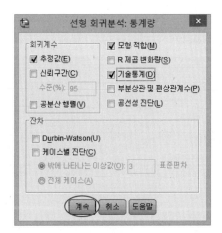

통계량(Statistics)	
모형 적합(Model Fit)	R, R^2, 조정된 R^2, 표준추정오차, 변량분석, 자유도, 자승합, 평균자승, F값, F의 관찰확률 계산이 제시되어 모형의 설명력과 적합도를 알 수 있음

R제곱 변화량 (R squared change)	R^2은 회귀식의 유효성을 평가하기 위한 지표로서 R^2 변화량을 통해서 독립변수에 대한 종속변수의 예측 정도를 판단할 수 있음. 결정계수 R^2이 1에 가까울수록 회귀식의 설명력이 높다고 할 수 있음
기술통계(Descriptive)	평균, 표준편차, 단측검정 유의수준의 상관행렬을 보여 줌
부분상관 및 편상관계수 (Part and partial correlations)	무차상관, 부분상관, 편상관 등을 나타냄. 상관계수의 범위는 −1에서 1까지며 계수의 절대값이 클수록 변수 간의 관계가 더 강함을 나타냄
공선성 진단 (Collinearity Diagnostics)	개별 변수에 대한 공차한계와 공선성 문제 진단을 위한 다양한 통계량을 계산해서 보여 줌

more 결정계수 R^2(Squared Multiple Correlation)

결정계수는 독립변수가 종속변수를 어느 정도로 설명해 주는지를 나타내는 지수다. 특히 중다회귀모형에서 결정계수는 종속변수에 대한 독립변수 각각의 설명력을 나타내는 것이 아니라 전체 독립변수의 설명력을 의미한다.

결정계수의 값은 0~1 사이에 있으며, 종속변수와 독립변수 사이에 높은 상관관계가 있을수록 1에 가까워진다. 즉, R^2의 값이 0에 가까운 값을 가지는 회귀모형은 유용성이 낮은 반면 R^2의 값이 클수록 회귀모형의 유용성은 높다.

회귀계수(Regression Coefficients)	
추정값(Estimate)	회귀계수의 추정치를 계산하여 보여 줌(초기 지정)
신뢰구간 (Confidence intervals)	비표준화 회귀계수에 대한 95% 신뢰구간을 나타냄
공분산행렬 (Covariance matrix)	비표준화 회귀계수에 대한 분산–공분산 행렬을 나타냄. 대각선 아래는 공분산, 대각선 위는 상관관계, 대각선상은 분산을 가진 행렬임

잔차(Residuals)	
Durban–Watson	수정된 잔차에 대한 Durban–Watson 검정과 잔차 및 예측값에 대한 요약통계량이 표시됨. 이를 통해 계열상관 존재 여부를 알 수 있음
사례별 진단 (Casewise diagnostics)	선택기준을 충족하는 사례와 너무 벗어난 잔차에 대해서 이상값으로 처리함

more 잔차(Residual)

어떤 회귀분석에서든 종속변수의 실제값과 회귀식에 의한 기댓값 간에는 차이가 생기게 되는데 이를 잔차라고 한다. 이 잔차가 전체적으로 작은 회귀식일수록 유효한 회귀식이라고 볼 수 있다. 잔차가 작은지 어떤지를 보기 위한 지표가 잔차의 표준편차(추정값의 표준오차)다.

5 도표(L)를 선택하면 다양한 도표를 만들 수 있다. 도표 그리기는 회귀분석에서 변수 간의 관계를 시각적으로 나타내어 개략적인 분석을 하는 데 중요한 절차. 여기서는 **계속** 버튼을 선택한다.

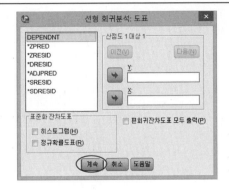

more　표준화 잔차도표

표준화 잔차도표의 히스토그램과 정규확률도표는 잔차가 정규분포를 보여야 한다는 가정을 검정할 때 활용할 수 있다. 분석 결과 표준화된 잔차들이 정규분포선상에 가까이 분포되어 있으면 예측 정도도 높다고 판단할 수 있다.

6 계산된 결과를 데이터 창에 저장하기 위해서 **저장(S)** 버튼을 선택한다. 저장하고자 하는 예측치를 선택하면 새로운 변수를 저장할 수 있다. 여기서는 체크하지 않고 **계속** 버튼을 선택한다.

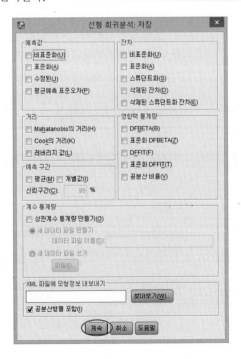

7 **옵션(O)** 버튼을 선택한다. 옵션 대화상자에서는 변수의 진입 및 제거 기준을 선택하거나 무응답치를 처리할 수 있다. **계속** 버튼을 선택한다.

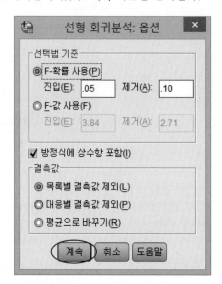

선택법 기준(Stepping Method Criteria)	
F확률 사용 (Use F−probability)	F값의 유의수준과 진입값을 비교하여 변수가 입력 혹은 제거됨. 모형에 변수를 더 많이 입력하려면 진입값을 높이고 변수를 더 많이 제거하려면 제거값을 낮추면 됨
F값 사용 (Use F−value)	F값과 진입값을 비교하여 변수가 입력 혹은 제거됨. 모형에 더 많은 변수를 입력하려면 진입값을 낮추고 변수를 더 많이 제거하려면 제거값을 낮추면 됨

결측값(Missing Values)	
목록별 결측값 제외 (Exclude cases listwise)	모든 변수에 대해서 명확한 값을 가지는 사례만이 분석에 포함됨
대응별 결측값 제외 (Exclude cases pairwise)	상관관계에 있는 변수 쌍에 대해서 완전한 데이터를 가진 사례들이 상관계수를 계산하는 데 사용됨
평균으로 바꾸기 (Replace with mean)	결측값을 변수 평균으로 대체함

8 모두 설정되었으면 **확인** 버튼을 선택한다. SPSS 뷰어 창에 그림과 같이 단순회귀분석 결과가 나타나면 저장한다.

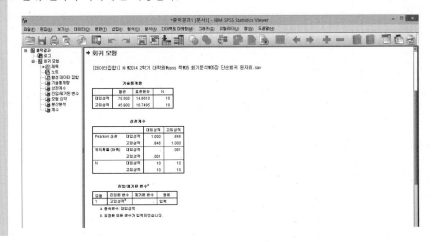

2) 중다회귀분석

SPSS 프로그램의 중다회귀분석에서 독립변수를 투입하는 방법은 모두 네 가지로 지정할 수 있다. '입력(enter)'은 모든 독립변수를 한꺼번에 투입하여 실시하는 것이며, '전진선택법(forward)'은 중요한 독립변수부터 선택하여 투입하는 방법이다. 또 '후진제거법(backward)'은 중요도가 낮은 독립변수부터 제거하는 방법이며, '단계선택법(stepwise)'은 전진선택법과 후진제거법을 개선한 것으로서 독립변수의 추가와 제거를 적절히 조합하여 변수를 선택하는 방법이다. 여기서는 가장 많이 활용되는 '입력'의 방법으로 분석해 보고자 한다.

연구문제	대학수학능력시험 성적, 학교생활기록부 성적, 논술시험 성적이 대학입학 후 학생들의 학업성적에 미치는 영향은 어떠한가?

대학입학 후 학생들의 학업성적은 대학수학시험 성적, 학교생활기록부 성적 및 논술시험 성적에 의하여 영향을 받는다고 가정할 수 있다. 이 세 가지 독립변수는 대학입학 후 학업성적에 어느 정도의 영향을 미치는지, 그중 대학입학 후 학업성적에 가장 영향을 미치는 것은 어느 것인지를 알아보기 위하여 중다회귀분석을 사용할 수 있다.

적용 절차(5장 중다회귀 원자료.sav)는 다음과 같다.

1 데이터 편집기 창에서 데이터를 불러온 후 **분석(A) → 회귀분석(R) → 선형(L)**을 선택한다.

2 선형회귀분석(L) 대화상자에서 종속변수란에 '학업'을, 독립변수란에 '학생부', '논술시험', '수능시험'을 이동시킨다. 방법(M)은 단계선택법(stepwise)을 선택한다.

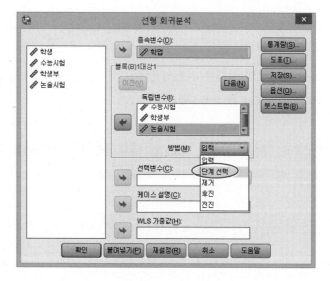

3   **통계량(S)** 버튼을 선택한 후 필요한 항목을 체크한다. **계속** 버튼을 선택한다.

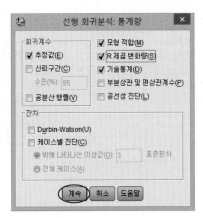

4   **도표(L)** 버튼을 선택하여 다양한 도표를 만들 수 있다. 도표 그리기는 회귀분석에서 변수 간의 관계를 시각적으로 나타내어 개략적인 분석을 하는 데 중요한 절차다. **계속** 버튼을 선택한다.

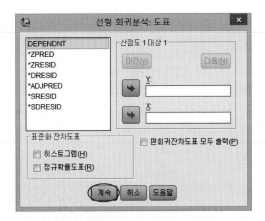

키워드	설 명
DEPENDENT	종속변수(DEPENDENT)와 표준화 예측값(*ZPRED), 표준화 잔차(*ZRESID), 삭제된 잔차(*DRESID), 수정된 예측값(*ADJPRED), 스튜던트화 잔차(*SRESID), 삭제된 스튜던트화 잔차(*SDRESID) 등의 예측변수 및 잔차변수를 나열
*ZPRED	표준화 예측값
*ZRESID	표준화 잔차
*DRESID	삭제된 잔차

*ADJPRED	수정된 예측값
*SRESID	스튜던트화 잔차
*SDRESID	삭제된 스튜던트화 잔차
표준화 잔차도표	잔차를 각각의 표준편차로 나누어 표준화한 것으로 이상치 판정의 준거가 됨
히스토그램(H)	표준잔차의 히스토그램을 보여 줌. 히스토그램의 실선은 표준정규분포를 나타냄
정규확률도표(R)	지정한 임시변수의 정규확률(P-P) 산포도를 출력함
편회귀잔차도표 모두 출력(P)	명시값보다 더 큰 표준잔차 절차를 가진 경우에 한정됨(기본 설정은 3). 이 값을 무시하려면 표준편차값을 등록해야 함. 어떠한 경우라도 명시값보다 큰 표준잔차 절대치를 가지지 않는다면 점그래프는 표시되지 않음

5   **저장(A)**을 선택하면 새로운 변수를 저장할 수 있다. **계속** 버튼을 선택한다.

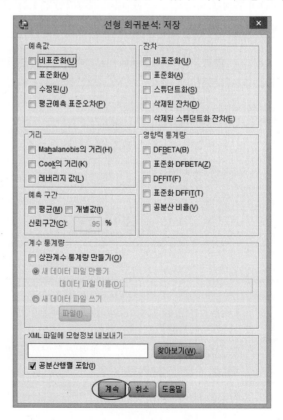

6 **옵션(O)** 버튼을 선택하면 선택 또는 제거되는 범주를 통제하거나 절편항을 억제하거나 또는 무응답치를 지닌 사례를 처리할 수 있다. 여기서도 **계속** 버튼을 선택한다.

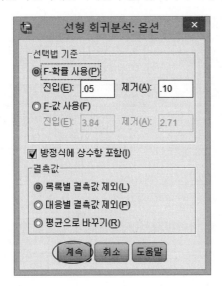

7 모두 설정되었으면 **확인** 버튼을 선택한다. 프로그램이 실행되어 SPSS 뷰어 창에 그림과 같은 결과가 나오면 저장해 둔다.

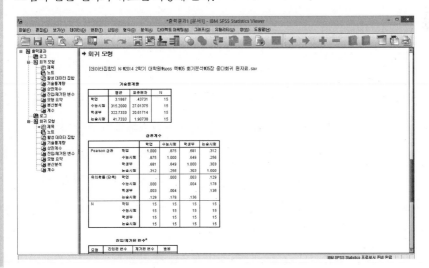

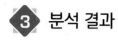 분석 결과

1) 단순회귀분석

(1) 진입/제거된 변수[a]

모 형	진입된 변수	제거된 변수	방 법
1	고입성적	–	단계선택(기준: 입력할 F의 확률 ≤.50, 제거할 F의 확률 ≥ .100)

a. 종속변수: 대입성적

이 표는 회귀모형이 어떻게 구성되었는지를 보여 주는 것으로, 변수가 선택되거나 제거되어 가는 단계를 거치면서 단계선택의 방법으로 모형을 구성했다는 것을 의미한다. 여기서 진입변수는 고입성적이고, 제거변수는 없으며, 종속변수는 대입성적이다.

(2) 모형요약

모 형	R	R^2	수정된 R^2	추정값의 표준오차
1	.846[a]	.716	.680	8.2936

a. 예측값: (상수), 고입성적

이 표는 모형의 설명력을 나타낸다. 독립변수가 종속변수를 어느 정도 설명해 주는지를 나타내 주는 결정계수 R^2의 값을 통해서 회귀모형의 유용성을 판단할 수 있다. 일반적으로 R^2의 값이 1에 가까울수록 회귀모형이 표본을 설명하는 데 유용하다고 판단한다. 이 모형에서는 R^2의 값이 .716이므로 모의시험은 대입시험의 71.6%를 설명한다는 것을 의미한다. 현재의 R^2 값은 1에 가깝기 때문에 이 회귀모형은 실제의 조사된 관측값을 잘 설명하고 있다고 할 수 있다.

수정된 R^2은 일반적으로 모집단의 결정계수를 추정할 때 사용되는데, 표본의 수가 충분히 클 경우에는 R^2 값과 동일하게 나타난다.

(3) 분산분석[b]

모 형		제곱합	자유도	평균제곱	F	유의확률
1	선형회귀분석	1384.225	1	1384.225	20.124	.002[b]
	잔차	550.275	8	73.899		
	합계	1934.500	9			

b. 예측값: (상수), 고입성적

이것은 회귀모형이 통계적으로 유의한지를 검정하는 분산분석표다. 분산분석을 통해서 그 결과가 유의미하면 모형이 적합하다고 판단한다. 여기에서는 F 통계량이 20.124이고, 이에 대한 유의확률이 .002로 $p < .05$이므로 통계적으로 유의하다고 할 수 있다.

(4) 계수[a]

모 형		비표준화 계수		표준화 계수	t	유의확률
		B	표준오차	베타		
1	(상수)	41.514	8.017	—	5.178	.001
	고입성적	.740	.165	.846	4.486	.002

a. 종속변수: 대입성적

이 표는 회귀계수와 상수값을 표시하고 있는데 이 상수와 회귀계수가 통계적으로 의미가 있는지를 검정하는 것이 t검정이다. 여기서 회귀식의 상수값 41.514의 통계적 유의성을 검정하는 t값이 5.178이고, 유의확률은 .001로 유의수준 $p < .05$이므로 이 상수값은 통계적으로 유의하다. 또 회귀계수 .740의 통계적 유의성을 검정하는 t값이 4.486이고, 유의확률은 .002로 유의수준 $p < .05$이므로 이 회귀계수는 통계적으로 유의하다. 즉, 고입성적은 대입성적에 대해서 .740 정도의 영향을 가지고 있으며, 이 결과는 유의수준 .05에서 통계적으로 의미가 있음을 나타내고 있다.

> **more** **회귀모형과 회귀계수**
>
> 회귀모형은 주어진 독립변수의 값에 따라 종속변수의 값이 함수관계에 의해 결정된다는 것을 의미하며 독립변수와 종속변수 사이의 함수관계를 선형적으로 나타낸다. 표본의 단순회귀모형은 독립변수(X)와 종속변수(Y)의 관계를 직선식, 즉 일차적 함수관계로 나타내며 공식은 다음과 같다.
>
> $$Y_i = b_0 + b_1 X_i + e_i$$

b_0는 절편(intercept)으로 독립변수가 0일 때 종속변수의 값을 의미한다. b_1은 회귀계수(regression coefficient)라고도 하며 독립변수가 변할 때 종속변수가 변하는 정도를 나타낸다. 그리고 e_i는 잔차(residual)로서 실제 종속변수(Y)와 추정된 종속변수($\hat{Y}$) 간의 차이를 나타낸다.

2) 중다회귀분석

(1) 기술통계량

	평 균	표준편차	N
학업	3.1867	.43731	15
수능시험	315.2000	27.01375	15
학생부	322.7333	20.61714	15
논술시험	41.7333	1.90738	15

이 표에는 대학에서의 학업성적, 수능시험 성적, 학교생활기록부 성적, 논술시험의 평균과 표준편차가 나타나 있다. 여기서 N은 사례 수다.

(2) 상관계수

		학업성적	수능시험 성적	학생부	논술시험
Pearson 상관	학업	1.000	.875	.681	.312
	수능시험	.875	1.000	.649	.256
	학생부	.681	.649	1.000	.303
	논술시험	.312	.256	.303	1.000
유의확률(한쪽)	학업	—	.000	.003	.129
	수능시험	.000	—	.004	.178
	학생부	.003	.004	—	.136
	논술시험	.129	.178	.136	—
N	학업	15	15	15	15
	수능시험	15	15	15	15
	학생부	15	15	15	15
	논술시험	15	15	15	15

이 상관계수표에 나타난 변수 간의 상관계수를 살펴보면, 모든 독립변수는 종속변수와 정적상관을 나타내고 있으며, 특히 수능시험 성적과 대학 학업성적 간의 상관이 .875로 가장 높다. 그리고 독립변수 간의 상관관계를 보면 수능시험 성적과 학생부 간 변수가 .649, 논술시험과 학생부 간 변수가 .303, 수능시험과 논술시험 간 변수가 .256으로 다중공선성의 기준인 .80보다 작으므로 다중공선성 문제는 무시해도 좋다고 여겨진다.

> ═══ more   **다중공선성(Multicollinearity)**
>
> 다중공선성이란 독립변수들 간의 높은 상관관계에서 파생되는 문제로서 독립변수 간의 상관이 지나치게 높을 경우 다중공선성이 존재한다고 이야기한다. 독립변수 간에 다중공선성이 존재할 경우 종속변수를 설명하는 개별 독립변수의 변량을 해석하는 것이 모호해지며 회귀계수를 비교하는 것이 무의미해진다. 따라서 중다회귀분석에서는 독립변수 간의 다중공선성을 진단해 보는 과정이 꼭 필요하다고 하겠다. 다음은 변수 간의 다중공선성을 진단하는 방법이다.
>
> - 방법 1: 독립변수 간의 기초 상관행렬의 상관계수를 통해서 대략적으로 파악한다. 일반적으로 독립변수 간의 상관계수가 .80을 넘지 않으면 다중공선성의 문제는 무시해도 좋다.
> - 방법 2: 공차한계를 이용한다. 앞의 SPSS 프로그램 실행단계 중 3단계에서 공선성 진단을 선택하면 결과 표시창의 공선성 통계량 칸에 '공차한계' 부분이 나타난다. 여기서 공차한계란 한 변수와 다른 변수가 얼마나 상관을 갖는지를 의미하는 중다상관제곱(R^2)을 1.0에서 빼 줌으로써 계산된다. 따라서 이 공차한계가 1에 근접할수록 변수 간에 다중공선성이 없는 것으로 판단한다.

(3) 진입/제거된 변수[a]

모 형	진입된 변수	제거된 변수	방 법
1	수능시험	–	단계선택(기준: 입력할 F의 확률 ≤ .050, 제거할 F의 확률 ≥ .100).

a. 종속변수: 학업

이 표에서는 어떠한 방법으로 변인들이 진입/제거되었는지를 보여 준다. 변인이 선택되거나 제거되어 가는 단계를 거치면서 단계선택의 방법으로 모형을 구성했다는 것을 의미한다. 여기서 진입변수는 수능시험이고, 제거변수는 없으며, 종속변수는 학업이다.

(4) 모형요약

모형	R	R^2	수정된 R^2	추정값의 표준오차	통계량 변화량				
					R^2 변화량	F 변화량	자유도 1	자유도 2	유의확률 F 변화량
1	.875[a]	.765	.747	.22007	.765	42.284	1	13	.000

a. 예측값: (상수), 수능시험

R^2은 결정계수로서 독립변수들이 종속변수를 어느 정도로 설명해 주는지를 나타내는 지수다. R^2의 값이 .765이므로 논술시험 성적, 수능시험 성적, 학생부 성적이라는 독립변수가 대학입학 후 학생들의 학업성적을 76.5% 정도 설명한다고 말할 수 있다. R^2의 값은 0~1에 있는데, 값이 1에 가까울수록 회귀모형의 유용성이 높다고 해석할 수 있다.

(5) 분산분석[a]

모형		제곱합	자유도	평균제곱	F	유의확률
1	회귀모형	2.048	1	2.048	42.284	.000[b]
	잔차	.630	13	.048		
	합계	2.677	14			

a. 종속변수: 학업　　　　b. 예측값: (상수), 수능시험

이것은 회귀모형이 통계적으로 유의한지를 검정하는 분산분석표다. 분산분석을 통해서 그 결과가 유의미하면 모형이 적합하다고 판단한다. 여기에서는 F통계량이 42.284, 이에 대한 유의확률이 .000[b]으로 유의수준 $p < .01$이므로 이 회귀모형은 통계적으로 유의하다.

(6) 계수[a]

모형		비표준화 계수		표준화 계수	t	유의확률
		b	표준오차	베타(β)		
1	(상수)	-1.276	.689		-1.853	.087
	수능시험	.014	.002	.875	6.503	.000

a. 종속변수: 학업　　　　b. 모형 내의 예측값: (상수), 수능시험

이 표는 단계선택 입력 방법에 의하여 3개의 독립변수를 단계적으로 투입하여 수능시험의 결과를 제시한 것이다. 중다회귀분석에서는 투입되는 독립변수의 척도가 각기 다르기 때문에 단순회귀분석과는 달리 비표준화 계수인 b값을 보지 않으며, 독립변수 간의 영향관계를 알기 위해서는 표준화 계수 β값을 살펴보아야 한다. 여기서 수능시험 독립변수의 표준화 계수가 .857이므로 독립변수가 종속변수에 미치는 상대적 영향력을 알 수 있다. β값은 0에 가까울수록 영향력이 낮다고 할 수 있다. 유의확률은 수능시험 성적이 .000으로서 .01 수준에서 통계적으로 유의하게 나타났다.

 **비표준화 계수와 표준화 계수**

회귀모형의 회귀계수는 여러 독립변수 중에서 종속변수를 예측하는 데 어느 독립변수가 더 중요한가를 판단할 수 있도록 해 준다. 회귀계수 중에서 실제 자료의 원점수에 대한 회귀계수(b)를 비표준화(unstandardized) 회귀계수라고 하고, 원점수를 표준점수(Z점수)로 변환시킨 자료에 대한 회귀계수(β)를 표준화(standardized) 회귀계수라고 한다. 비표준화 회귀계수(b)는 각 독립변수의 측정단위에 영향을 받기 때문에 독립변수 간의 상대적 공헌도를 비교할 때는 적절하지 않다. 이럴 경우에는 표준화 계수(β)를 사용해서 비교해야 유의미한 비교를 할 수 있다. 그러나 집단 간의 비교를 할 경우에는 비표준화 회귀계수(b)가 여러 집단에 있어서 비교적 안정적인 반면 표준화 회귀계수(β)는 집단 간의 변량이나 공변량에 민감하기 때문에 표준화 회귀계수(β)보다는 비표준화 회귀계수(b)를 사용하는 것이 바람직하다.

4 논문 양식

1) 단순회귀분석

논문에 회귀분석표를 제시할 때는 일반적으로 b값(비표준화 회귀계수), β값(표준화 회귀계수), t값을 제시하고 이들이 통계적으로 유의한지를 *로 표시해 준다. 좀 더 정확한 통계값을 원할 경우에는 유의확률을 적어 줄 수도 있다.

〈표 5-1〉 모의시험 성적이 대학입학시험 성적에 미치는 영향

독립변수	b	β	t값
고입성적	.740	.846	4.486*
상수=41.514 F=20.214* R^2=.716			

* p<.05

결정계수인 R²값이 .716인 것으로 보아, 모의시험 성적은 대학입학시험 성적을 71.6% 설명해 준다고 할 수 있다. 또 모의성적의 비표준화 회귀계수 b값은 .740으로서 대학입학 시험에 미치는 영향력이 큰 것으로 나타났고, 이 회귀계수의 통계적 유의성을 검정하는 t값 4.486은 유의수준 .05에서 통계적으로 유의하다. 즉, 모의시험 성적은 대입성적을 충분히 설명할 수 있는 것으로 나타났다.

2) 중다회귀분석

〈표 5-2〉 수능시험, 학교생활기록부 성적, 논술시험 성적이 대학입학 후 학생들의 학업성적에 미치는 영향

독립변수	b	β	t값
수능시험	.014	.875	6.503**
상수=−1.276 F=42.284** R²=.765			

** p<.01

결정계수인 R²값이 .765인 것으로 보아, 대학수능시험 성적은 대학입학 후 학생들의 학업성적을 76.5% 설명해 줄 수 있다고 할 수 있다. 다른 독립변수인 논술시험 성적 학생부 성적은 단계선택의 기준(입력할 F의 확률 ≤.050, 제거할 F의 확률 ≥.100)에 의해 제외되고 대학수능시험 성적만이 대학입학 후 학업성적에 영향을 미치는 변수로 선택되었다. 대학수능시험 성적의 β값은 .875로 다른 독립변수에 비해 대학입학 후 학업성적에 미치는 영향이 매우 큰 것으로 나타났다. 또한 이 결과는 F값이 42.284로서 .01 수준에서 통계적으로 유의하다. 즉, 단계별로 독립변수를 투입한 결과 대학수능시험 성적만으로 대학입학 후 학생들의 학업성적을 충분히 설명할 수 있었다.

1 인터넷 동영상 강의 프로그램에서 학생의 만족도, 홈페이지의 서비스 수준은 강의의 구매 횟수에 어떠한 영향을 끼치는가?

동영상 강의 구매 횟수	만족도 수준	홈페이지 서비스 수준
2	2	4
1	2	4
1	1	4
1	1	3
5	3	6
4	4	6
7	5	3
6	5	4
7	7	3
8	6	3
3	4	5
3	3	5
6	6	9
6	6	8
10	8	6
9	9	7
6	10	5
6	9	5
9	4	7
10	4	7
110	99	104

2 다음은 어느 고등학교 학생들 중 8명을 뽑아 그들의 공부시간, 수학과 과학 시험점수를 나타낸 것이다. 공부시간과 과학시험 점수로 수학시험 점수를 예측하는 최적모형을 구하고 회귀분석을 실시하시오.

학 생	A	B	C	D	E	F	G	H
공부시간	1	3	4	6	8	9	11	14
수학점수	1	2	4	4	5	6	7	8
과학점수	4	6	6	7	9	8	12	10

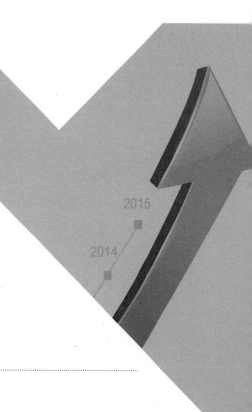

제6장

교차분석

2005

2015

2014

개 요

교차분석(Crosstabulation Analysis)은 모집단 간의 차이 또는 변인 간의 관계를 알아보기 위해 사용되는 분석의 일종이다. 차이 검정을 하고자 할 때, 종속변인이 등간척도이거나 비율척도로 측정되었을 때는 t검정을 사용하지만, 종속변인이 명명척도나 서열척도로 측정된 경우에는 교차분석을 사용해야 한다.

교차분석에서는 단순히 교차분석표(Contingency Table)를 검토함으로써 차이나 관계를 밝힐 수도 있지만, 대개는 카이제곱(x^2)값을 이용하여 검정한다. x^2검정은 각 모집단 간에 차이가 있는지를 알아보는 동질성 연구와 두 변인 간에 관계가 있는지를 알아보는 상관성 연구로 나눌 수 있다. 이들 통계량의 계산 절차는 동일하다. 단지 연구목적이 다르기 때문에 가설과 해석에 있어 구별된다. 교차분석의 기본 가정은 다음과 같다.

① 종속변인이 명명척도에 의해 측정된 질적 변인이거나 최소한 범주형 변인이어야 한다.
② 최소 기대빈도치가 5보다 작은 셀이 전체 셀의 20% 이하이면 이상적이다.
③ x^2검정에서 각 셀에 떨어져 있는 도수는 각각 독립적이어야 한다.

2 **분석 실행**

적용 절차(6장 교차분석 원자료.sav)는 다음과 같다.

연구문제	대학생의 전공계열과 성별 간에는 관계가 있는가?

대학생을 대상으로 성별과 전공계열 간의 관계를 알아보기 위하여 교차분석을 실시하였다.

1 데이터 편집기 창에서 데이터를 불러온 후 **분석(A) → 기술통계량(E) → 교차분석 (C)**을 선택한다.

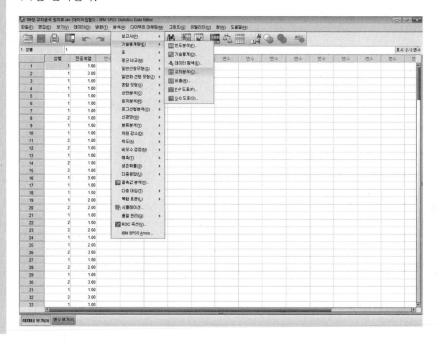

> ───── more   **차이 검정과 상관성 검정**
>
> 앞의 연구문제와 같은 독립성 검정에서는 전공계열과 성별의 관련성이 있는지를 알아보는 것이 연구의 목적이기 때문에, 연구가설은 '전공계열과 성별 간에는 상관이 있다.'가 되고, 영가설은 '전공계열과 성별 간에는 상관이 없다.'가 된다. 결과 해석을 할 때에도 이에 준해서 하면 된다. 그러나 두 변인 간에 차이가 있는지 없는지를 살펴보는 동질성 검정일 경우, 연구가설은 '두 변인 간에 차이가 있다.'가 되고, 영가설은 '두 변인 간에 차이가 없다.'가 된다.

2 왼쪽의 변인 선택란에 '성별'을 선택하여 **행(W)**으로 옮기고, '전공계열'을 선택하여 **열(C)**로 옮긴다. 카이제곱 통계치를 구하기 위하여 **통계량(S)** 버튼을 선택한다.

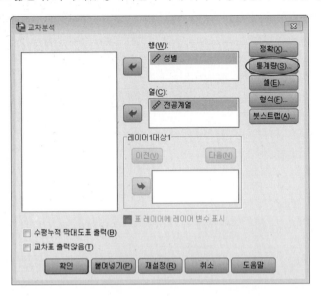

more 레이어(Layer)

레이어는 세 가지 이상의 변인에 대한 교차분석표를 보고자 할 때 사용한다. 예를 들어, 교과 그리고 학교급별에 따라 학습 방법에 차이가 있는지를 알고자 할 때는 레이어를 사용해야 한다.

3 **카이제곱(H)**과 **파이 및 크레이머의 V(P)**를 체크한 후 **계속** 버튼을 선택한다.

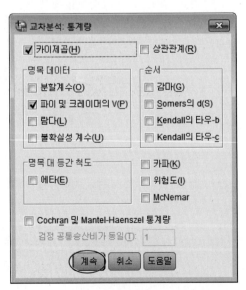

통계량(Statistics)	
카이제곱 (Chi-square)	전체 빈도분포 형태의 가설을 카이제곱 통계값으로 검정함
상관관계 (Correlations)	Pearson과 Spearman 상관계수를 구함
카파(Kappa)	Cohen의 Kappa계수를 구함
위험도(Risk)	상대적인 위험률을 계산함
McNemar	McNemar 검정은 이분법적(dichotomous) 변인의 비모수 검정 방법으로서 시간의 경과에 따른 유목자료(혹은 서열자료)상에서 변화가 발생하는가를 검정해 준다. 이 검정은 사전-사후 설계에서 실험적 간섭에 기인하는 반응의 변화를 밝히는 데 유용함
Cochran's and Mantel-Heanszel	McNemar 검정의 논리적 확장으로서 Cochran과 Mantel-Heanszel 검정은 양분 변인과 양분 반응변인 간의 독립성 검정, 또는 하나나 둘 이상의 통제변인에 의해 규정된 공변인 형태를 밝히는 데 이용됨

서열 데이터(Ordinal)	
감마(Gamma)	2-way 표에서는 0 감마, 3-10 way 표에서는 조건적 감마 계산 감마(zero-order for 2-way tables and conditional for 3-way to 10-way tables)
Somers의 d	세로 목록으로부터 가로 목록을 예측
Kendall's tau-b	Kendall의 타우 b 계산
Kendall's tau-c	Kendall의 타우 c 계산

명목 데이터(Nominal)	
분할계수 (Contingency coefficient)	변인 간의 관련성을 나타내는 것으로서, 범주의 수에 따라서 상한값이 달라짐
파이(Phi) 및 Crame의 V	변인 간의 관련성을 나타내는 것으로서, 파이계수는 두 변인이 이분변인(2×2)일 때, Crame의 V는 질적 변인의 범주가 2개 이상일 때의 상관관계를 검정하며 0과 1 사이의 값을 가짐
람다(Lambda)	두 변인을 행렬변인으로 나누고 그 상관관계를 0과 1 사이의 값으로 나타냄
불확실성 계수 (Uncertainty coefficient)	독립변인의 주어진 정보로서 종속변인의 불확실성을 어느 정도 감소시킬 수 있는가를 확인함

명목 대 등간 척도	
에타(Eta)	한 변인이 질적 변인이고, 다른 한 변인이 양적 변인일 때 선택함. 이 때 유목변인은 숫자로 코딩함

more 셀 출력 선택

χ^2값을 이용하지 않고 교차분석표만 보고 싶을 때는 통계량을 선택할 필요가 없으며, 셀(E) 출력을 선택하면 된다.

4 교차분석 대화상자에서 **셀(E)**을 선택하면 다음과 같은 대화상자가 나타난다. **빈도** 에서 **관측빈도(O)**는 기본 설정이 되어 있다. 기대빈도(E)와 각 셀의 퍼센트를 구하기 위하여 행(R)에 체크한 후 **계속** 버튼을 선택한다.

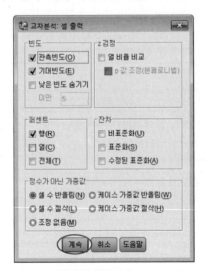

셀 출력 창에 대한 설명은 다음과 같다.

빈도(Count)	설 명
관측빈도(Observed)	관찰빈도를 계산
기대빈도(Expected)	기대빈도를 계산

퍼센트(Percentages)	설 명
행(Row)	가로의 백분율 계산
열(Column)	세로의 백분율 계산
전체(Total)	전체의 백분율 계산

잔차(Residuals)	설 명
표준화되지 않음 (Unstandardized)	비표준화된 잔차 계산
표준화(Standardized)	표준화된 잔차 계산
수정된 표준화 (Adj. standardized)	교정 표준화된 잔차 계산

5 모두 설정되었으면 **확인** 버튼을 선택한다. 프로그램이 실행되어 그림과 같은 결과가 나타나면 저장해 둔다.

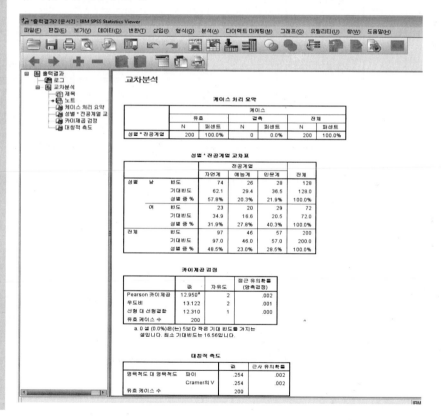

> **more** χ^2검정 결과에서 유의할 사항
>
> χ^2검정 결과표에서 '3셀(20.0%)은 5보다 작은 기대빈도를 가지는 셀이다. 최소 기대빈도는 1.96이다.'라는 말은 5보다 작은 기대빈도치가 전체 셀의 20.0%이며, 최소 기대빈도가 1.96이라는 말이다. χ^2검정에서는 최소 기대빈도치가 5보다 작은 셀이 전체 셀의 20% 이하이면 이상적이다. 따라서 5보다 작은 기대빈도치가 많다는 것은 교차분석표에서 실제 관측된 빈도가 1이거나 0인 경우가 많다는 것을 의미하므로, 이 경우는 사례 수를 늘려서 재조사하거나 두 문항을 하나로 합쳐서(Recode) 빈도를 높이는 방법을 생각해 볼 수 있다.

❸ 분석 결과

1) 전공계열* 성별 교차표

			전공계열			전 체
			자연계	예능계	인문계	
성별	남	빈도	74	26	28	128
		기대빈도	62.1	29.4	36.5	128.0
		성별의 %	57.8%	20.3%	21.9%	100.0%
	여	빈도	23	20	29	72
		기대빈도	34.9	16.6	20.5	72.0
		성별의 %	31.9%	27.8%	40.3%	100.0%
전체		빈도	97	46	57	200
		기대빈도	97.0	46.0	57.0	200.0
		성별의 %	48.5%	23.0%	28.5%	100.0%

이 교차표에서는 전공계열 중 자연계에서 남녀 학생 간에 빈도차가 있음을 알 수 있다.

2) 카이제곱검정

	값	자유도	점근 유의확률(양쪽검정)
Pearson 카이제곱	12.950[a]	2	.002
우도비	13.122	2	.001
선형 대 선형결합	12.310	1	.000
유효 사례 수	200		

a. 0셀(.0%)은 5보다 작은 기대빈도를 가지는 셀이다. 최소 기대빈도는 16.56이다.

이 분석 결과는 대학생의 성별과 전공계열 간의 관계에 대한 χ^2검정의 결과다. 표에서 χ^2값은 12.950이고 자유도는 2이며, 유의확률은 .002로서, 이 연구문제의 검정 결과는 $p < .05$ 수준에서 통계적으로 유의한 것으로 볼 수 있다. 따라서 성별과 전공계열 간에는 상관이 있다고 결론 내릴 수 있다.

 **논문 양식**

〈표 6-1〉 전공계열과 성별의 차이

		전공계열			전 체	
		자연계	예능계	인문계		
성 별	남	74(57.8%)	26(20.3%)	28(21.9%)	128(100.0%)	$\chi^2=12.950^*$ df=2
	여	23(31.9%)	20(27.8%)	29(40.3%)	72(100.0%)	
전체		97(48.5%)	46(23.0%)	57(28.5%)	200(100.0%)	

* p＜.05

χ^2값은 12.950, 자유도(df)는 2, 유의확률은 .002로서 유의도 .05 수준에서 통계적으로 유의미한 결과를 보이고 있다. 따라서 성별과 전공계열 간에는 상관이 있다고 할 수 있다.

연습문제

1 한 서점에서 책을 사러 온 60명에게 A, B, C 책 중 어느 책을 선택할 것인지 결정하게
했다. 그 결과, A책은 24명, B책은 22명, C책은 14명이 선택하였다. 책의 선호도를
유의수준 .05에서 검정하시오.

	A	B	C
책	24	22	14

2 고등학교 남학생 500명, 여학생 600명을 무선 추출하여 0교시 실시에 대한 찬반을
물은 결과는 다음과 같다. 0교시에 대한 남학생과 여학생의 찬반 여부에 차이가 있는
지 유의수준 .05에서 검정하시오.

	남학생	여학생
찬성	230	420
반대	270	180

※ 데이터 파일 작성 시 3개의 변수(성별, 찬반, 응답 수)를 생성하고, 응답 수에 각 셀에 해
당하는 빈도를 입력한 후, SPSS 메뉴에서 데이터/자료변환/응답 수에 가중 사례를 지
정한다.

제7장

신뢰도 분석

1 개 요

신뢰도(Reliability)란 한 검사가 측정하고자 하는 내용을 얼마나 안정성을 가지고 일관성 있게 측정하고 있느냐의 문제다. 따라서 신뢰도분석(Reliability Analysis)은 측정한 자료가 신뢰할 수 있는가를 알아보기 위해서 사용하는 통계적 분석 방법이라고 할 수 있다.

신뢰도를 알아보기 위한 방법은 여러 가지가 있다. 재검사신뢰도는 동일한 질문지를 일정 시간 후에 같은 응답자에게 2회 실시하여 한 응답자가 일관된 답을 하고 있는지를 검사하는 방법이다. 동형검사신뢰도는 형식이 같은 A형과 B형의 질문지를 통해 신뢰도를 검사하는 방법이다. 반분검사신뢰도는 설문 문항을 양분하여 두 부분의 상관계수로부터 신뢰도를 추정하는 방법이다.

이러한 방법이 가지고 있는 실시상의 어려움 때문에 질문지가 내적인 일관성을 가지고 있는가를 통계학적으로 증명하는 문항내적일관성신뢰도인 Cronbach's α 계수(Cronbach's coefficient alpha)를 일반적으로 이용한다. Cronbach's α 계수는 동일하게 척도화된 자료들에 대해서만 사용할 수 있는데, 여기서 척도화란 체계적인 법칙과 의미 있는 측정의 단위를 개발하여 경험적으로 관측한 것을 적절히 수량화하는 것을 의미한다. 척도화의 방법으로는 Thurstone 척도법, Likert 척도법, Guttman 척도법 등이 있다. 이 중 제작이 용이하고 경제적인 Likert 척도법이 가장 널리 사용되고 있다.

신뢰도분석의 기본 가정은 다음과 같다.

① 데이터는 서열척도 또는 등간척도일 수 있으나 숫자로 코딩되어야 한다.
② 관측값은 독립적이어야 하며 문항 간의 오차는 상관되지 않아야 한다.

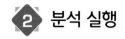 분석 실행

SPSS 프로그램에서 신뢰도분석의 방법은 알파모형, 반분계수모형, Guttman 모형, 동형모형, 절대동형 등이 있다. 여기서는 가장 많이 활용되는 알파모형으로 중학교 방과후학교 과정평가에 대한 설문 문항의 신뢰도분석을 해 보고자 한다.

연구문제	중학교 방과후학교 과정평가 문항 간의 신뢰도는 어떠한가?

설문지 내용						

다음은 방과후학교 과정평가와 관련된 문항입니다.

변수명	설문 내용	전혀 그렇지 않다	그렇지 않다	그저 그렇다	다소 그렇다	매우 그렇다
V1	방과후학교 대상 학생들의 학업성취도는 유지 · 향상되었는가?	①	②	③	④	⑤
V2	방과후학교 대상 학생들의 학습태도는 향상 · 유지되었는가?	①	②	③	④	⑤
V3	방과후학교 프로그램 예산은 프로그램 목표에 맞게 효과적으로 사용되었는가?	①	②	③	④	⑤
V4	방과후학교 프로그램 운영에 대한 지도강사의 만족도는 높은가?	①	②	③	④	⑤
V5	방과후학교 프로그램 운영 후 학생들의 학습 동기 및 태도가 향상되었는가?	①	②	③	④	⑤
V6	방과후학교 프로그램 운영평가 시 긍정적 · 부정적 측면 모두를 반영하고 있는가?	①	②	③	④	⑤
V7	방과후학교 프로그램에 학생들이 매 시간 잘 참석하는가?	①	②	③	④	⑤
V8	방과후학교 프로그램의 지도교사와 학생 간에 신뢰감이 형성되어 있는가?	①	②	③	④	⑤
V9	방과후학교 프로그램의 지도교사는 다양한 학습매체를 활용하는가?	①	②	③	④	⑤
V10	방과후학교 프로그램에 참가한 학생들의 태도 변화는 긍정적인가?	①	②	③	④	⑤

적용 절차(7장 신뢰도분석 원자료.sav)는 다음과 같다.

1 데이터 편집기 창에서 데이터를 불러온 후 **분석(A) → 척도(A) → 신뢰도분석(R)** 을 선택한다.

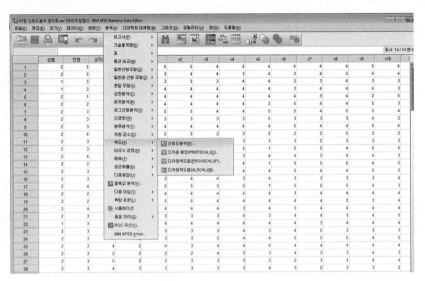

2 분석하고자 하는 변수들(방과후학교 운영 평가 문항 V1~V10)을 선택하여 오른쪽의 **항목(I)**으로 이동시킨다(신뢰도분석을 위해서 반드시 2개 이상의 변수를 선정한다).

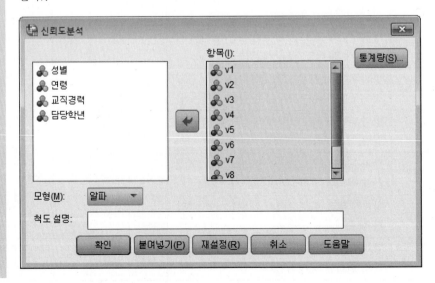

3 **모형(M)**을 선택한다. 여기서는 기본적으로 설정된 알파를 선택한다. **척도 설명**에 '방과후학교 과정평가'를 입력한다.

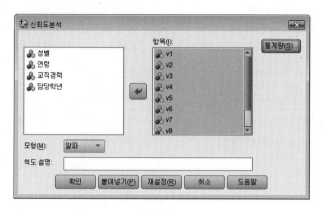

모형(M): 신뢰도를 검사하는 방법	
알파	내적 일치(internal consistency) 모형으로 평균 항목 간 상관관계를 기준으로 함
반분계수	해당 척도를 두 부분으로 분리하고 부분 간 상관관계를 검사함
동형	여러 복사본의 모든 문항에는 등분산과 동일한 오차분산이 있는 것으로 가정하고 신뢰도를 추정하는 방법
Guttman	실제 신뢰도에 대한 Guttman의 하한값을 계산함
절대동형	동형모형을 가정하며 여러 항목에서 평균이 동일한 것으로 가정함

4 **통계량(S)** 버튼을 선택한 후 항목(I), 척도(S), 항목제거시 척도(A)를 체크하고 **계속** 버튼을 선택한다.

키워드	설 명
기술통계량 (Descriptives for)	여러 사례의 척도나 문항에 대한 기술통계량(평균, 표준편차, 사례 수 등)을 보여 줌. 사용할 수 있는 옵션에는 문항, 척도가 있으며 문항이 삭제된 경우에는 척도만 사용할 수 있음
항목(Item)	항목의 평균과 표준편차를 보여 줌
척도(Scale)	척도의 평균과 표준편차 및 분산을 보여 줌
항목 제거시 척도 (Scale if item deleted)	다른 항목으로 구성된 척도에 각 항목을 비교하여 요약통계량을 제시함
요약값(Summaries)	척도 내 모든 항목에서의 항목분포의 기술통계량을 제공함. 사용할 수 있는 옵션은 평균, 분산, 공분산, 상관관계임
항목 내(Inter-Item)	항목 간 상관행렬이나 공분산행렬을 생성함
분산분석표 (ANOVA table)	동일한 평균에 대한 분산분석 검정을 생성하여 보여 줌. 선택할 수 있는 옵션은 지정하지 않음. F검정, Friedman 카이제곱, Cochran 카이제곱임
지정않음(None)	분산분석표를 산출하지 않음(기본 설정)
F검정(F-test)	반복이 있는 데이터 분산분석표를 산출하고 F검정으로서 유의성을 검정함
Friedman 카이제곱 (Friedman chi-square)	Friedman의 카이제곱 및 Kendall의 일치상관계수를 표시함. 이 옵션은 순위 형식이 데이터에 적합함. 카이제곱검정은 분산분석표에서 일반적인 F통계량을 대체함
Cochran 카이제곱 (Cochran chi-square)	Cochran의 Q를 표시함. 이 옵션은 이분형 데이터에 적합함. Q통계량은 분산분석표에서 일반적인 F통계량을 대체함
Hotelling의 T제곱 (Hotelling's T-square)	변수 간 평균의 동일 여부를 검정하기 위한 것으로 척도의 모든 문항의 평균이 0이라는 영가설에 대해 다변량 검정을 함
Tukey의 가법성 검정 (Tukey's test of additivity)	항목 간에 다변량 반복계산을 하지 않는 가정에 대한 검정을 생성함
급내 상관계수 (Intraclass correlation coefficient)	사례 내에서 측도의 일치도나 값의 일치도를 보여 줌

5 모두 설정되었으면 **확인** 버튼을 선택한다. SPSS 뷰어 창에 신뢰도분석에 대한 결과가 나오면 저장해 둔다.

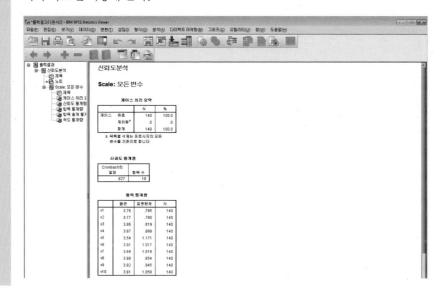

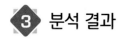 **분석 결과**

1) 사례 처리 요약

		N	%
사례	유효	140	100.0
	제외됨[a]	0	.0
	합계	140	100.0

a. 목록별 삭제는 프로시저의 모든 변수를 기준으로 한다.

2) 신뢰도 통계량

Cronbach's α	항목 수
.827	10

이 표에서는 항목은 10개이고, 검사도구의 Cronbach's α계수는 .827임을 보여 준다. 일반적으로 신뢰도의 α계수가 .60 이상이면 신뢰성이 있다고 보기 때문에 방과 후학교 과정평가를 알아보는 평가 항목은 어느 정도 일관성과 신뢰성이 있다고 할 수 있다.

3) 항목통계량

	평균	표준편차	N
V1	3.76	.795	140
V2	3.77	.790	140
V3	3.86	.819	140
V4	3.87	.888	140
V5	3.54	1.171	140
V6	3.91	1.017	140
V7	3.64	1.018	140
V8	3.89	.854	140
V9	3.92	.945	140
V10	3.81	1.050	140

이 표에는 각 항목별 기술통계량이 제시되어 있다. 분석 대상이 되는 10개의 항목과 각 항목의 평균, 표준편차, 사례 수를 보여 준다.

4) 척도통계량

평균	분산	표준편차	항목 수
37.98	34.784	5.898	10

이 표는 척도에 대한 평균이 37.98, 분산이 34.784, 표준편차가 5.898, 항목 수가 10임을 보여 준다.

5) 항목총계 통계량

	항목이 삭제된 경우 척도 평균	항목이 삭제된 경우 척도 분산	수정된 항목-전체 상관관계	항목이 삭제된 경우 Cronbach's α
V1	34.22	29.224	.574	.807
V2	34.21	29.273	.572	.808
V3	34.12	28.036	.701	.795
V4	34.11	28.557	.573	.806
V5	34.44	31.571	.140	.857
V6	34.07	27.635	.572	.806
V7	34.34	26.671	.673	.794
V8	34.09	29.820	.454	.817
V9	34.06	28.846	.497	.813
V10	34.16	27.520	.560	.807

이 표에서 '항목이 삭제된 경우 척도 평균'은 해당되는 하나의 항목을 삭제했을 경우 그 항목 외의 문항으로 구성되는 척도의 평균을 의미한다. 예를 들면, 'V1'이라는 항목을 제외하고 신뢰도를 분석하면 척도의 평균이 37.98에서 34.22로 바뀐다는 것을 의미한다.

'항목이 삭제된 경우 척도 분산'은 해당되는 하나의 항목을 삭제했을 경우 그 항목 이외의 문항으로 구성되는 척도의 분산을 의미한다. 예를 들면, 'V1'이라는 항목을 제외하고 신뢰도를 분석하면 척도의 분산이 34.784에서 29.224로 바뀐다는 것을 의미한다.

'수정된 항목-전체 상관관계'는 해당되는 하나의 항목과 이를 제외한 나머지 모든 항목 간의 상관계수를 나타낸다. 예를 들어, 'V2' 항목의 경우에는 'V2' 항목과 그 나머지 항목 간의 상관계수는 .572로 나타났음을 알 수 있다. 따라서 'V2' 항목과 나머지 항목 간에는 뚜렷한 정적상관관계가 있다는 것을 알 수 있다.

'항목이 삭제된 경우 Cronbach's α는 해당되는 하나의 문항을 삭제했을 경우의 α계수를 의미한다. 예를 들어, 이 분석 결과에 의하면 모든 문항을 포함했을 때의 α는 .827인데 'V5' 항목을 삭제하고 α를 구하면 .857이 된다는 것을 의미한다. '항목이 삭제된 경우 Cronbach's α에 의해서 척도의 α값을 비교해 보면, 항목을 삭제하는 경우에 α값이 줄어든다면 그 항목이 중요한 항목임을 나타낸다. 반대로 α값이 증가한다면, 즉 해당 항목을 삭제한 후 α값이 현저하게 커진다면 그 항목과 다른 항목 간에는 관련성이 낮으므로 그것이 중요하지 않은 항목임을 나타낸다. 이러한 항목이 있을 경우 그것을 제거하거나 검토하여 항목을 재구성해야 한다.

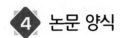

4 논문 양식

보고서나 논문 등에는 다음과 같이 표를 제시할 수도 있고 단순히 Cronbach's α 계수만을 제시하기도 한다.

〈표 7-1〉 중학교 방과후학교 과정평가에 관련된 설문 문항 신뢰도분석 결과

문 항	평 균	표준편차	제거했을 때의 α계수
V1	3.76	.795	.807
V2	3.77	.790	.808
V3	3.86	.819	.795
V4	3.87	.888	.806
V5	3.54	1.171	.857
V6	3.91	1.017	.806
V7	3.64	1.018	.794
V8	3.89	.854	.817
V9	3.92	.945	.813
V10	3.81	1.050	.807

α계수=.827, N=140

10문항으로 이루어진 검사도구의 신뢰도는 α=.827로 나타나 '신뢰성 있다.'고 할 수 있다(신뢰도 계수인 Cronbach's α값이 .50 이상은 되어야 신뢰할 수 있다).

=== more **신뢰도에 영향을 주는 요인**

① 다수의 문항으로 검사를 실시할 때 측정의 오차를 줄일 수 있다.
② 문항 난이도가 적절할 때 검사의 신뢰도가 증가한다.
③ 문항 변별도가 높을 때 검사의 신뢰도는 증가한다. 문항이 피험자를 능력에 따라 구분할 수 있는

문항 변별력이 있어야 검사의 신뢰도가 높아진다.

④ 검사도구의 측정 내용이 보다 좁은 범위의 내용일 때 검사의 신뢰도는 증가한다. 검사 내용의 범위를 좁힐 때 문항 간의 동질성을 유지하기가 용이하기 때문이다.

⑤ 검사시간이 충분하여야 한다. 속도검사보다는 역량검사가 신뢰도 측면에서 바람직하다.

연습문제

1 중등학교 수준별 수업운영 평가에 대한 설문 문항의 신뢰도를 분석하시오.

설문지의 내용						
다음은 수준별 수업운영 평가와 관련된 문항입니다.						
변수명	설문 내용	전혀 그렇지 않다	그렇지 않다	그저 그렇다	다소 그렇다	매우 그렇다
V9	성취수준에 근거한 수업목표 운영	①	②	③	④	⑤
V10	성취수준 평가 결과의 목표 반영 여부	①	②	③	④	⑤
V11	심화목표 운영	①	②	③	④	⑤
V12	보충목표 운영	①	②	③	④	⑤
V13	성취수준에 근거한 수업 내용 제공	①	②	③	④	⑤
V14	다양한 수준의 수업 내용 선정	①	②	③	④	⑤
V15	실생활과 관련되거나 문제 해결력 향상에 기여하는 심화 내용 선정	①	②	③	④	⑤
V16	필수 학습 내용 선정	①	②	③	④	⑤
V17	성취수준에 근거하여 개별 학습 기회 제공	①	②	③	④	⑤
V18	성취수준에 근거하여 상호작용 기회 제공	①	②	③	④	⑤
V19	성취수준에 근거하여 적절한 학습 기회 제공	①	②	③	④	⑤
V20	성취수준을 구분할 수 있는 적절한 평가 기준 적용	①	②	③	④	⑤
V21	진단, 형성, 총괄 평가 실시	①	②	③	④	⑤
V22	다양한 평가 방법의 적용	①	②	③	④	⑤

제8장

t검정

1 개요

    t검정(t-test)은 모집단의 분산이나 표준편차를 알지 못할 때 모집단을 대표하는 표본으로부터 추정된 분산이나 표준편차를 이용하여 검정하는 방법으로 사회과학 연구에서 자주 쓰이는 통계기법이다. 이 분석 방법은 소표본에서 두 집단 간의 평균이 통계적으로 유의한 차이를 보이고 있는지의 여부를 검정할 때 사용된다.

    t검정은 집단 프로그램을 실시하는 경우 실험집단과 통제집단의 실험 효과성의 차이 검정, 프로그램 실시 전후의 평균비교 등에서 주로 사용된다. 또한 통계치 차이의 유의도 검정에도 사용된다.

    t검정의 종류에는 하나의 모집단에서 추출된 하나의 표본에 대하여 검정하는 단일표본 t검정(One Samples t-test), 두 집단 간의 평균 차이가 통계적으로 유의미한지를 파악하는 독립표본 t검정(Independent Samples t-test), 동일한 모집단으로부터 추출된 두 변수의 평균값을 비교 분석하는 대응표본 t검정(Paired Samples t-test)이 있다.

    t검정은 한 집단의 평균과 특정한 값을 비교하는 경우 단일(일)표본 t검정을 사용한다. 또한 같은 모집단에서 추출된 두 표본의 평균을 비교하는 경우 두 종속(대응)표본 t검정을 사용한다. 이는 두 표본이 종속적인 경우로서 사전-사후 검정을 위하여 사용한다. 마지막으로 다른 모집단에서 추출된 두 표본의 평균을 비교하는 경우 두 독립표본 t검정을 사용한다.

    t검정의 기본 가정을 살펴보면 다음과 같다.

① 종속변수의 측정치가 적어도 등간척도, 비율척도로 측정된 값이어야 한다.
② 표집한 모집단이 정상분포를 이루어야 한다.
③ 평균 간의 차이를 검정할 경우에는 이들 두 모집단이 서로 동질, 즉 동일한 변량을 지녀야 한다.
④ 독립변수는 2개의 집단이어야 한다.

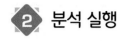 **분석 실행**

1) 독립표본 t검정

독립표본 t검정은 독립적인 두 모집단으로부터 각각 추출된 두 표본에 대한 평균 차이를 검정하는 방법으로, 성별에 따른 임금의 평균 차이를 구하거나 집단 프로그램을 실시하는 경우 실험집단과 통제집단의 실험 효과성의 차이(평균비교) 검정에 많이 사용된다.

연구문제 초등학생과 중학생의 방과후학교 참여에 따른 학교생활 만족도에 차이는 있는가?

적용 절차(8장 독립표본 t검정 원자료.sav)는 다음과 같다.

1 데이터 편집기 창에서 데이터를 불러온 후 **분석(A) → 평균비교(M) → 독립표본 t검정(T)**을 선택한다.

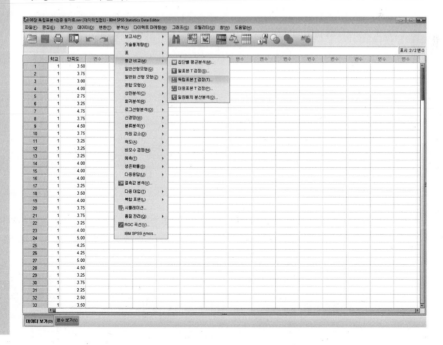

2	종속변수인 '만족도'를 선택하여 **검정변수(T)**로 이동시킨다.	

3	독립변수인 '학교'를 선택하여 **집단변수(G)**로 이동시킨다.	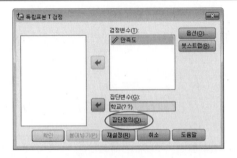

4	앞의 3에서 **집단정의(D)** 버튼을 선택한 후 학교를 정의한 값으로 집단 1에는 1(초등학생)을, 집단 2에는 2(중학교)를 입력한다. **계속** 버튼을 선택한다.	

━━━ more **집단정의**

독립표본 t검정은 독립변수의 집단이 2개의 집단으로 한정되어 있으므로 집단정의를 해 주어야 한다. 한편 분리점을 이용하여 기준점 이상을 하나의 집단으로, 기준점 미만을 다른 집단으로 나눌 수도 있다. 집단정의에 관한 자세한 설명은 다음과 같다.

키워드	설명
지정값 사용 (Use specified values)	사용자 정의 기본 설정으로 집단화한 변수 집단 1과 집단 2의 값을 입력함
분리점(Cut point)	분리값을 지정하면 분리값보다 작은 코드가 한 집단에, 분리값보다 크거나 같은 코드는 다른 집단에 속하게 됨

5 **옵션(O)** 버튼을 선택한 후 신뢰구간(C)을 변경하거나 결측값을 체크한 후 **계속** 버튼을 선택한다.

옵션	설명
신뢰구간: 95% (Confidence interval)	95%의 신뢰구간이 기본으로 설정되어 있으나 연구자가 임의로 신뢰수준을 입력할 수 있음(99%의 신뢰수준을 설정하려면 99라고 입력하면 됨)
결측값(Missing values)	1개 이상의 변수에 대한 데이터가 없을 경우 어떤 사례를 포함할 것인지(또는 제외할 것인지) 절차에 알려 줌
분석별 결측값 제외 (Exclude cases analysis by analysis)	검정할 변수 중에서 무응답치를 가진 사례는 해당 변수의 분석에서 제외됨(기본 설정)
목록별 결측값 제외 (Exclude cases listwise)	검정할 변수 중에서 무응답치를 가진 경우 그 사례는 모든 분석에서 제외됨

6 모두 설정되었으면 **확인** 버튼을 선택한다. 프로그램이 실행되어 그림과 같은 결과가 나오면 저장해 둔다.

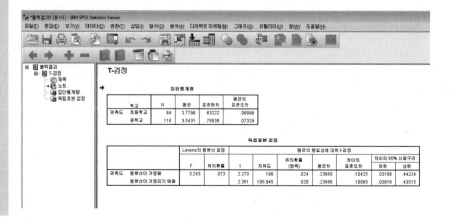

2) 대응표본 t검정

대응표본 t검정은 동일한 모집단으로부터 추출된 동일 표본에 대해 프로그램의 효과가 있는지의 여부를 분석하는 방법이다. 통제(실험)집단의 사전-사후검사의 평균 비교 등에서 주로 사용된다.

연구문제	학습기술 프로그램 적용이 국어과 읽기 영역의 학업성취도 향상에 효과가 있는가?

적용 절차(8장 대응표본 t검정 원자료.sav)는 다음과 같다.

---

1 데이터 편집기 창에서 데이터를 불러온 후 **분석(A) → 평균비교(M) → 대응표본 t검정(P)**을 선택한다.

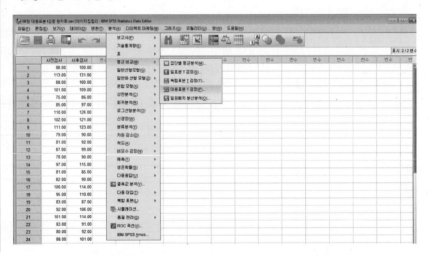

---

2 종속변수로 선정된 사전검사와 사후검사를 각각 체크하면 현재 변수 1, 2가 설정된다.

3 화살표 버튼을 선택하여 종속변수인 사전검사와 사후검사를 **대응변수(V)**로 이동 시킨다.

4 **옵션(O)** 버튼을 선택하여 신뢰구간(C)을 변경하거나 무응답치를 제외하도록 하는 결측값 버튼을 체크한 후 **계속** 버튼을 선택한다.

more **옵션 설명**

대응표본 t검정의 옵션에 관한 설명은 앞의 '1) 독립표본 t검정'의 옵션과 같다.

5 모두 설정되었으면 **확인** 버튼을 선택한다. SPSS 뷰어 창에 그림과 같은 결과가 나 오면 저장해 둔다.

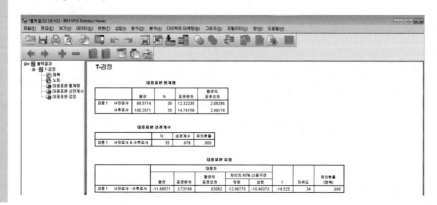

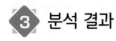

3 분석 결과

1) 독립표본 t검정

(1) 집단통계량

	학 교	N	평 균	표준편차	평균 표준오차
만족도	초등학교	84	3.7798	.63222	.06898
	중학교	116	3.5431	.78938	.07329

이 표에서는 방과후학교 참여에 따른 초등학교와 중학교 학생들의 집단 간 평균 차이에 대한 기술통계량을 보여 주고 있다. 방과후학교에 참여하는 초등학교 학생들의 평균은 3.7798이고, 방과후학교에 참여하는 중학교 학생들의 평균은 3.5431이다. 그리고 표준편차는 각각 .63222와 .78938로 나타났다.

(2) 독립표본 검정

		Levene의 등분산 검정		평균의 동일성에 대한 t검정						
		F	유의확률	t	자유도	유의확률 (양쪽)	평균차	차이의 표준오차	차이의 95% 신뢰구간 하한	차이의 95% 신뢰구간 상한
학업 성취도	등분산이 가정됨	3.243	.073	2.270	198	.024	.23666	.10425	.03108	.44224
	등분산이 가정되지 않음			2.351	195.945	.020	.23666	.10065	.03816	.43515

Levene의 등분산검정 결과, F값은 3.243이고 유의확률은 .073(p>.05)이므로 두 집단의 분산이 동질하다고 할 수 있다. 따라서 '등분산이 가정됨' 부분의 검정통계량을 사용하여야 한다. 분석 결과 t값이 2.270이며, 유의확률이 .024(p<.05)으로 t검정 결과가 통계적으로 유의하게 나타났다.

---

more **등분산검정**

독립표본 t검정을 해석하기 위해서는 먼저 F검정(Levene의 등분산검정)을 통하여 분산의 동질성 여부를 검정해야 한다. 두 집단의 흩어진 정도(분산)가 같은가 혹은 다른가를 검정하는 것이다. 즉, 분산의 동질성 여부에 따라 검정통계량을 계산하는 방법이 다르므로, 먼저 두 집단의 분산이 어떠한지를 판단하여야 한다.

2) 대응표본 t검정

(1) 대응표본 통계량

	N	평 균	표준편차	평균의 표준오차
사전점수	35	88.5714	12.32235	2.08286
사후점수	35	100.2571	14.74158	2.49178

이것은 두 변수 간의 평균 차이를 검정한 결과다. 응답자 수(N), 두 변수에 대한 평균, 표준편차, 표준오차의 값이 제시되어 있다. 평균을 살펴보면 프로그램 적용 전은 88.57이고 프로그램 적용 후는 100.26이다. 표준편차는 사전검사 점수는 12.32이고 사후검사 점수는 14.74로 나타났다.

(2) 대응표본 상관계수

	N	상관계수	유의확률
사전−사후점수	35	.978	.000

이 표에는 두 변수 간의 단순상관계수와 유의확률이 제시되어 있다. 두 변수 간의 상관계수는 .978로 상관계수가 높다고 할 수 있으며 유의확률은 .000(p<.05)이므로 통계적으로 유의하다. 이는 사전점수가 높은 피험자가 사후점수도 높게 나타나는 경향이 있음을 알려 준다.

(3) 대응표본 검정

	대응차					t	자유도	유의확률 (양쪽)
	평균	표준편차	평균의 표준오차	차이의 95% 신뢰구간				
				하한	상한			
사전 − 사후점수	−11.68571	3.73199	.63082	−12.9677	−10.4037	−18.525	34	.000

사전검사 점수와 사후검사 점수 간의 대응표본 검정 결과 t값이 -18.525이고 유의확률이 .000으로 p<.05이므로 통계적으로 유의미한 차이가 있다.

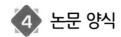 more 이상으로 t검정에 대하여 살펴보았는데, 비교하고자 하는 두 변수가 다른 개체(모집단)에서 나온 값이라면 '독립표본 t검정'을 실시하고, 같은 개체(모집단)에서 나온 값이라면 '대응표본 t검정'을 실시하면 된다.

❹ 논문 양식

1) 독립표본 t검정

〈표 8-1〉 초등학생과 중학생의 방과후학교 참여에 따른 학교생활 만족도의 단일표본 t검정 결과

	학 교	N	평 균	표준편차	t
만족도	초등학교	84	3.7798	.63222	2.270*
	중학교	116	3.5431	.78938	

* p<.05

두 집단의 검정통계량의 t값은 2.270이며, 유의확률은 .000으로 p<.001이다. 그러므로 유의수준 .001에서 두 집단(학교) 간에 유의미한 차이가 존재한다고 할 수 있다. 따라서 '초등학교 학생과 중학교 학생은 방과후학교 만족도에 차이가 있다.'는 결론을 내릴 수 있다.

2) 대응표본 t검정

〈표 8-2〉 학습기술 프로그램 적용 효과에 대한 두 종속표본 t검정 결과

	평 균	N	표준편차	t
사전점수	88.57	35	12.32	-18.525*
사후점수	100.25	35	14.74	

* p<.05

이것은 사전점수와 사후점수의 평균 차이를 분석한 결과다. 자유도 34에서 t값이

−18.525, 유의확률(p)이 .000으로 p＜.001이다. 따라서 두 변수 간 평균 차이는 유의수준 .001에서 유의미한 차이가 있다고 할 수 있다. 그러므로 '학습기술 프로그램은 국어 학업성취도 향상에 효과가 있다.'는 결론을 내릴 수 있다.

연습문제

1   도시와 농촌 초등학생의 학업성취도에는 차이가 있는가?

2   SQ3R 읽기 프로그램은 국어 학업성취도 향상에 효과가 있는가?

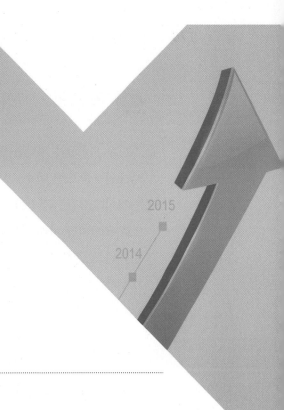

제9장

변량분석

2015

2014

2005

1 개요

　R. A. Fisher가 개발한 변량분석(Analysis of Variance: ANOVA)은 독립변수를 몇 개의 요인수준 또는 범주로 나누어 각 수준에 따라 나뉜 집단 간의 평균 차이를 검정하는 것이다. 이는 t검정이 가지고 있는 문제점, 즉 임의의 두 집단 간의 평균이 통계적으로 유의미한 차이가 있는지에 대한 개별적인 정보만을 줄 뿐, 독립변수와 종속변수 간의 관계에 대한 전반적이고 포괄적인 정보는 주지 못하는 문제점을 극복하기 위해 고안된 방법으로 t검정의 확대형이라고 할 수 있다. 변량분석은 분산분석, ANOVA, F검정, F분석 등으로 불리며, 한 변수 내에 있는 두 독립표본(개별집단, 요인수준, 실험요소) 이상의 종속변수의 평균 차이가 유의미한지를 비교할 때 사용한다. 따라서 종속변수는 등간척도 또는 비율척도로 측정된 변수여야 한다. 종속변수의 총분산(SST: 전체 제곱합)을 집단 간 분산(SSB: 집단 간 제곱합)과 집단 내 분산(SSW: 집단 내 제곱합)으로 분할한 후 적절한 자유도로 나누어서 평균제곱을 구하고, 그 평균제곱들의 비인 F값을 이용하여 가설을 검정하는 방법이다. 변량분석은 독립변수의 수에 따라 일원, 이원 그리고 삼원 변량분석으로 구분된다. 변량분석의 목적은 표본 간의 차이가 단지 우연(표집오차, sampling error)에 의한 것인지, 아니면 연구자의 처치로 인한 구조적 처치 효과(systematic effect)가 있는 것인지를 결정하는 것이다. 이러한 변량분석의 장점은 수많은 집단의 값을 한꺼번에 검정해 보고, 그 값의 차이가 통계적으로 의의가 있는 것인지 아닌지를 종합적으로 판정해 볼 수 있다는 것이다.

　변량분석의 기본 가정은 다음과 같다.

① 변량분석에서 사용되는 종속변인의 자료는 등간척도 혹은 비율척도여야 한다.
② 각 집단에 해당되는 모집단의 분포가 정규분포여야 한다.
③ 각 집단에 해당되는 모집단의 변량이 같아야 한다.
④ 각 모집단 내의 오차나 모집단 간 오차는 서로 독립적이어야 한다.

　단, 세 번째 기본 가정인 등분산성을 충족하지 못하는 경우라도 각 집단별 사례 수가 동일하다면 사용해도 무방하다. 만약 집단별 사례 수도 같지 않은 경우에는 비모수통계를 실행하도록 한다.

② 분석 실행

1) 일원변량분석

연구문제　학년에 따라 중학교 학생의 국어과 글쓰기 수행평가 점수에 차이가 있는가?

독립변수의 집단이 2개 이상이며 종속변수가 등간척도 이상으로 되어 있을 경우 변량분석을 사용하는데, 일원변량분석은 독립변수와 종속변수가 각각 하나씩이다.

적용 절차(9장 변량분석 원자료. sav)는 다음과 같다.

1　데이터 편집기 창에서 데이터를 불러온 후 **분석(A) → 평균비교(M) → 일원배치 분산분석(O)**을 선택한다.

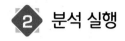

2 '글쓰기'를 종속변수로 이동시키고, '학년'은 요인으로 이동시킨 후 **대비(C)** 버튼을 선택한다.

3 **대비(C)**에서는 선택하지 않고 계속 버튼을 선택한다.

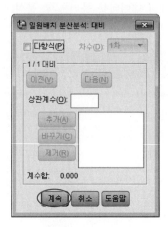

━━━ more   대비(Contrast)

두 집단의 평균 차이를 비교하는 것이다. 이것은 일종의 사후검정(Post hoc test)과 유사한 방법이나, 대비는 전체분석을 행하면서 특정 평균치에 대하여 사전에 계획한 비교를 실행한다는 점에서 다르다.

대비(Contrast)	설 명
다항식(Polynomial)	집단 간 제곱합을 다항식 성분으로 분할할 수 있게 해 주는데, 다항식을 선택한 후 모형화할 다항식의 최고 차수를 5차까지 선택할 수 있음
이전(Previous), 대비(Contrast), 1/1(1 for 1), 다음(Next)	대비변수를 10개까지 지정할 수 있는데 다음 버튼을 이용하여 대비변수를 이동함
계수(Coefficients)	요인변수의 각 집단에 대해 숫자 계수값을 입력하고 'add'를 선택함. 단, 여기에서 계수의 수는 집단의 수와 같아야 함
전체(Total)	전체의 백분율 계산

4 **사후분석(H)**을 선택한다. 사후분석−다중비교 대화상자에서 Tukey 방법과 Duncan을 체크하고, **계속** 버튼을 선택한다.

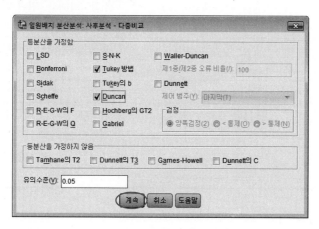

more **사후검정을 하는 이유는?**

변량분석표만 보았을 때는 구체적으로 어떤 집단 간에 차이가 있는지 알 수 없다. 이러한 구체적 차이를 밝히기 위해서는 사후분석(Post Hoc Multiple Comparisons) 또는 다중비교라는 추가 분석이 필요하다.

다중 t검정은 사후분석의 Duncan, Tukey 등이 주로 사용된다. Tukey의 다중 t검정은 피험자 수가 같을 때 독립변수의 집단별로 2개의 집단끼리 t검정을 반복해서 모든 경우의 수로 시행한다. 예를 들어, 독립변수의 각 집단이 1번부터 4번까지 4개가 있다면 1-2, 1-3, 1-4, 2-3, 2-4, 3-4 간의 t검정을 반복해서 시행한다.

5 **옵션(O)** 버튼을 선택한다. 통계량으로는 기술통계(D)를 체크한 후 **계속** 버튼을 선택한다.

옵 션		설 명
통계량	기술통계(Descriptive)	사례 수, 평균, 표준편차, 표준오차, 최소값, 최대값, 집단별 각 변수의 95% 신뢰구간을 보여 줌
	분산 동질성 검정 (Homogeneity-of-variance)	분산의 동일성 여부를 판단해 주는 Levene 통계값을 보여 줌
	평균 도표(Mean plot)	평균을 그래프로 보여 줌
결측값 (Missing plot)	분석별 결측값 제외 (Exclude cases analysis by analysis)	선택된 변수의 결측값이 있는 사례를 제외시킴
	목록별 결측값 제외 (Exclude cases listwise)	분석 시 변수에 대한 결측값이 있는 사례를 제외시킴

6 모두 설정되었으면 **확인** 버튼을 선택한다.
프로그램이 실행되어 그림과 같은 결과가 나오면 저장해 둔다.

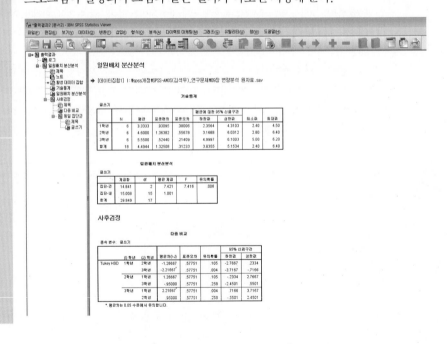

2) 이원변량분석의 주효과 검정

일원변량분석에서는 하나의 독립변수를 가지지만, 이원변량분석에서는 2개의 독립변수를 갖는다. 독립변수가 2개 이상인 다차원 변량분석의 경우 일반선형모델 (General Linear Model: GLM)을 자주 사용한다. 이원변량분석은 일원변량분석(일원배치 분산분석)보다 다양하고 정확한 분석을 할 수 있다.

연구문제	학년과 성별에 따라 중학교 학생의 국어과 글쓰기 수행평가 점수에 차이가 있는가?

고등학생을 대상으로 학년과 성별로 동시에 국어 과목의 글쓰기 수행평가에 차이가 있는지 알아보고자 한다.

적용 절차(9장 변량분석 원자료.sav)는 다음과 같다.

1 데이터 편집기 창에서 데이터를 불러온 후 **분석(A)** → **일반선형모형(G)** → **일변량 (U)**을 선택한다.

2 '글쓰기'를 종속변수로 이동시키고 '학년'과 '성별'을 모수요인으로 이동시킨 후 **모형(M)** 버튼을 선택한다.

3 모형(M)에서 완전요인모형(A)을 체크하고 항 설정에서는 주효과를 선택한다. 그리고 요인에 있는 '학년'과 '성별'을 모형으로 이동시킨다. **계속** 버튼을 선택한다.

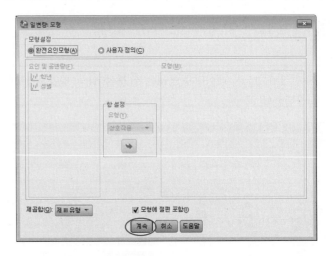

모형 설정(Specify Model)	
완전요인모형 (Full factorial model)	완전요인모형을 지정하면 주효과, 공변량 효과와 요인 대 요인의 상호작용을 검정할 수 있음
사용자 정의(Custom)	사용자 정의를 지정하면 사용자가 원하는 상호작용의 효과를 검정할 수 있으며, 각 요인과 공변수 간의 상호작용을 구하기 위해서는 사용자 정의(Custom)를 선택함
요인(Factors)	분석에 포함되는 독립변수들이 지정됨
분석항목 지정	사용자 정의를 선택하면 연구목적에 맞는 주효과와 상호작용 옵션을 선택할 수 있음

제곱합	사용되는 경우
제I유형	균형 분산분석 모형, 다항 회귀모형, 순수 지분 모형 등
제II유형	균형 분산분석 모형, 주요인 효과만 있는 모형, 모든 회귀모형, 순수 지분 계획
제III유형	제I유형과 제II유형으로 나열된 모든 모형, 비균형 모형이나 비어 있는 셀이 없는 균형 모형
제IV유형	제I유형과 제II유형으로 나열된 모든 모형, 비균형 모형이나 비어 있는 셀이 있는 균형 모형(결측 셀이 있는 경우 사용)

4 **옵션(O)** 버튼을 선택한 후 기술통계량을 체크하고 **계속** 버튼을 선택한다.

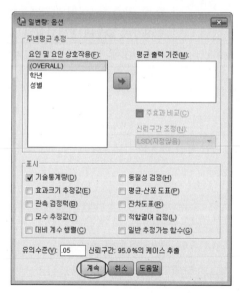

키워드	설 명
기술통계량 (Descriptive statistics)	모든 종속변수의 평균, 표준편차, 사례 수를 계산함
효과 크기의 추정 (Estimates of effect size)	효과 크기의 추정치는 각 효과와 모수 추정치의 부분 에타제곱값임. η^2은 한 요인에 대한 전체 변량 추정치의 비율임
관찰력 (Observed power)	관찰력은 관찰치를 바탕으로 하여 대립가설이 긍정될 때의 검정력임
모수치의 추정 (Parameter estimates)	모수치 추정치, 표준오차, t검정, 신뢰구간, 각 검정에 대한 관찰력을 산출함

동질성의 검정 (Homogeneity tests)	동질성 검정은 집단 간 요인의 모든 수준의 결합에 따른 각 독립변수와 단일 집단 간 요인의 변량의 동질성에 대한 Levene 검정임
확산 대 수준 도표 (Spread-versus-level plots)	자료에 관한 가정을 검토하는 데 도움이 되는 도표를 제시함
잔차도표(Residual plots)	잔차도표를 선택하면 각 종속변수에 대한 관찰-예측-표준화된 잔차도표를 나타내 줌. 이 도표는 동변량성 가정을 검토하는 데 유용함
적합도 확인(Lack of fit)	이것을 선택하면 독립변수와 종속변수 간의 관계 모델에 의하여 적절하게 기술할 수 있는가를 확인할 수 있음
일반적인 추정가능 함수 (General estimable function)	이것은 일반적인 추정가능 기능에 바탕을 둔 가설검정을 할 수 있게 함. 어떤 비교계수행렬에서의 열은 일반적인 추정가능 함수의 선형결합임
유의수준(Significance level)	사후검정에서 사용할 유의도 수준을 지정함

more 대비, 도표, 사후분석은 필요한 연구자에 따라서 개별로 지정하여 준다.

5 모두 설정되었으면 **확인** 버튼을 선택한다. 프로그램이 실행되어 그림과 같은 결과가 나오면 저장해 둔다.

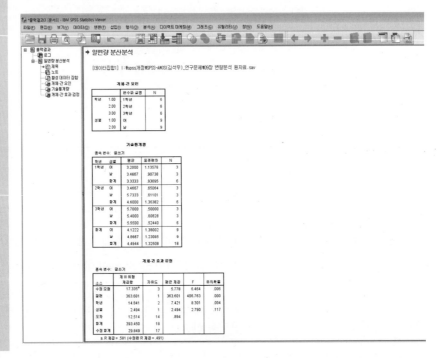

3) 이원변량분석의 주효과와 상호작용 효과 동시검정

이원변량분석에서의 가설검정은 변수 간의 상호작용(interaction) 여부를 검정해야한다. 변수 A의 변수 효과와 변수 B의 변수 효과에 대하여 별도로 검정하였을 때, 변수 A와 변수 B의 차이가 검정된다면 상호작용은 반드시 존재하게 된다. 만약 상호작용이 존재한다면 학년과 성별의 효과를 따로 검정하는 것은 의미가 없게 되며, 처리의 수가 'a·b'인 일원변량분석으로 간주하여 'a·b'개의 처리 간 평균의 동일성을 검정하거나 차이를 추정하면 된다. 그러나 상호작용이 존재하지 않는다면 변수 A의 효과와 변수 B의 효과에 대하여 별도로 검정한다.

연구문제	중학교 학생의 국어과 글쓰기 수행평가 점수는 학년과 성별 간에 상호작용 효과가 있는가?

적용 절차(9장 변량분석 원자료.sav)는 다음과 같다.

1 데이터 편집기 창에서 데이터를 불러온 후 **분석(A)** → **일반선형모형(G)** → **일변량(U)**을 선택한다.

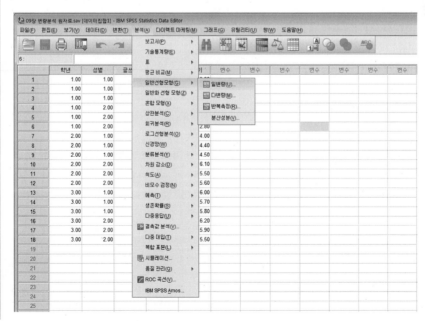

| 2 | '글쓰기'를 종속변수로, '학년'과 '성별'을 모수요인으로 이동시킨 후 **모형(M)**을 선택한다. |

| 3 | **모형(M)**에서 완전요인 모형(A)을 체크한 후 **계속** 버튼을 누른다. |

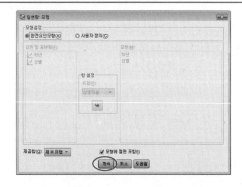

| 4 | **옵션(O)** 버튼을 선택한 후 표시에서 각종 통계량을 체크하고 **계속** 버튼을 선택한다. |

5	모두 설정되었으면 **확인** 버튼을 선택한다. 프로그램이 실행되어 그림과 같은 결과가 나오면 저장해 둔다.

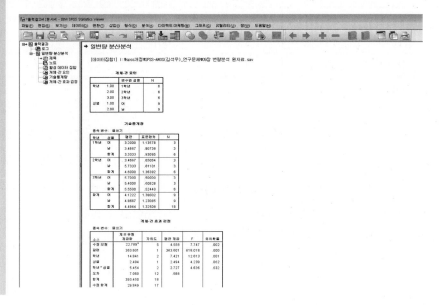

3 분석 결과

1) 일원변량분석

(1) 기술통계

학년	N	평 균	표준편차	표준오차	평균에 대한 95% 신뢰구간		최소값	최대값
					하한값	상한값		
1	6	3.3333	.9310	.3801	2.3564	4.3103	2.40	4.50
2	6	4.6000	1.3638	.5568	3.1688	6.0312	2.80	6.40
3	6	5.5500	.5244	.2141	4.9997	6.1003	5.00	6.20
합계	18	4.4944	1.3251	.3123	3.8355	5.1534	2.40	6.40

이것은 독립변수에 대한 기술통계로서 사례 수(N), 평균, 표준편차, 표준오차, 평균에 대한 95% 신뢰구간, 최소값, 최대값을 나타낸다.

(2) 분산분석[a]

	제곱합	자유도	평균제곱	F	유의확률
집단 간	14.841	2	7.421	7.416	.006
집단 내	15.008	15	1.001		
합계	29.849	17			

a. 종속변수: 글쓰기

이 표에서는 종속변수가 글쓰기이며, 집단 간 및 집단 내 제곱합, 자유도, 평균제곱, F값, 유의확률을 보여 준다. '집단 간' 분석은 각 집단 간 분산으로 체계적 분산을 의미한다. '집단 내' 분석은 각 집단 내의 분산으로 오차분산을 뺀 나머지 분산이다. 합계는 전체분산을 의미한다. 결과적으로 F값은 7.416이고 유의확률은 .006, $p < .01$이므로 학년별로 글쓰기 점수에 유의미한 차이가 있는 것으로 나타났다.

(3) 사후검정

	(I)학년	(J)학년	평균차 (I−J)	표준오차	유의확률	95% 신뢰구간	
						하한값	상한값
Tukey HSD	1	2	−1.2667	.5775	.105	−2.7667	.2334
		3	−2.2167*	.5775	.004	−3.7167	−.7166
	2	1	1.2667	.5775	.105	−.2334	2.7667
		3	−.9500	.5775	.258	−2.4501	.5501
	3	1	2.2167*	.5775	.004	.7166	3.7167
		2	.9500	.5775	.258	−.5501	2.4501

* .05 수준에서 평균차가 크다.

이 표에는 집단별로 평균의 차이를 검정하는 t검정을 경우의 수만큼 실행한 값과 표준편차, 유의도, 95% 신뢰구간을 검정하는 Tukey 검정의 결과가 제시되어 있다. 평균차(I−J)는 두 집단의 평균 차이로, I는 좌측에 있는 집단을, J는 우측에 있는 집단을 의미한다. 그중 1학년과 3학년의 글쓰기 점수의 평균 차이는 −2.2167로 1학년이 더 낮은 것을 알 수 있다. 두 집단의 평균 차이에 대한 t검정의 유의확률은 .004로 $p < .05$다. 즉, 1학년의 경우 2학년과는 별다른 차이가 나타나지 않지만, 3학년과의 글쓰기에서의 평균 차이는 유의미한 것으로 나타났다.

(4) 동일 집단군

학년		N	유의수준 = .05에 대한 부집단	
			1	2
Tukey HSD[a]	1학년	6	3.3333	
	2학년	6	4.6000	4.6000
	3학년	6		5.5500
	유의확률		.105	.258
Duncan[a]	1학년	6	3.3333	
	2학년	6		4.6000
	3학년	6		5.5500
	유의확률		1.000	.121

동일 집단군에 있는 집단에 대한 평균이 표시된다.

a. 조화평균 표본 크기＝6.000을 사용한다.

이것은 사후검정의 Tukey와 Duncan 표다. 그 구성을 보면 왼쪽에는 집단별 분류가 제시되어 있고, 오른쪽 1, 2 부분은 동일한 성향을 보이는 집단을 보면 하나의 묶음으로 제시되어 있다.

2) 이원변량분석의 주효과 검정

(1) 개체 간 요인

		변수값 설명	N
학년	1	1학년	6
	2	2학년	6
	3	3학년	6
성별	1	여	9
	2	남	9

이 표에는 학년과 성별의 집단별 사례 수가 나타나 있다.

(2) 기술통계량[a]

학년	성별	평균	표준편차	N
1학년	여	3.2000	1.1358	3
	남	3.4667	.9074	3
	합계	3.3333	.9309	6
2학년	여	3.4667	.6506	3
	남	5.7333	.6110	3
	합계	4.6000	1.3638	6
3학년	여	5.7000	.5000	3
	남	5.4000	.6083	3
	합계	5.5500	.5244	6
합계	여	4.1222	1.3800	9
	남	4.8667	1.2309	9
	합계	4.4944	1.3251	18

a. 종속변수: 글쓰기

　　이것은 기술통계량으로서 학년과 성별로 평균, 표준편차 그리고 집단별 사례 수가 나타나 있다.

(3) 개체 간 효과 검정[b]

소스	제III유형 제곱합	자유도	평균제곱	F	유의확률
수정모형	17.335[a]	3	5.778	6.464	.006
절편	363.601	1	363.601	406.763	.000
학년	14.841	2	7.421	8.301	.004
성별	2.494	1	2.494	2.790	.117
오차	12.514	14	.894		
합계	393.450	18			
수정 합계	29.849	17			

a. $R^2 = .581$(수정된 $R^2 = .491$)
b. 종속변수: 글쓰기

　　수정모형(Corrected Model)은 수정된 변량분석의 모형을 나타낸다. 이 모형은 평균을 수정한 독립변수의 효과에 의하여 영향을 받는 변수에 내재하는 변화에 대한 모형이다. 제곱합(Sum of Square)은 17.335, 자유도는 3, 평균제곱(Mean Square), 즉 분산의 추정치는 5.778이다. 이것은 변량분석모형에 대한 타당성을 보는 것이다. F값이 6.464이며 유의확률이 .006(p<.05)이므로 이 모형은 타당함을 알 수 있고, 설명력(결정계수)은 .581임을 알 수 있다.

절편(Intercept)은 전평균(overall mean)을 의미한다. 제곱합과 평균제곱은 각각 363.601, 363.601, F값은 406.763이며, 유의확률은 p<.05로 유의미하게 나타났다.

이 결과표에 따르면 학년에 따라 글쓰기에는 차이가 있지만(F=8.301, p<.01), 성별에 따른 글쓰기의 분석에서는 차이가 없는 것으로 나타났다(F=2.790, p>.05).

3) 이원변량분석의 주효과와 상호작용 효과 동시검정

(1) 개체 간 요인

		변수값 설명	N
학년	1	1학년	6
	2	2학년	6
	3	3학년	6
성별	1	여	9
	2	남	9

이 표에는 학년과 성별의 집단별 사례 수가 제시되어 있다.

(2) 기술통계량[a]

학년	성별	평균	표준편차	N
1	여	3.2000	1.1358	3
	남	3.4667	.9074	3
	합계	3.3333	.9309	6
2	여	3.4667	.6506	3
	남	5.7333	.6110	3
	합계	4.6000	1.3638	6

3	여	5.7000	.5000	3
	남	5.4000	.6083	3
	합계	5.5500	.5244	6
합계	여	4.1222	1.3800	9
	남	4.8667	1.2309	9
	합계	4.4944	1.3251	18

a. 종속변수: 글쓰기

이것은 기술통계량으로서 학년별, 성별에 따른 평균, 표준편차, 집단별 사례 수가
제시되어 있다.

(3) 개체 간 효과 검정[b]

소 스	제III유형 제곱합	자유도	평균제곱	F	유의확률
수정모형	22.789[a]	5	4.558	7.747	.002
절편	363.601	1	363.601	618.018	.000
학년	14.841	2	7.421	12.613	.001
성별	2.494	1	2.494	4.239	.062
학년 × 성별	5.454	2	2.727	4.636	.032
오차	7.060	12	.588		
합계	393.450	18			
수정 합계	29.849	17			

a. $R^2 = .763$(수정된 $R^2 = .665$)
b. 종속변수: 글쓰기

이 표는 학년과 성별이 각각 종속변수 글쓰기에 미치는 영향이 유의미한지 알려
준다. 학년은 유의확률 .001($p < .01$)로 유의미한 영향을 미치는 것으로 나타났고, 성
별은 유의확률 .062($p > .05$)로 유의미한 영향을 미치지 못하는 것으로 나타났다. 학
년과 성별의 상호작용이 종속변수인 글쓰기에 미치는 영향은 유의확률 .032($p < .05$)
로 유의미한 영향을 미치는 것으로 나타났다.

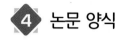 **논문 양식**

1) 일원변량분석

논문에서는 평균과 표준편차, 분산분석표, 사후검정 결과를 제시한다.

〈표 9-1〉 학년에 따른 글쓰기 수행평가의 평균과 표준편차

변 수	N	평 균	표준편차
1학년	6	3.3333	.9309
2학년	6	4.6000	1.3638
3학년	6	5.5500	.5244
합계	18	4.4944	1.3251

〈표 9-2〉 학년에 따른 글쓰기 수행평가에 대한 일원변량 분석

변 수	변량원	제곱합	자유도	평균제곱	F값
학년	집단 간	14.841	2	7.421	7.416*
	집단 내	15.008	15	1.001	
	합계	29.849	17		

* p＜.05

〈표 9-3〉 Tukey 사후검정 결과

	1학년	2학년	3학년
1학년			
2학년			
3학년	**		

** p＜.01

〈표 9-2〉의 변량분석표를 보면 학년별 글쓰기 수행평가 점수에 대한 검정에서 F값은 7.416으로 p＜.01이다. 즉, '학년에 따라 글쓰기 수행평가에 차이를 보인다.'고 결론 내릴 수 있다.

또한 사후검정 결과 1학년과 3학년 간에 p＜.01 수준에서 글쓰기 수행평가 점수에 유의미한 차이가 있는 것으로 나타났다.

2) 이원변량분석의 주효과 검정

〈표 9-4〉 글쓰기에 대한 학년과 성별 변량분석

변량원	제곱합	자유도	평균제곱	F
학년	14.841	2	7.421	8.301**
성별	2.494	1	2.494	2.790
전체	17.335	3		

**p<.01

변량분석표의 성별 글쓰기에 대한 검정에서는 F값이 2.790(p>.05)으로 글쓰기 수행평가 점수의 성별에 따른 차이는 없는 것으로 나타났다. 학년별로는 F값이 8.301(p<.01)로 글쓰기에 대한 검정에서 유의미한 차이를 볼 수 있다. 즉, 글쓰기 수행평가 점수의 학년별에 따른 차이는 있는 것으로 나타났다.

3) 이원변량분석의 주효과와 상호작용 효과 동시검정

〈표 9-5〉 학년과 성별에 따른 글쓰기 수행평가에 대한 이원변량분석

변량원	제곱합	자유도	평균제곱	F
학년	14.81	2	7.421	12.613**
성별	2.494	1	2.494	4.239
학년 × 성별	5.454	2	2.727	4.636*
오차	7.060	12		
합계	29.818	17		

* p<.05, ** p<.01

이 결과표에 따르면 학년에 따른 글쓰기 수행평가 점수에서 F값은 12.613(p<.01)으로 유의미한 차이가 있는 것으로 나타났다. 또한 학년과 성별의 상호작용은 F값이 4.636(p<.05) 수준에서 유의미한 것으로 나타났다. 즉, 학년과 성별의 상호작용은 글쓰기 수행평가에 유의미한 영향을 미친다.

1   휴대전화의 구매욕구지수는 디자인에 따라 차이가 있는가?

2   휴대전화의 구매욕구지수에 관하여 디자인과 색상 간에 상호작용 효과가 있는가?

제10장

공변량분석

1 개요

공변량분석(Analysis of Covariance: ANCOVA)은 회귀분석과 분산분석이 혼합된 모형이라고 볼 수 있다. 독립변인에 대한 조작요소 외에 종속변인에 미치는 요소가 작용할 경우 종속변인에 미치는 효과를 통계적인 방법으로 통제하는 분석이다. 즉, 연구자는 실험집단에서 독립변인의 조건이 동일하도록 하기 위하여 무선표집과 무선배치, 짝지은 표집 등의 방법을 사용하지만, 실험집단의 조건이 동일하지 않거나 또는 독립변인에 대한 조작요소 외에 종속변인에 영향을 미치는 요소가 작용할 수도 있다. 공변량분석은 이와 같이 통제하지 않았거나 통제하지 못한 변인이 종속변인에 미친 효과를 통계적인 방법으로 통제(또는 조정)하는 것이다.

여기서 공변인(covariate)은 독립변인과 긴밀한 관계를 갖는 변인이어야 한다. 따라서 공변량분석은 실험집단의 조건이 동일하지 않은 경우나 제3의 변인을 통제하려는 경우에 적용되는 변량분석법이다. 이러한 공변량분석은 집단 차이의 검정에서 검정력을 높이거나 혹은 실험 전에 이미 존재하는 집단 차이를 통계적으로 통제하고자 할 때 유용한 분석 방법이다. 공변량분석에서의 관심은 처치변인인 회귀계수가 통계적으로 유의미한가에 있다.

공변량분석의 기본 가정은 다음과 같다.

① 공변량의 수준별 종속변인의 조건분포는 정규분포를 이루어야 한다.
② 공변량과 종속변인 간에 선형적인 상관관계가 있어야 한다.
③ 공변량의 측정에 처치변인의 영향과 측정의 오차가 없어야 한다.
④ 집단 내에서의 종속변인에 대한 공변인의 회귀계수가 집단 간에 동일해야 한다.
⑤ 등분산성의 가정이 충족되어야 하고, 피험자들은 실험처치 조건에 무선 배치되어야 한다.

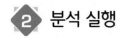 **분석 실행**

1) 종속변인의 측정치를 사전에 지정하는 경우

실험설계의 경우 실험집단과 통제집단이 완전무선 배치되지 않은 경우 집단 간의 차이가 처치의 효과로 기인한 것인지 판단할 수가 없다. 이 경우 종속변인의 측정치를 사전에 조정하여 두 집단을 비교하게 된다.

연구문제	과학태도의 사전검사 점수를 통제한 상태에서 세 가지 과학교수법(토의법, 역할극, 소집단학습)에 따라 초등학생의 과학태도는 다른가?

이 연구문제를 해결하기 위해서는 먼저 세 집단 간의 사전 과학태도 점수를 비교하여 집단 간에 차이가 있는지를 알아보아야 한다. 그런 다음 세 집단 간 차이가 있다면 그것을 공변인으로 통제한 후 변량분석을 통해 차이 검정을 실시한다.

적용 절차(10장 공변량 과학태도 원자료.sav)는 다음과 같다.

(1) 사전 과학태도 점수의 평균비교 검정

1 데이터 편집기 창에서 데이터를 불러온 후 **분석(A) → 평균비교(M) → 일원배치 분산분석(O)**을 선택한다.

2 분석하고자 하는 변인, 사전태도와 과학교수법을 선택하여 각각 종속변인(E)과 요인(F)으로 이동시킨 후 **옵션(O)**을 선택한다.

3 **옵션(O)**에서 통계량에서 기술통계(D)와 분산 동질성 검정(H)을 지정하여 준 후 **계속** 버튼을 선택한다.

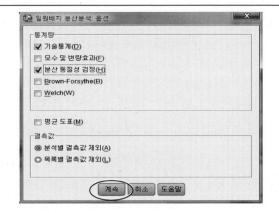

4 모두 설정되었으면 **확인** 버튼을 선택한다. 프로그램이 실행되어 그림과 같은 결과가 나오면 저장해 둔다.

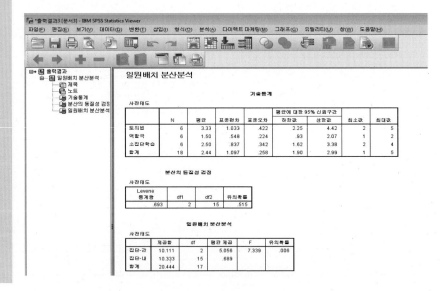

(2) 공변량분석

세 집단 간 사전 과학태도 점수에서 유의미한 차이가 있었으므로, 사전 과학태도 점수를 공변인으로 하고 사후 과학태도 검사점수를 종속변인으로 한 공변량분석을 실행한다.

---

1 데이터 편집기 창에서 데이터를 불러온 후 **분석(A)** → **일반선형모형(G)** → **일변량 (U)**을 선택한다.

---

2 일변량 대화상자에서 분석하고자 하는 변인들을 사후태도는 **종속변인(D)**, 과학교수법은 **모수요인 (F)**, 사전태도는 **공변량 (C)**으로 이동시키고 **모형(M)**을 선택한다.

3 **모형(M)** 버튼을 선택한다. 여기서는 기본적으로 설정된 완전요인모형(A)과 제곱합(Q)의 제III유형 상태를 그대로 두고 **계속** 버튼을 선택한다.

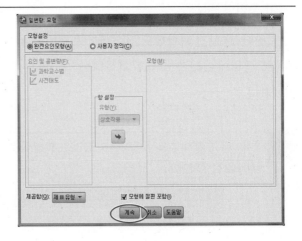

4 **옵션(O)** 버튼을 선택하여 주변평균 추정에서 '과학교수법'을 평균 출력 기준(M) 창으로 옮기고, 표시에서 기술통계량(D)과 동질성 검정(H)을 체크하고 **계속** 버튼을 선택한다.

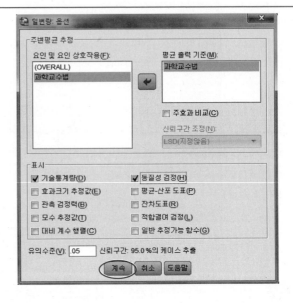

▶▶ more 일변량 옵션에 관한 자세한 설명은 '9장 변량분석'을 참조하라.

5 모두 설정되었으면 **확인** 버튼을 선택한다. 프로그램이 실행되어 그림과 같은 결과
가 나오면 저장해 둔다.

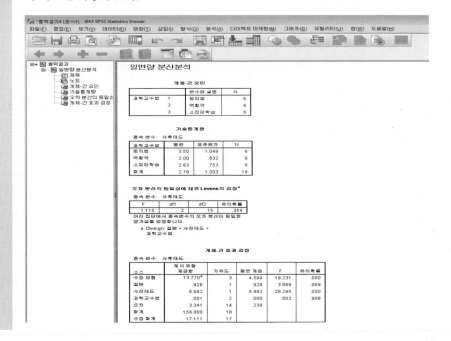

2) 오차변인의 효과를 간접적인 방법으로 통제하는 경우

이 유형으로는 연구자가 독립변인의 처치 효과 외에 종속변인에 미치는 체계적인
오차를 통제하는 방법으로서, 분석을 통해 공변인의 영향을 제외한 독립변인의 효과
를 구할 수 있다. 예를 들어, 부모의 양육태도에 따른 아동의 자율성의 차이를 알아보
고자 하는 경우, 부모의 양육태도 외에 아동과 함께 있는 시간이 아동의 자율성에 체
계적으로 영향을 미친다고 가정할 수 있을 것이다. 이때 연구자는 아동과 함께 있는
시간을 공변인으로 한 공변량분석을 함으로써 체계적인 오차를 통제할 수 있다.

연구문제	부모의 양육태도(통제형, 절충형, 방임형)에 따라 아동의 자율성에는 차이가 있는가? (공변인: 아동과 함께하는 시간)

공변량분석을 실시하되, 연구문제에서 독립변인이 세 집단 이상이므로 종속변인
의 예측값을 이용하여 사후분석을 실시하여야 한다.

적용 절차(10장 공변량 부모양육 원자료.sav)는 다음과 같다.

1 데이터 편집기 창에서 데이터를 불러온 후 **분석(A) → 일반선형모형(G) → 일변량 (U)**을 선택한다.

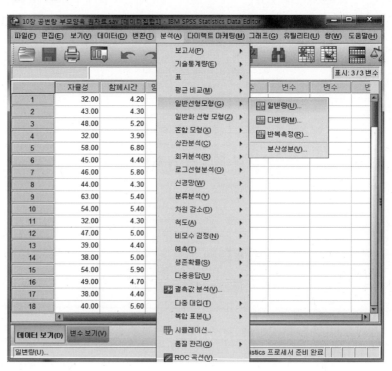

2 일변량 대화상자에서 분석하고자 하는 변인들을 선택하여 **종속변수(D), 모수요인(F), 공변량(C)**으로 이동시키고 **옵션(O)**버튼을 선택한다.

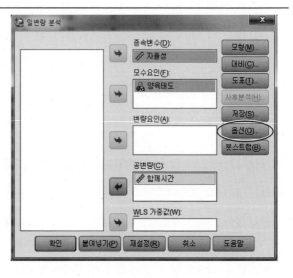

3 옵션(O) 대화상자에서 주변평균 추정의 요인 및 요인 상호작용(F) 창에서 '양육태도'를 평균 출력 기준(M) 창으로 옮기고, 표시에서 기술통계량(D)을 체크하고 **계속** 버튼을 선택한다.

4 독립변인의 집단이 세 집단 이상일 경우는 조정된 평균을 이용하여 사후검정을 해야 한다. 따라서 **저장(S)** 버튼을 선택하여 조정된 종속변인의 값을 저장해 둔다. 여기서는 예측값의 '**비표준화(U)**'를 체크하고 **계속** 버튼을 선택한 후 저장한다.

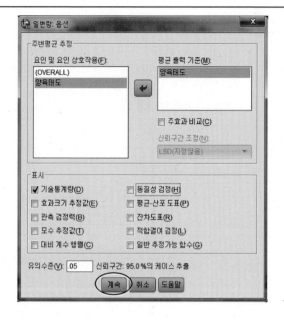

5 모두 설정되었으면 **확인** 버튼을 선택한다. SPSS 뷰어 창에 공변량분석에 대한 결과가 나오면 저장해 둔다.

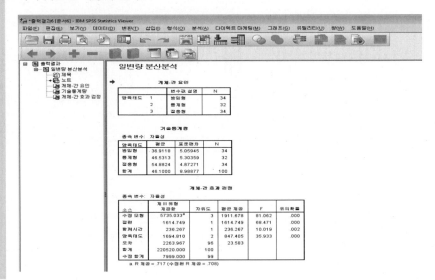

6 데이터 편집기 창을 보면 새로운 변인이 생성된 것을 알 수 있다. 즉, 세 집단 이상이므로 사후검정은 새로운 변인, 즉 종속변인에 대한 **예측값**(pre_1)으로 공변인을 통제한 상태에서 실시하여야 한다.

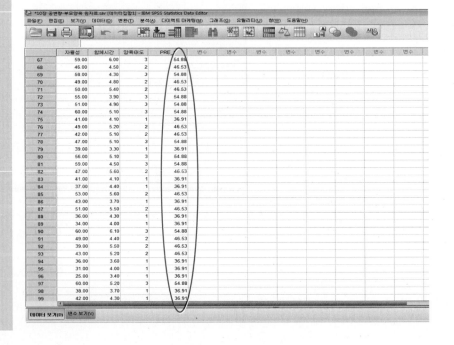

7 **분석(A) → 일반선형모형(G) → 일변량(U)**을 선택한다.

8 '자율성의 예측값'을 종속변수(D)로 옮기고, 모수요인(F)으로 '양육태도'를 선택한 다. 여기에서 공변량이었던 '함께 시간'은 왼쪽 창으로 이동시켜 분석에서 제외하 고 **옵션(O)** 버튼을 선택한다.

9 **옵션(O)** 대화상자에서 주변평균 추정의 요인 및 요인 상호작용(F) 창에서 '양육태도'를 평균 출력 기준(M) 창으로 옮기고, 출력에서 기술통계량(D)을 체크하고 **계속** 버튼을 선택한다.

10 **사후분석(H)**을 선택한 후 요인의 '양육태도'를 사후검정변수(P)로 이동시킨다. 집단표본의 크기가 다르기 때문에 Scheffe(C)를 체크한다. **계속** 버튼을 선택한다.

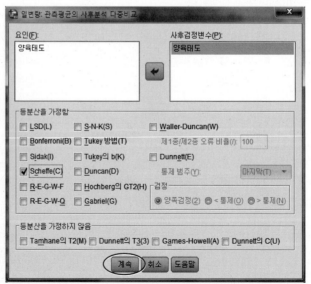

11 모두 설정되었으면 **확인** 버튼을 선택한다. SPSS 뷰어 결과 창에 오른쪽 그림과 같이 공변량분석에 대한 결과가 나오면 저장해 둔다.

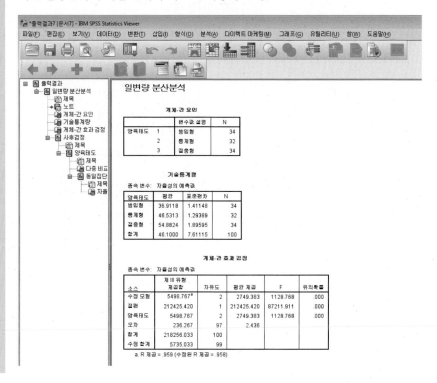

3 분석 결과

1) 종속변인의 측정치를 사전에 조정하는 경우

(1) 개체 간 요인

		N
과학교수법	1(토의법)	6
	2(역할극)	6
	3(소집단학습)	6

이 표에는 세 가지 과학교수법 집단별 사례 수가 제시되어 있다.

(2) 기술통계량[a]

					기술통계(사전 태도)			
	N	평균	표준편차	표준오차	평균에 대한 95% 신뢰구간		최소값	최대값
					하한값	상한값		
1	6	3.33	1.03	.42	2.25	4.42	2	5
2	6	1.50	.55	.22	.93	2.07	1	2
3	6	2.50	.84	.34	1.62	3.38	2	4
합계	18	2.44	1.10	.26	1.90	2.99	1	5

과학교수법	평 균	표준편차	N
1	3.50	1.05	6
2	2.00	.63	6
3	2.83	.75	6
합계	2.78	1.00	18

a. 종속변인: 사후 과학태도

이것은 기술통계량으로서, 세 가지 과학교수법에 따른 집단별 사후 과학태도 점수의 평균과 표준편차 그리고 집단별 사례 수가 제시되어 있다.

(3) 오차분산의 동일성에 대한 Levene의 검정[a, b]

	분산의 동질성에 대한 검정(사전 태도)		
Levene 통계량	자유도 1	자유도 2	유의확률
.693	2	15	.515

F	자유도 1	자유도 2	유의확률
1.115	2	15	.354

여러 집단에서 종속변인의 오차분산이 동일한 영가설을 검정한다.

a. 계획: 절편+V3+V2
b. 종속변인: 사후 과학태도

이 표에는 세 가지 과학교수법에 따른 집단의 분산 동질성 가정에 대한 검정 결과가 제시되어 있다. Levene의 통계량에 대한 유의확률이 .354로 $p > .05$이므로 집단 간 등분산 가정을 만족한다.

(4) 개체 간 효과 검정[b]

분산분석(사전 태도)					
	제곱합	자유도	평균제곱	F	유의확률
집단 간	10.111	2	5.056	7.339	.006
집단 내	10.333	15	.689		
합계	20.444	17			

소 스	제Ⅲ유형 제곱합	자유도	평균제곱	F	유의확률
수정모형	13.770[a]	3	4.590	19.231	.000
절편	.928	1	.928	3.889	.069
사전 과학태도	6.992	1	6.992	29.295	.000
과학교수법	.001	2	.000	.002	.998
오차	3.341	14	.239		
합계	156.000	18			
수정 합계	17.111	17			

a. $R^2 = .805$(수정된 $R^2 = .763$)
b. 종속변인: 사후 과학태도

사전 과학태도 점수를 공변인으로 통제한 경우, 과학교수법의 F값이 .002이고 유의확률이 .998로 $p > .05$이므로 과학교수법에 따른 세 집단 간 차이가 없다는 것을 나타낸다.

(5) 추정된 주변평균[b]

교수법	평 균	표준오차	95% 신뢰구간	
			하한값	상한값
1	2.769[a]	.241	2.252	3.285
2	2.777[a]	.246	2.250	3.304
3	2.788[a]	.200	2.359	3.216

a. 모형에 나타나는 공변량은 다음 값에 대해 계산된다. 사전 태도＝2.44
b. 종속변인: 사후 과학태도

이것은 회귀 방정식을 이용하여 세 집단 간 사전 과학태도 점수(3.3, 1.5, 2.5; p. 214 사전 과학태도 부분 참조)의 평균을 공통평균(2.44)으로 조정하여, 그에 따라 변화된 사후검사 점수의 평균값을 집단에 따라 산출한 값이다. 그런데 교수법에 따른 사후 과학태도 점수의 집단 간 평균은 각각 2.769, 2.777, 2.788로 앞의 개체 간 효과 검정에서의 결과와 마찬가지로 과학교수법에 따른 집단 간 차이를 보이지 않았다.

2) 오차변인의 효과를 간접적인 방법으로 통제하는 경우

(1) 개체 간 요인

		변인 값 설명	N
양육태도	1	통제형	34
	2	절충형	32
	3	방임형	34

이 표에는 집단별 사례가 제시되어 있다.

(2) 기술통계량[a]

양육태도	평균	표준편차	N
통제형	36.9118	5.0595	34
절충형	46.5312	5.3036	32
방임형	54.8824	4.8727	34
합계	46.1000	8.9888	100

a. 종속변인: 자율성

양육태도에 따른 자율성의 평균과 표준편차를 나타낸다.

(3) 개체 간 효과 검정[b]

소 스	제III유형 제곱합	자유도	평균제곱	F	유의확률
수정모형	5735.033[a]	3	1911.678	81.062	.000
절편	1614.749	1	1614.749	68.471	.000
함께 시간	236.267	1	236.267	10.019	.002
양육태도	1694.810	2	847.405	35.933	.000
오차	2263.967	96	23.583	–	–
합계	220520.000	100			
수정 합계	7999.000	99			

a. $R^2 = .717$(수정된 $R^2 = .708$)
b. 종속변인: 자율성

이것은 공변인인 '함께하는 시간'이 미치는 영향을 통제한 상황에서 독립변인인 양육태도가 종속변인에 미치는 영향을 나타낸다. F값이 35.933이고 유의확률이 .000으로 $p < .001$이므로 통계적으로 유의미한 차이가 있다. 즉, '함께하는 시간'을 공변량으로 통제하였을 때 부모의 양육태도에 따라 아동의 자율성에는 유의미한 차이가 있는 것으로 나타났다.

(4) 추정된 주변평균[b]

양육태도	평 균	표준오차	95% 신뢰구간	
			하한값	상한값
통제형	39.148[a]	1.092	36.980	41.316
절충형	45.914[a]	.880	44.167	47.662
방임형	53.227[a]	.984	51.274	55.179

a. 공변량에서 평가된 가치가 모형: 함께 시간=4.7710에서 나타났다.
b. 종속변인: 자율성

이 표에서는 집단별로 공변인인 '함께하는 시간'을 각 집단의 공통 평균값 4.77로 통일시킨 후(여기서 집단별로 '함께하는 시간'의 평균값은 3.93, 5.00, 5.39로 나타났다. 적용 절차에는 제외되었음) 집단별로 자율성의 조정된 값을 제시하였다.

(5) 다중 비교[a]

(I) 양육태도	(J) 양육태도	평균차(I-J)	표준오차	유의확률	95% 신뢰구간 하한값	95% 신뢰구간 상한값
통제형	절충형	-9.6195*	.3844	.000	-10.5751	-8.6639
통제형	방임형	-17.9706*	.3785	.000	-18.9116	-17.0296
절충형	통제형	9.6195*	.3844	.000	8.6639	10.5751
절충형	방임형	-8.3511*	.3844	.000	-9.3067	-7.3955
방임형	통제형	17.9706*	.3785	.000	17.0296	18.9116
방임형	절충형	8.3511*	.3844	.000	7.3955	9.3067

관측된 평균에 기초한다.

* $p < .05$ 수준에서 평균차는 유의하다.
a. 종속변인: 자율성의 예측값

양육태도의 차이가 어떤 집단 간(통제형, 절충형, 방임형)에 기인한 것인지 알아보기 위해 Scheffe 사후검정을 실시한 결과, 양육태도의 통제형과 절충형, 통제형과 방임형, 절충형과 방임형 간 유의확률은 각각 .000으로 $p < .001$이므로 모두 유의미한 차이가 있는 것으로 나타났다.

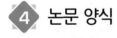 논문 양식

1) 종속변인의 측정치를 사전에 지정하는 경우

〈표 10-1〉 사전 과학태도 점수의 차이 검정

	1(토의법) 평균	1(토의법) 표준편차	2(역할극) 평균	2(역할극) 표준편차	3(소집단학습) 평균	3(소집단학습) 표준편차	F
사전 태도	3.33	1.03	1.50	.55	2.50	.84	7.339**

** $p < .01$

사전 과학태도 점수의 집단별 평균은 각각 3.33, 1.50, 2.50으로 나타났으며, 집단 간 차이가 유의미한 것으로 나타났다($F=7.339$, $p < .01$). 이러한 결과는 실험처치 후

에 실시할 사후검사 결과를 분석하기 위해서는 공변량분석을 실시해야 함을 보여
준다.

〈표 10-2〉 사전-사후 과학태도 점수와 조정된 과학태도의 사후 평균과 표준편차

	사전 태도		사후 태도		조정된 사후 태도	
	평 균	표준편차	평 균	표준편차	평 균	표준오차
집단 1	3.33	1.03	3.50	1.05	2.77	.241
집단 2	1.50	.55	2.00	.63	2.78	.246
집단 3	2.50	.84	2.83	.75	2.79	.200

〈표 10-3〉 과학교수법에 따른 과학태도 점수의 공변량분석

변량원	제곱합	자유도	평균제곱	F
사전 과학태도	6.992	1	6.992	29.295***
과학교수법	9.935	2	.000	.002
오차	3.341	14	.239	
합계	20.268	17		

*** $p < .001$

공변량분석 결과에 의하면 사전 과학태도를 공변인으로 처리하였을 때는 과학교
수법에 따른 사후 과학태도 점수의 차이가 없었다($F = .002$, $p > .05$).

2) 오차변인의 효과를 간접적인 방법으로 통제하는 경우

〈표 10-4〉 함께 시간, 자율성 및 조정된 자율성의 평균과 표준편차

	함께 시간		자율성		조정된 자율성	
	평 균	표준편차	평 균	표준편차	평 균	표준오차
통제형	3.93	.53	36.91	5.06	39.15	1.09
절충형	5.00	.49	46.53	5.30	45.91	.88
방임형	4.77	.71	54.88	4.87	53.23	.98

부모의 세 가지 양육태도에 따라 '함께하는 시간'의 평균은 집단별로 통제형은
3.93시간, 절충형은 5.00시간, 방임형은 4.77시간이었다. 또한 자율성의 평균은 각

각 36.91, 46.53, 54.88이었으며, 조정된 자율성의 평균은 각각 39.15, 45.91, 53.23이 었다.

〈표 10-5〉 자율성에 대한 공변량분석

변량원	제곱합	자유도	평균제곱	F
함께 시간	236.27	1	236.27	10.02**
양육태도	1694.81	2	847.41	35.93***
오차	2263.97	96	23.58	
합계	4,195.05	99		

** $p < .01$, *** $p < .001$

'함께하는 시간'을 통제한 후 세 가지 양육태도에 따른 아동의 자율성에 대해 변량 분석을 실시한 결과, F=10.02(p<.01)로 양육태도에 따른 자율성에 유의미한 결과 가 있는 것으로 나타났다.

〈표 10-6〉 사후검정 결과

평 균	통제형	절충형	방임형
통제형		−9.62***	−17.97***
절충형			−8.35***
방임형			

*** $p < .001$

이러한 양육태도의 차이가 어떤 집단 간(통제형, 절충형, 방임형)의 차이에 기인한 것인지를 알아보기 위해 Scheffe 사후검정을 실시한 결과, 양육태도의 통제형과 절 충형, 통제형과 방임형, 절충형과 방임형 간에 유의미한 차이가 있는 것으로 나타 났다.

연습문제

1   교수법에 따른 영어 어휘력 성취수준의 차이를 더욱 정확히 비교하기 위해 연구를 시
    작하기 전에 사전검사를 실시하였다. 사전 능력의 영향이 배제된 교수법에 따른 사후
    영어 어휘력 성취도검사의 고정평균에 차이가 있는지 분석하시오.

2   실험집단과 통제집단 간의 창의성 점수에 차이가 있는지 분석하시오.

제3부

SPSS · AMOS를 활용한
고급통계 분석

2005 2006 2007 2008 2009 2010

제11장

중다변량분석

1 개 요

중다변량분석(Multivariate Analysis of Variance: MANOVA)은 다변량 자료분석의 한 방법으로써, Ronald A. Fisher에 의해 발달되었으며 행동과학 분야의 연구에서 널리 사용되어 왔다. 인간의 행동은 한 요인으로부터만 나오는 것이 아니라 여러 요인이 복합적으로 영향을 끼친 결과로 나타난다고 볼 수 있다. 중다변량분석은 집단 간의 차이 분석 방법으로는 제일가는 고급통계 분석법이다. 이는 여러 종속변수를 함께 고려하는 ANOVA의 확장된 분석법으로 복잡한 관계성을 갖고 있는 종속변수의 효과를 동시에 고려하여 분석할 때 효과적이다. 즉, MANOVA는 종속변수가 2개 이상이고 상관되어 있는 경우 종속변수의 평균값(평균 벡터)의 차이를 검정하거나 독립변수에 따른 종속변수의 조합된 값의 차이를 검정할 때 쓰인다. 실지로 사회과학 분야 연구의 경우 종속변수는 서로 관련되어 있으므로 이들의 효과를 함께 분석하는 MANOVA로 설계하는 것이 바람직하다.

중다변량분석을 수행하기 위한 기본 가정은 다음과 같다.

① 관측값이 통계적으로 독립적이고 종속변수는 다변량 정상성을 따라야 한다.
② 집단의 변량–공변량 행렬이 동일하다.
③ 종속변수 간의 관계가 선형적이다.
④ 종속변수 간의 상관 정도가 적절해야 한다.

예를 들어, 연구자가 어머니의 세 가지 양육태도에 따른 아동의 사회성 및 지능의 향상 정도에 차이가 있는지 연구하였다고 하자. 이 경우 양육태도에 따라 사회성과 지능의 향상 정도 각각에 차이가 있는지를 검정할 수 있으며, 아동의 사회성 및 지능의 조합된 차이를 검정할 수도 있다. 여기서 독립변수는 양육태도(방임형, 통제형, 절충형)와 같이 범주형 자료여야 하고 종속변수는 사회성 지수, 도덕성 지수처럼 연속변수여야 한다.

② 분석 실행

1) 일원 중다변량분석

2개 이상의 수준(level) 혹은 범주를 가지는 독립변수가 하나이고 종속변수는 2개 이상일 경우 일원 중다변량분석을 한다.

연구문제	부모의 양육태도(방임형, 통제형, 절충형)에 따라 아동의 사회성 지수, 도덕성 지수에 어떤 차이가 있는가?

적용 절차(11장 일원 중다변량분석 원자료.sav)는 다음과 같다.

1 데이터 편집기 창에서 데이터를 불러온 후 **분석(A) → 일반선형모델(G) → 다변량(M)**을 선택한다.

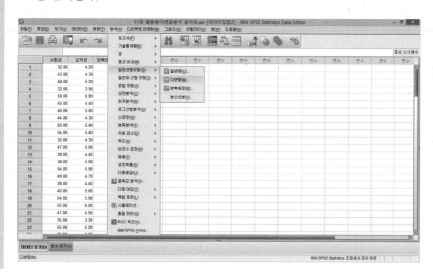

2   '도덕성'과 '사회성'을 선택한 후 종속변수(D)로 이동시킨다. '양육태도'는 모수요
인(F)으로 이동시킨다.

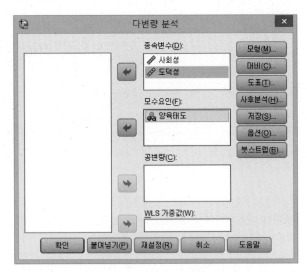

3   **모형(M)** 버튼을 선택한 후 완전요인모형(A)을 체크한다. 완전요인모형으로는 모
든 요인의 주효과, 공변수 효과, 요인 간 상호작용을 구할 수 있다. 그러나 공변량
과의 상호작용은 구하지 않는다. 선택이 끝나면 **계속** 버튼을 누른다.

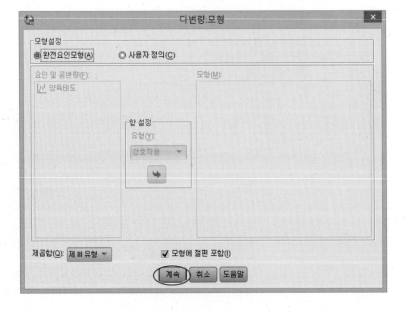

모형 설정	
완전요인모형 (Full factorial Model)	완전요인모형을 지정하면 주효과, 공변량 효과와 요인 간의 상호작용을 검정할 수 있음
사용자 정의(Custom)	사용자 정의를 지정하면 사용자가 원하는 상호작용의 효과를 검정할 수 있음
요인 및 공변량(F)	분석에 포함되는 독립변수가 지정됨

항 설정	
주효과	분석에 포함된 변수에 대한 상호작용 효과를 검정함
2원 배치	지정한 변수의 2원 상호작용을 검정함
3원 배치	지정한 변수의 3원 상호작용을 검정함
4원 배치	지정한 변수의 4원 상호작용을 검정함
5원 배치	지정한 변수의 5원 상호작용을 검정함

키워드	설명
제곱합(Sum of squares)	가장 일반적으로 사용되는 방법은 타입 III이며, 그 외 타입 I, 타입 II, 타입 III, 타입 V에 따라 각각의 모형을 산출함
모형에 기울기 포함 (Include intercept in model)	모형에 기울기를 포함하여 계산함

4 모형을 지정한 후 각 요인의 수준을 비교하기 위해서 **대비(C)** 버튼을 선택한다. 여기서는 지정하지 않고 **계속** 버튼을 선택한다.

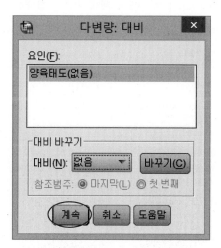

대비 바꾸기(Change Contrast)	설 명
편차(Deviation)	집단의 전체평균과 각 요인의 평균을 비교함
단순(Simple)	지정된 요인의 평균과 각 요인의 평균을 비교함. 통제집단이 있는 경우 유용한 대비 방법
차분(역 Helmert)	독립변수의 범주와 변수의 이전 범주의 평균을 비교함
Helmert	독립변수의 범주와 후속 범주의 평균을 비교함
반복(Repeated)	나중 요인의 평균과 각 요인의 평균을 비교함
다항(Polynomial)	1차 효과, 2차 효과, 3차 효과 등을 비교함

5 변수들의 도표를 나타내기 위해 **도표(T)** 버튼을 선택하면 그림과 같은 창이 나타난다. 여기서는 설정하지 않고 **계속** 버튼을 선택한다.

6 **사후분석(H)** 버튼을 선택한다. 부모 양육태도가 세 집단으로 나뉘므로 Scheffe, Tukey 방법, Duncan을 체크한 후 **계속** 버튼을 선택한다.

키워드	설 명
등분산성을 가정함	집단 간의 평균 차이를 검정한 후 집단 중 어느 집단에서 평균 차이가 발생하는지를 점검해야 함. 집단 간 쌍별 다중비교는 각 집단의 평균 차이를 검정함. 하나 이상을 지정할 수 있으며 일반적으로 사용되는 사후검정 방법은 Duncan의 통계량을 이용함. 여기서는 모수요인에 대해서만 사후검정을 실시함
LSD	이 방법은 일종의 t통계량으로 다른 방법에 비해 1종오류를 통제하는 데 유용한 검정 방법임
Bonferroni(B)	스튜던트 t통계량을 이용함. 다중비교 요인에 대한 유의수준을 조정함
Sidak(I)	Bonferroni의 검정 방법과 유사한 다중비교 방법
Scheffe(C)	모든 비교에 하나의 범위값을 사용. 이 방법은 집단 간 평균이 모든 선형조합을 점검할 수 있는 방법이지만 집단 상호 비교를 위한 것은 아님
R-E-G-W의 F(R)	Ryan-Einot-Gabriel-Welsch의 F검정
R-E-G-W의 Q(Q)	Ryan-Einot-Gabriel-Welsch의 범위검정
S-N-K(S)	Tukey의 HSD와는 달리 표본의 부분집합들의 귀무가설을 검정할 때 사용하며 표본 범위가 작아지기 때문에 임계치도 작아짐
Tukey(T)	Tukey의 HSD 검정은 쌍별 사후 다중비교 방법 중 보수적인 1종오류를 통제하는 방법이며 기각력은 다른 방법에 비해 다소 떨어짐
Tukey(k)의 b	Tukey(k)의 b검정 방법
Duncan(D)	Duncan의 검정통계량은 집단 간의 표본 크기가 서로 다른 경우 Tukey의 통계량의 복잡함을 피하기 위해 서로 다른 값을 사용함
Hochberg의 GT2(H)	Tukey의 HSD 검정과 유사하지만 표준화된 최대계수를 사용함
Gabriel(G)	표준화된 최대계수를 사용하며 셀의 크기가 다른 경우 Hochberg의 GT2보다 뛰어난 검정 방법임
Waller-Duncan(W)	베이지안 접근법을 이용하며 표본의 크기가 다를 때는 표본의 조화평균을 사용함
Dunnett(E)	Dunnett의 등분산

7 　**저장(S)** 버튼을 선택하면 데이터 창에 저장하고자 하는 값을 선택하는 창이 뜬다. 여기서는 체크하지 않고 **계속** 버튼을 선택한다.

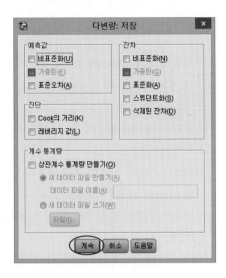

8 　**옵션(O)** 버튼을 선택하면 기술통계량, 변량의 동질성을 알아볼 수 있다. '양육태도'를 선택한 후 평균 출력 기준(M) 창으로 이동시키고, 구하고자 하는 통계치의 기술통계량과 잔차 SSCP 행렬, 동질성 검정, 평균-산포 도표를 체크하고 **계속** 버튼을 선택한다.

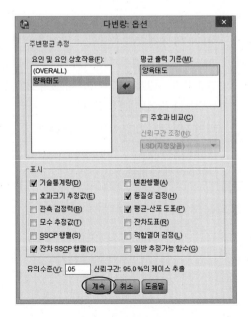

주변평균 추정 (Estimates Marginal Means)	설 명
요인과 요인 상호작용 (Factor and factor interaction)	셀 내 모집단의 주변평균의 추정치를 구할 경우 요인과 상호작용을 선택함
평균 출력기준(M)	셀 내의 해당 요인에 대한 평균을 출력함

출력(Display)	설 명
기술통계량 (Descriptive statistics)	모든 셀 내에 종속변수의 관측된 평균, 표준편차, 빈도수를 출력함
효과크기 추정치 (Estimates of effect size)	각각의 모수 추정치에 대한 η^2(eta−square)을 출력함
관측력 (Observed power)	관측치에 근거해 대립가설을 검정할 경우 검정력(power of test)을 얻고자 할 때 지정함
모수 추정치 (Parameter estimates)	각 검정에 대한 모수 추정치, 표준오차, t검정, 신뢰구간 등을 출력함
SSCP 행렬(SSCP matrices)	SSCP 행렬을 산출함
잔차 SSCP 행렬 (Residual SSCP matrix)	잔차 SSCP 행렬을 산출함
변형행렬 (Transformation matrix)	변형행렬을 산출함
분산의 동질성 검정 (Homogeneity tests)	종속변수에 대한 분산의 동질성 검정에 대한 Levene 통계량이 산출됨. 종속변수의 공분산행렬의 동질성 검정에 대한 Box의 M 통계량이 산출됨
평균 대 산포 도표 (Spread vs level plots)	데이터에 대한 가정을 점검함
잔차도표 (Residual plots)	종속변수에 대한 관측−예측−표준화 잔차도표를 출력함. 동분산성을 검정하는 데 유용한 도표
적합도 검정 (Lack of fit test)	모형에서 종속변수와 독립변수 간의 관계가 잘 설명되고 있는지를 알고자 할 때 지정함
일반추정함수 (General estimable function)	일반추정함수에 근거해서 사용자 가설을 검정할 수 있음. 대비계수행렬의 행은 일반추정함수의 선형결합임
유의수준	사후검정의 유의수준을 조정함
신뢰구간 95%	신뢰구간은 95%임

9 모두 설정되었으면 **확인** 버튼을 선택한다. SPSS 뷰어 결과 창에 다변량분석에 대한 결과가 나오면 저장해 둔다.

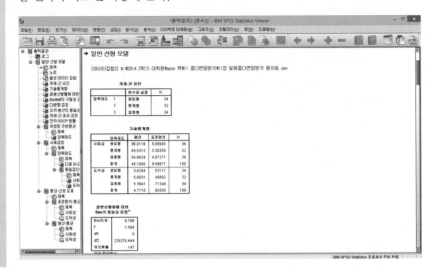

2) 이원 중다변량분석

이원 중다변량분석은 범주변수인 독립변수가 2개 이상이며 연속변수인 종속변수가 2개 이상으로 요인이 서로 교차하는 요인설계의 상황이 된다. 여기서는 각 요인이 종속변수에 미치는 영향이 서로 교차되므로 상호작용까지 분석해야 한다.

> **more** **상호작용 효과**
>
> 상호작용 효과란 종속변수에 대한 한 독립변수의 효과가 다른 독립변수의 범주에 따라 달라지는 것을 말한다. 상호작용 효과는 각 독립변수의 주효과와 독립적인 효과이므로 상호작용 효과의 존재 여부와 주효과의 존재 여부는 무관하다. 즉, 각 독립변수가 모두 종속변수에 대하여 독자적인 주효과를 가지지 않더라도 상호작용 효과를 가질 수 있고, 각 독립변수가 모두 종속변수에 대하여 강한 주효과를 가지더라도 상호작용 효과를 가지지 않을 수 있다.

연구문제 고등학교 여학생에게 연습 유형과 속기 방법에 따라 속기의 정확성과 속도는 차이가 있는가?

적용 절차(11장 이원 중다변량분석 원자료.sav)는 다음과 같다.

1 데이터 편집기 창에서 데이터를 불러온 후 **분석(A) → 일반선형모형(G) → 다변량 (M)**을 선택한다.

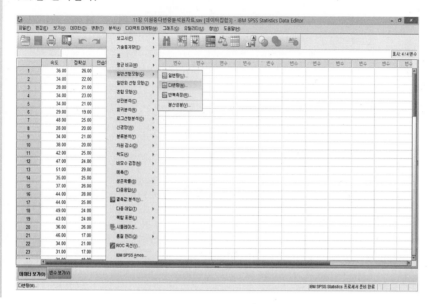

2 종속변수(D)로 '속도'와 '정확성'을 이동시키고, 모수요인(F)으로 '연습 유형'과 '속기 방법'을 이동시킨다. **모형(M)** 버튼을 선택한다.

3 모형(M)에서 완전요인모형(A)을 체크한다. **계속** 버튼을 선택한다.

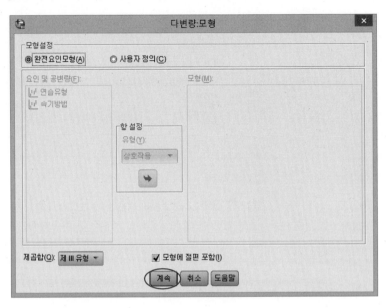

4 옵션(O) 버튼을 선택한다. 기술통계량과 잔차 SSCP 행렬, 관측 검정력, 평균-산포 도표, 동질성 검정을 체크한 후 **계속** 버튼을 선택한다.

5 모두 설정되었으면 **확인** 버튼을 선택한다. SPSS 뷰어 결과 창에 다변량분석에 대한 결과가 나오면 저장해 둔다.

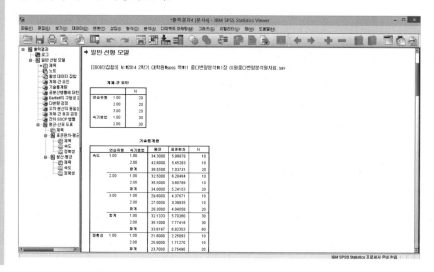

3) 반복측정 변량분석

다변량분석의 특수한 형태로 반복측정이 있다. 이는 모든 표본이 다른 상황이나 조건에서 동일한 속성을 반복해서 측정할 때 사용하는 통계기법이다. 종속변수가 2개 이상이므로 다변량분석의 일종이다. 예를 들어, 응답자가 여러 반응을 보인 경우 혹은 시험점수를 시간 간격으로 조사하여 그 변화의 추이를 보는 경우와 같다.

연구문제	틱 증후군을 가진 10명에게 사회적 계층(상, 하)에 따라 놀이치료, 약물치료, 미술치료, 음악치료를 하였을 경우 아동은 치료 결과에서 차이가 있을 것인가?

여기에서 종속변수는 놀이치료, 약물치료, 미술치료, 음악치료의 측정점수들이며 독립변수는 10명의 피험자다. 따라서 각 피험자가 다변량분석에서의 집단변수의 한 수준으로서 간주되는 반복측정설계로 분석해야 한다.

적용 절차(11장 반복측정 원자료.sav)는 다음과 같다.

1 데이터 편집기 창에서 데이터를 불러온 후 **분석(A) → 일반선형모형(G) → 반복측정(R)**을 선택한다.

<u>more</u>   **반복측정 변량분석과 중다변량분석의 비교**

둘 다 여러 번 측정한다는 점은 같다. 그러나 반복측정 변량분석은 동일한 속성을 여러 번 측정하는 것이고, 중다변량분석은 상이한 속성을 여러 번 측정하는 것이다. 예를 들어, 반복측정 변량분석은 동일한 표본으로부터 10, 12, 14세에 지능을 반복측정하는 것이고, 중다변량분석은 지능과 창의성, 동기 등을 어느 한 시기에 측정하여 분석하는 것이다.

2 반복측정 요인 정의에서 개체 내 요인 이름을 지정하는 데 '치료'라고 정의한 후 수준의 수를 지정한다. 여기서는 '4'라고 적는다. 수준의 수(L)를 정의한 후 **추가(A) → 정의** 버튼을 선택한다.

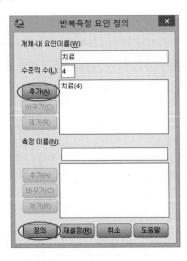

---

more   수준의 수

여기서 '나'는 치료가 네 가지(놀이치료, 약물치료, 미술치료, 음악치료)라는 것을 의미한다.

---

more   이중다변량 반복측정모형

개체를 매번 둘 이상의 측정으로 검정하려면 2번 창에서 측정이름(N)을 선택하여 측정 방법을 지정
한다. 예를 들어, 각 개체에 대한 맥박과 호흡 비율을 일주일 동안 매일 측정할 수 있다. 이들 측정은
데이터 파일에는 변수로 존재하지 않으나 여기에 정의되어 있다. 이와 같이 둘 이상의 측정을 포함
하는 모형을 이중다변량 반복측정모형이라고 한다.

3   왼쪽의 종속변수(놀이치료, 약물치료, 미술치료, 음악치료)를 개체 내 변수(W)로
이동시키고 '계층'을 개체 간 요인(B)으로 이동시킨다. **확인** 버튼을 선택한다.

4   **옵션(O)** 버튼을 선택하여 기술통계량을 체크하고 **계속** 버튼을 선택한다.

| 5 | 모두 설정되었으면 **확인** 버튼을 선택한다. SPSS 뷰어 결과 창에 반복측정분석에 대한 결과가 나오면 저장해 둔다. |

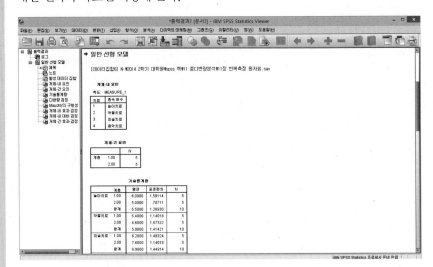

3 분석 결과

1) 일원 중다변량분석

(1) 개체 간 요인

		변수값 설명	N
양육태도	1	방임형	34
	2	통제형	32
	3	절충형	34

이 표에는 양육태도 유형별로 사례 수가 제시되어 있다.

(2) 기술통계량

	양육태도	평 균	표준편차	N
사회성	방임형	36.9118	5.0595	34
	통제형	46.5312	5.3036	32
	절충형	54.8824	4.8727	34
	합 계	46.1000	8.9888	100
도덕성	방임형	3.9294	.5312	34
	통제형	5.0031	.4869	32
	절충형	5.3941	.7135	34
	합 계	4.7710	.8556	100

이 표에는 종속변수인 사회성과 도덕성에 대한 양육태도 유형별로 평균과 표준편차와 사례 수가 제시되어 있다.

(3) 공분산행렬에 대한 Box의 M 동일성 검정 [a]

Box의 M	9.796
F	1.584
자유도 1	6
자유도 2	229276.444
유의확률	.147

여러 집단에서 종속변수의 관측 공분산행렬이 동일한 영가설을 검정한다.

a. Design: 절편+양육태도

변량-공변량 행렬의 동질성을 평가한다. 분산행렬의 동질성 검정에 제시된 Box의 M값은 9.796으로, 이에 대한 F값은 1.584이고 유의확률은 .147로 p > .05이므로 변량-공변량이 동질적임을 가정할 수 있다.

(4) Bartlett의 구형성 검정 [a]

우도비	.000
근사 카이제곱	293.124
자유도	2
유의확률	.000

잔차 공분산행렬이 단위행렬에 비례하는 영가설을 검정한다.

a. Design: 절편+양육태도

　　종속변수의 다중공선성을 검정하기 위해 Bartlett의 구형성 검정을 이용할 수 있다. Bartlett의 구형성 검정은 집단 내 상관행렬식에 기초하여 행렬식의 대각선 요소가 1이고 나머지 요소는 0이라는 영가설을 검정한다. 영가설은 종속변수 간의 상관이 0이라는 의미(종속변수는 서로 독립적임을 의미)를 갖는다.

　　앞의 결과에서 보듯이 Bartlett의 구형성 검정의 결과에서 근사 카이제곱값이 293.124이고 유의확률은 .000으로 $p < .01$이므로 종속변수가 독립적이라는 영가설은 기각된다. 따라서 종속변수 간의 상관이 통계적으로 유의미하여 다변량분석이 타당하다.

> **more** **중다변량분석이 요구될 때**
>
> 두 종속변수 사이에 상관이 유의미하게 높으면 중다변량분석(MANOVA)을 실시해야 한다. 그러나 두 종속변수가 상호 독립적이라면 일원변량분석(ANOVA)을 2회 실시해도 무방하다.

(5) 다변량검정 [a]

효 과		값	F	가설 자유도	오차 자유도	유의확률
절편	Pillai의 트레이스	.992	5634.870[b]	2.000	96.000	.000
	Wilks의 람다	.008	5634.870[b]	2.000	96.000	.000
	Hotelling의 트레이스	117.393	5634.870[b]	2.000	96.000	.000
	Roy의 최대근	117.393	5634.870[b]	2.000	96.000	.000
양육 태도	Pillai의 트레이스	.771	30.419	4.000	194.000	.000
	Wilks의 람다	.264	45.411[b]	4.000	192.000	.000
	Hotelling의 트레이스	2.655	63.052	4.000	190.000	.000
	Roy의 최대근	2.604	126.293[c]	2.000	97.000	.000

a. Design: 절편+양육태도

b. 정확한 통계량
c. 해당 유의수준에서 하한값을 발생하는 통계량은 F에서 상한값이다.

　이것은 세 가지 부모 양육태도에 따른 아동의 사회성과 도덕성의 차이를 분석한 결과다. 네 가지 다변량 통계치인 Pillai의 트레이스, Wilks의 람다, Hotelling의 트레이스, Roy의 최대근의 F값이 제시되어 있다. Hotelling의 트레이스, Roy의 최대근의 경우 F값이 클수록, Pillai의 트레이스와 Wilks의 람다 값은 작을수록 집단 간의 평균 차이를 나타내는 F 통계치는 커진다. 여기서 유의확률은 .000으로 p＜.001이므로 양육태도에 따라 사회성과 도덕성에 차이를 보인다.

2) 이원 중다변량분석

(1) 개체 간 요인

		N
연습 유형	1	20
	2	20
	3	20
속기 방법	1	30
	2	30

이 표에는 연습 유형과 속기 방법의 하위수준에 따라 사례 수가 제시되어 있다.

(2) 기술통계량

	연습 유형	속기 방법	평 균	표준편차	N
속 도	1	1	34.3000	5.8888	10
		2	42.8000	5.4528	10
		합계	38.5500	7.0373	20
	2	1	32.5000	6.2048	10
		2	35.5000	3.8079	10
		합계	34.0000	5.2415	20

		1	29.6000	4.3767	10
	3	2	27.0000	3.3993	10
		합계	28.3000	4.0406	20
		1	32.1333	5.7038	30
	합계	2	35.1000	7.7742	30
		합계	33.6167	6.9235	60
정확성	1	1	21.8000	2.2509	10
		2	25.6000	1.7127	10
		합계	23.7000	2.7549	20
	2	1	17.9000	2.7264	10
		2	18.5000	1.3540	10
		합계	18.2000	2.1176	20
	3	1	14.1000	1.2867	10
		2	11.6000	1.2649	10
		합계	12.8500	1.7852	20
	합계	1	17.9333	3.8231	30
		2	18.5667	5.9809	30
		합계	18.2500	4.9868	60

이 표에는 연습 유형과 속기 방법에 따른 속도와 정확성의 평균과 표준편차가 나타나 있다.

(3) 공분산행렬에 대한 Box의 M 동일성 검정[a]

Box의 M	23.411
F	1.413
자유도 1	15
자유도 2	15949.680
유의확률	.131

여러 집단에서 종속변수의 관측 공분산행렬이 동일한 영가설을 검정한다.

a. Design: 절편＋연습 유형＋속기 방법＋연습 유형 × 속기 방법

종속변수의 동변량성을 알아보기 위해 Box의 M 검정으로 공분산행렬의 동질성을

살펴본다. 이 표에 나타난 바와 같이 Box의 M값은 23.411이고 F값은 1.413이며 유의확률은 .131로 p＞.05이므로 공분산행렬(변량-공변량)이 동질적임을 가정할 수 있다.

(4) Bartlett의 구형성 검정 [a]

우도비	.000
근사 카이제곱	55.629
자유도	2
유의확률	.000

잔차 공분산행렬이 단위행렬에 비례하는 영가설을 검정한다.

a. Design: 절편＋연습 유형＋속기 방법＋연습 유형×속기 방법

Bartlett의 구형성 검정의 결과로 종속변수 간 상관 정도를 파악한다. 이 표에서 구형성 검정 결과 값이 55.629이고 유의확률은 .000(p＜.01)이므로 종속변수가 독립적이라는 영가설은 기각된다. 따라서 종속변수 간의 상관이 통계적으로 유의미하다고 할 수 있다.

(5) 다변량검정 [c]

효과		값	F	가설 자유도	오차 자유도	유의 확률	비중심 모수	관측 검정력[a]
절편	Pillai의 트레이스	.992	3103.906[b]	2.000	53.000	.000	6207.813	1.000
	Wilks의 람다	.008	3103.906[b]	2.000	53.000	.000	6207.813	1.000
	Hotelling의 트레이스	117.129	3103.906[b]	2.000	53.000	.000	6207.813	1.000
	Roy의 최대근	117.129	3103.906[b]	2.000	53.000	.000	6207.813	1.000
연습 유형	Pillai의 트레이스	.870	20.796	4.000	108.000	.000	83.186	1.000
	Wilks의 람다	.134	45.853[b]	4.000	106.000	.000	183.412	1.000

	Hotelling의 트레이스	6.422	83.487	4.000	104.000	.000	333.947	1.000
	Roy의 최대근	6.417	173.259[c]	2.000	54.000	.000	346.518	1.000
속기 방법	Pillai의 트레이스	.092	2.694[b]	2.000	53.000	.077	5.389	.511
	Wilks의 람다	.908	2.694[b]	2.000	53.000	.077	5.389	.511
	Hotelling의 트레이스	.102	2.694[b]	2.000	53.000	.077	5.389	.511
	Roy의 최대근	.102	2.694[b]	2.000	53.000	.077	5.389	.511
연습 유형 × 속기 방법	Pillai의 트레이스	.364	6.006	4.000	108.000	.000	24.023	.982
	Wilks의 람다	.636	6.727[b]	4.000	106.000	.000	26.906	.991
	Hotelling의 트레이스	.572	7.437	4.000	104.000	.000	29.748	.996
	Roy의 최대근	.572	15.444[c]	2.000	54.000	.000	30.889	.999

a. Design: 절편＋연습 유형＋속기 방법＋연습 유형×속기 방법
b. 정확한 통계량
c. 해당 유의수준에서 하한값을 나타내는 통계량은 F에서 상한값이다.
d. 유의수준＝.05를 사용하여 계산

다변량 통계치(Pillai의 트레이스, Wilks의 람다, Hotelling의 트레이스, Roy의 최대근)가 이용되는데, 여기서는 연습 유형의 람다 값이 .134이고 이에 대한 F값은 45.853이며 유의확률은 .000(p＜.05)이므로 연습 유형에 따라 속도와 정확성에는 차이가 있었다. 그러나 속기 방법은 람다 값이 .908이고 F값은 2.694이며 .077(p＞.05)이므로 차이가 없는 것으로 나타났다. 마지막으로 연습 유형과 속기 방법의 상호작용 효과는 람다 값이 .636이고, F값은 6.727, 유의확률은 .000(p＜.05)이므로 속도와 정확성에 대하여 연습 유형과 속기 방법은 상호작용 효과가 있었다.

(6) 개체 간 효과 검정

소 스	종속 변수	제Ⅲ유형 제곱합	자유도	평균제곱	F	유의 확률	비중심 모수	관측 검정력[a]
수정모형	속도	1495.083[a]	5	299.017	12.112	.000	60.561	1.000
	정확성	1282.550[b]	5	256.510	74.995	.000	374.974	1.000
절편	속도	67804.817	1	67804.817	2746.576	.000	2746.576	1.000
	정확성	19983.750	1	19983.750	5842.569	.000	5842.569	1.000
연습 유형	속도	1055.033	2	527.517	21.368	.000	42.736	1.000
	정확성	1177.300	2	588.650	172.101	.000	344.202	1.000
속기 방법	속도	132.017	1	132.017	5.348	.025	5.348	.622
	정확성	6.017	1	6.017	1.759	.190	1.759	.256
연습 유형 ×속기 방법	속도	308.033	2	154.017	6.239	.004	12.478	.877
	정확성	99.233	2	49.617	14.506	.000	29.012	.998
오차	속도	1333.100	54	24.687				
	정확성	184.700	54	3.420				
합계	속도	70633.000	60					
	정확성	21451.000	60					
수정 합계	속도	2828.183	59					
	정확성	1467.250	59					

a. $R^2=.529$(수정된 $R^2=.485$)
b. $R^2=.874$(수정된 $R^2=.862$)
c. 유의수준＝.05를 사용하여 계산

　개체 간 효과 검정에서 수정모형은 연습 유형, 속기 방법에 답한 사례가 적은 경우에 이를 수정하게 되는 것을 말한다. 연습 유형과 속기 방법에 따른 두 종속변수인 속도와 정확성의 차이 검정 결과를 보면, 연습 유형에 따른 속도와 정확성의 차이 검정에서는 유의확률이 각각 .000($p<.001$)이므로 차이가 있는 것으로 나타났다. 속기 방법에 따른 차이 검정에서는 유의확률이 속도는 .025($p<.05$)로 유의하였으나, 정확성은 .190($p>.05$)으로 유의하지 않았다. 또한 연습 유형과 속기 방법의 상호작용이 속도와 정확성에 미치는 차이 검정에서는 유의확률이 속도는 .004이며, 정확성은 .000($p<.001$)으로 모두 통계적으로 유의한 차이가 있는 것으로 나타났다.
　개체 간 효과 검정에서 연습 유형과 속기 방법의 상호작용이 영향을 주는 정도로 종속변수의 상대적 중요도를 평가하면, 정확성은 속도에 비해 F값이 14.506이고 유의확률은 .000(p<.001)이므로 영향을 더 많이 준 것으로 나타났다.

3) 반복측정 변량분석

(1) 개체 내 요인(측도: MEASURE_1)

요인 1	종속변수
1	놀이치료
2	약물치료
3	미술치료
4	음악치료

이 표에서는 개체 내 요인으로 네 가지 치료가 투입되었음을 보여 준다.

(2) 개체 간 요인

		N
계층	1	5
	2	5

이 표에는 사회계층별(상/하) 사례 수가 제시되어 있다.

(3) 기술통계량

	계층	평균	표준편차	N
놀이치료	1.00	6.0000	1.5811	5
	2.00	5.0000	.7071	5
	합계	5.5000	1.2693	10
약물치료	1.00	5.4000	1.1402	5
	2.00	4.6000	1.6733	5
	합계	5.0000	1.4142	10
미술치료	1.00	6.2000	1.4832	5
	2.00	7.6000	1.1402	5
	합계	6.9000	1.4491	10

	1.00	5.2000	1.9235	5
음악치료	2.00	4.6000	1.5166	5
	합계	4.9000	1.6633	10

이 표에는 요인별 계층의 평균, 표준편차, 사례 수가 제시되어 있다.

(4) 다변량검정[b]

효과		값	F	가설 자유도	오차 자유도	유의 확률
치료	Pillai의 트레이스	.596	2.945[b]	3.000	6.000	.121
	Wilks의 람다	.404	2.945[b]	3.000	6.000	.121
	Hotelling의 트레이스	1.472	2.945[b]	3.000	6.000	.121
	Roy의 최대근	1.472	2.945[b]	3.000	6.000	.121
치료×계층	Pillai의 트레이스	.501	2.006[b]	3.000	6.000	.215
	Wilks의 람다	.499	2.006[b]	3.000	6.000	.215
	Hotelling의 트레이스	1.003	2.006[b]	3.000	6.000	.215
	Roy의 최대근	1.003	2.006[b]	3.000	6.000	.215

a. Design: 절편+계층, 개체 내 계획: 치료
b. 정확한 통계량

이것은 치료의 효과를 다변량 측정치 1, 2, 3, 4의 선형 조합된 평균 벡터에 대한 차이(유의)검정으로 실시한 결과다.

(5) Mauchly의 구형성 검정[b](측도: MEASURE_1)

개체 내 효과	Mauchly의 W	근사 카이제곱	자유도	유의 확률	엡실론[a]		
					Greenhouse-Geisser	Huynh-Feldt	하한값
치료	.366	6.755	5	.244	.671	1.000	.333

정규화된 변형 종속변수의 오차 공분산행렬이
단위행렬에 비례하는 영가설을 검정한다.

a. Design: 절편+계층, 개체 내 계획: 치료
b. 유의성 평균검정의 자유도를 조절할 때 사용할 수 있다. 수정된 검정은 개체 내 효과검정표에 나타난다.

공분산행렬이 구형성을 만족하는지를 알아보기 위한 Mauchly의 구형성 검정의 결과 유의확률이 .244(p>.05)이므로 구형성을 만족하는 것으로 판단할 수 있다.

(6) 개체 내 효과 검정(측도: MEASURE_1)

소스		제III유형 제곱합	자유도	평균제곱	F	유의확률
치료	구형성 가정	25.475	3	8.492	3.919	.021
	Greenhouse-Geisser	25.475	2.013	12.657	3.919	.041
	Huynh-Feldt	25.475	3.000	8.492	3.919	.021
	하한값	25.475	1.000	25.475	3.919	.083
치료× 계층	구형성 가정	9.275	3	3.092	1.427	.259
	Greenhouse-Geisser	9.275	2.013	4.608	1.427	.269
	Huynh-Feldt	9.275	3.000	3.092	1.427	.259
	하한값	9.275	1.000	9.275	1.427	.266
오차 (치료)	구형성 가정	52.000	24	2.167		
	Greenhouse-Geisser	52.000	16.102	3.229		
	Huynh-Feldt	52.000	24.000	2.167		
	하한값	52.000	8.000	6.500		

반복처치의 효과는 집단 내 효과, 즉 치료로서 분석되었다. 구형성을 만족하므로 구형성 가정을 살펴보면 F값이 3.919이고 유의확률이 .021(p<.05)이므로 치료 간 효과에 차이가 있었다.

> **more** **사후분석(H)**
>
> 사후분석을 하면 개체 내 요인들 중 어디에서 차이가 있는지도 알 수 있다.

(7) 개체 간 효과 검정(측도: MEASURE_1)

변환된 변수: 평균					
소스	제II유형 제곱합	자유도	평균제곱	F	유의확률
절편	1243.225	1	1243.225	690.681	.000
계층	.625	1	.625	.347	.572
오차	14.400	8	1.800		

계층 간 치료에 대한 차이를 볼 때 개체 간 효과 검정에서는 F값이 .347이고 유의확률이 .572(p > .05)이므로 계층 간 치료에서 차이가 없었다.

 **논문 양식**

1) 일원 중다변량분석

〈표 11-1〉 부모 양육태도에 따른 아동의 사회성과 도덕성의 다변량 통계치

효 과		값	F	가설 자유도	오차 자유도	유의확률
양육 태도	Pillai의 트레이스	.771	30.419	4.000	194.000	.000
	Wilks의 람다	.264	45.411	4.000	192.000	.000
	Hotelling의 트레이스	2.655	63.052	4.000	190.000	.000
	Roy의 최대근	2.604	126.293	2.000	97.000	.000

분석 결과 Wilks의 람다 값이 45.411이고 유의확률이 .000(p < .001)이므로 양육태도에 따라 사회성과 도덕성에 차이가 유의미한 것으로 나타났다.

〈표 11-2〉 부모의 양육태도 간 사회성과 도덕성의 다변량분석

변량원	종속변수	제곱합	자유도	평균제곱	F
부모 양육태도	사회성	5498.767	2	2749.383	106.666*
	도덕성	39.007	2	19.503	56.542*
오차	사회성	2500.233	97	25.776	
	도덕성	33.459	97	.345	
전체	사회성	220520.000	100		
	도덕성	2348.710	100		

*p < .05

이 분석 결과는 부모의 양육태도에 따른 사회성, 도덕성의 차이 검정 결과다. 각 통계치의 F값은 각각 106.666, 56.542로 모두 p < .05이므로 부모의 양육태도에 따라 사회성, 도덕성에 유의미한 차이가 있다.

2) 이원 중다변량분석

〈표 11-3〉 연습 유형과 속기 방법에 따른 속도와 정확성의 다변량 통계치

효과		값	F	가설 자유도	오차 자유도	유의 확률	비중심 모수	관측 검정력[a]
연습 유형	Pillai의 트레이스	.870	20.796	4.000	108.000	.000	83.186	1.000
	Wilks의 람다	.134	45.853	4.000	106.000	.000	183.412	1.000
	Hotelling의 트레이스	6.422	83.487	4.000	104.000	.000	333.947	1.000
	Roy의 최대근	6.417	173.259	2.000	54.000	.000	346.518	1.000
속기 방법	Pillai의 트레이스	.092	2.694	2.000	53.000	.077	5.389	.511
	Wilks의 람다	.908	2.694	2.000	53.000	.077	5.389	.511
	Hotelling의 트레이스	.102	2.694	2.000	53.000	.077	5.389	.511
	Roy의 최대근	.102	2.694	2.000	53.000	.077	5.389	.511
연습 유형 × 속기 방법	Pillai의 트레이스	.364	6.006	4.000	108.000	.000	24.023	.982
	Wilks의 람다	.636	6.727	4.000	106.000	.000	26.906	.991
	Hotelling의 트레이스	.572	7.437	4.000	104.000	.000	29.748	.996
	Roy의 최대근	.572	15.444	2.000	54.000	.000	30.889	.999

연습 유형의 람다 값이 .134이고 F값은 45.853이며 유의확률은 .000(p < .05)이므로 연습 유형에 따라 속도와 정확성에는 차이가 있었다. 그러나 속기 방법은 람다 값이 .908이고 F값은 2.694이며 유의확률은 .077(p > .05)이므로 속도와 정확성에 차이가 없는 것으로 나타났다. 또한 연습 유형과 속기 방법의 상호작용 효과는 람다 값이 .636이고, F값은 6.727이며 유의확률은 .000(p < .05)이므로 속도와 정확성은 연습 유형과 속기 방법에 따라 상호작용 효과가 있었다.

〈표 11-4〉 연습 유형과 속기 방법에 따른 속도와 정확성의 다변량 분석

변량원	종속변수	제곱합	자유도	평균제곱	F
연습 유형	속도	1055.03	2	527.517	21.368***
	정확성	1177.30	2	588.650	172.101***
속기 방법	속도	132.01	1	132.017	5.348*
	정확성	6.01	1	6.017	1.759

연습× 속기	속도	308.03	2	154.017	6.239**
	정확성	99.23	2	49.617	14.506***
전체	속도	70633.00	60		
	정확성	21451.00	60		

* p＜.05, ** p＜.01, *** p＜.001

　고등학교 여학생의 속기의 속도와 정확성은 연습 유형(1, 2, 3집단)에 따라 유의수준 p＜.001에서 통계적으로 유의미한 차이가 있는 것으로 나타났다. 그러나 속기 방법(1, 2집단)에 따라서는 F값이 속도에서 5.348(p＜.05)로 유의미한 차이가 있으나, 정확성에서는 1.759(p＞.05)로 유의미한 차이가 없는 것으로 나타났다. 연습 유형과 속기 방법의 상호작용이 속도와 정확성에 미치는 차이 검정에서 나타나 F값이 속도는 6.239(p＜.01)로, 정확성은 14.506(p＜.001)으로 나타나 속도와 정확성에서 차이가 있었다.

3) 반복측정 변량분석

〈표 11-5〉 치료 유형과 계층 간 반복측정 다변량분석

변산원		제곱합	자유도	평균제곱	F
치료	놀이치료	25.475	3	8.492	3.919*
	약물치료				
	미술치료				
	음악치료				
계층	상	.625	1	.625	.347
	하				
치료×계층		9.275	3	3.092	1.427

* p＜.05

　치료의 효과는 F값이 3.919(p. ＜.05)이므로 집단 간에 유의미한 차이가 있다. 따라서 틱 증후군을 가진 아동 10명을 대상으로 놀이치료, 약물치료, 미술치료, 음악치료를 하였을 경우 아동들은 치료 결과에서 차이가 있다. 그러나 계층 간 치료의 효과는 F값이 .347(p＞.05)이므로 계층에 따라 치료 효과에는 차이가 없는 것으로 나타났다.

연습문제

1 교사의 교수법(PBL, 토의식, 강의식)에 따라 학생의 인지력, 사고력 지수에 어떤 차이가 있는가?

2 아동의 특성(정상/장애)과 학습 방법(개념/모방)을 고려한 지적 능력(언어/수리/공간지각/학습시간)을 향상시킬 효과적인 학습 방법을 찾으시오.

정준상관분석

① 개요

정준상관분석(Canonical Correlation Analysis)은 다수의 두 변수군 간의 상호관계를 탐구하려는 다변량 통계모델이다. 단순상관분석에서 발전한 형태의 정준상관분석은 Hotelling(1935)에 의해서 탐색적 자료분석의 한 방법으로 개발된 것으로, 두 변수군 간의 연관관계나 독립성에 관해 동시적으로 분석하는 기법이다. 2개 이상의 준거변수(multiple criterion variable)와 2개 이상의 예측변수(multiple predictor variable) 사이의 상호관계를 연구한다. 변수는 모두 2개 이상이고 등간척도나 비율척도로 측정된 정량적 자료(metric data)이거나 비정량적 자료(non metric data)의 경우 모두에서 사용할 수 있다. 그 목적은 변수군의 선형결합 간의 상관에 관심을 두고 변수군 간의 연관성의 정도를 알고, 두 변수군 간의 관계에 영향을 미치는 각 개별 변수를 설명하고, 두 변수군 간의 선형결합 함수를 구하고, 두 변수군의 선형결합 함수의 정준교차부하량을 예측하는 데 있다.

표본의 크기는 변수당 최소한 10개의 관찰 결과를 유지할 필요가 있다. 표본 규모가 대단히 크면 실질적 유의성을 가지고 있지 않다 하더라도 모든 경우에 통계적 유의성이 있음을 보이는 경향이 나타나기 때문이다. 정준상관분석의 통계적 가정은 다음과 같다.

① 두 변수 간의 상관관계는 선형관계를 토대로 한다.
② 정준상관관계는 정준변량 간의 선형관계다.
③ 자료는 정규분포성이 바람직하다.
④ 예측변수와 준거변수로 구성되는 집단 중 어느 것이든지 다중공선성이 존재하게 되면 해석의 신뢰도가 떨어진다.

더불어 정준상관분석의 분석과정은 다음과 같다.

① 각 변수군의 선형결합 간 상관을 가장 크게 하는 첫 번째 선형결합 짝(pair of linear combinations)을 찾는다.
② 이 선형결합 짝과 상관관계가 없는 모든 짝 가운데 가장 큰 상관을 가지는 두 번

째 선형결합 짝을 찾는다.

③ 이런 과정은 선형결합의 짝의 수가 크기가 가장 작은 변수군의 변수 수와 일치
   될 때까지 계속된다.

이상의 기본 가정과 분석과정에서 선형결합의 짝을 정준변량(canonical variates)이라
하고 그들 간의 상관을 정준상관(canonical correlations)이라 한다. 따라서 정준상관은
두 변수군 사이의 연관성 정도를 나타낸다.

2 분석 실행

정준상관분석을 하기 위해서는 단계적인 성격을 가진 절차를 거쳐야 한다. 각 단
계에서 알아야 할 논리를 정준가중치(표준화된 계수), 정준적재량(구조상관관계), 정
준교차량, 정준상관계수 및 중복지수 등으로 나누어 설명하고자 한다.

연구문제	교사의 행동 유형군(예측변수군)은 학생의 학업 만족도군(준거변수군)과 어떠한 상관이 있는가?

적용 절차(12장 정준상관 원자료.sav)는 다음과 같다.

1 데이터 편집기 창에서 **파일(F) → 열기(O) → 데이터(D)**를 불러온 후 **새파일(N) → 명령문(S)**을 차례로 선택한다.

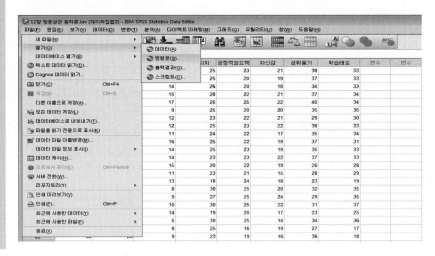

2 명령문 Syntax1 창이 열리면 정준상관분석을 위한 명령문을 입력한다. 명령문 Syntax1에서 set1에는 독립변수를, set2에는 종속변수를 지정하고 정준상관 명령문을 입력한다.

3 2단계까지 실시한 후 메뉴에서 그림과 같이 **실행(R) → 모두(A)**를 선택한다.

4 정준상관분석 수행 결과가 그림과 같이 SPSS 뷰어 결과 창에 출력된다.

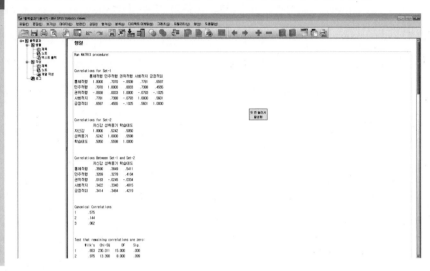

5 분석이 끝난 후 원자료 창으로 돌아오면 분석 때 계산된 S()_CV001(정준함수에 의한 예측변수)과 S()_CV002(정준함수에 의한 준거변수) 값이 생성되어 있다.

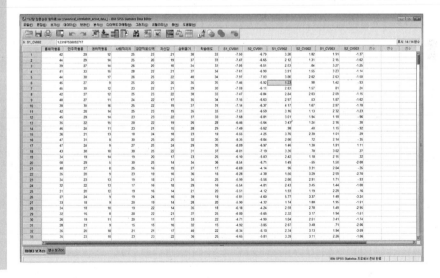

명령문을 실행시키면 원자료 창에 예측변량(S()_CV001)과 준거변량(S()_CV002)이 정준함수의 개수만큼 도출된다. 뷰어 창에는 예측변수군 내의 변수 간 상관(Correlations for Set-1)과 준거변수 군 내의 변수 간 상관(Correlations for Set-2), 예측변수군 내의

변수와 준거변수군 내의 변수 상관(Correlations Between Set-1 and Set-2), 정준상관(Canonical Correlations), 예측변수군의 표준화 정준가중치(Standardized Canonical Coefficients for Set-1)와 정준가중치(Raw Canonical Coefficients for Set-1), 준거변수군의 표준화 정준가중치(Standardized Canonical Coefficients for Set-2)와 정준가중치(Raw Canonical Coefficients for Set-2), 예측변수군의 정준적재량(Canonical Loadings for Set-1)과 교차적재량(Cross Loadings for Set-1), 준거변수군의 정준적재량(Canonical Loadings for Set-2)과 교차적재량(Cross Loadings for Set-2) 등이 출력된다. 계속해서 중복성 분석(Redundancy Analysis) 결과로서 예측변수군의 자체 정준변량에 의해 설명되는 변량비(Proportion of Variance of Set-1 Explained by Its Own Can. Var.)와 준거 정준변량에 의해 설명되는 변량비(Proportion of Variance of Set-1 Explained by Opposire Can. Var.), 준거변수군의 자체 정준변량에 의해 설명되는 변량비(Proportion of Variance of Set-2 Explained by Its Own Can. Var.)와 예측정준변량에 의해 설명되는 변량비(Proportion of Variance of Set-2 Explained by Opposire Can. Var.) 등이 출력된다.

 분석 결과

정준변량의 해석은 정준상관관계에 있어서 분석에 사용된 각 변수의 상대적인 중요도를 결정하기 위해 정준함수들을 조사하는 것을 말한다. 정준관계가 통계적으로 유의미하고 정준상관계수와 중복지수가 수용할 수 있는 정도에 이른다 하더라도 결과의 실질적 유의성의 관점에서 해석해야 한다. 여기에서 정준가중치(표준화된 계수), 정준적재량(구조상관관계), 정준교차량, 정준상관계수 및 중복지수 등의 결과를 설명한다.

1) 정준가중치

정준함수 해석의 목적은 정준가중치(Standardized Canonical Coefficients)에 있는 각 변수에 부과된 정준가중치의 부호(+, −)와 크기를 파악하는 데 있다. 상관분석에서 나온 것과 같이, 변수는 가중치의 값이 같은 부호를 가지면 직접적인 관계를 가지고 반대 부호를 가지면 역의 관계를 가지게 된다. 가중치가 작다는 것은 그에 상응하는 변수가 하나의 관계를 결정하는 데 부적절하다거나 다중공선성의 정도가 높아서 그러한 관계에서 변수가 미치는 영향이 제거된다는 것을 의미한다. 정준가중치를 사용한 결과의 해석은 사용되는 표본에 따라 상당한 불안정성을 보이므로 상당한 주의가 요구된다. 예를 들어, 교사의 행동 유형(5개의 변수)군의 학생의 학업 만족도(3개 변수)군에 대한 정준상관 결과에서 정준가중치는 다음과 같다.

표준화 정준가중치(Standardized Canonical Coeffcients)

Set 1의 표준화 정준가중치

	1	2	3
통제적 행동	- .572	- 1.237	- .754
민주적 행동	- .075	1.025	- .437
권위적 행동	- .053	.195	.618
사회적 지지	- .222	- .401	1.415
긍정적 피드백	- .257	.971	- .171

Set 2의 표준화 정준가중치

	1	2	3	4
자신감	.242	- .569	.676	.904
성취 동기	.161	.160	.659	- 1.086
학습태도	.748	.304	- .967	.154

표준화 정준가중치는 각 정준변량 S()_CV001, S()_CV002를 구성하는 계수를 나타내는 것으로 표준화된 정준계수다. 표준화된 정준계수로 예측변수군을 요약하는 정준변량은 다음과 같은 선형결합(linear combination) 형태를 가지게 된다.

S()_CV001(제1 정준함수에 의한 예측정준변량)＝−.572(통제적 행동) ＋ −.075(민주적 행동) ＋ −.053(권위적 행동) ＋ −.222(사회적 지지) ＋ −.257(긍정적 피드백)

또한 준거변수군의 측정 방법을 요약하는 정준변량은 다음과 같은 선형결합 형태를 가지게 된다.

S()_CV001(제1 정준함수에 의한 준거정준변량)$= -.213$(자신감) $+ -.029$(성취 동기) $+ -.139$(학습태도)

2) 정준적재량

정준적재량(Canonical Loadings)은 변수군 내의 각 변수와 그 변수가 속해 있는 정준변량 사이의 단순선형 상관관계다. 정준적재량을 통해서는 어떤 변수가 정준변량과 가장 높은 상관을 가지며 또 정준변량에 영향을 미치는가를 예측할 수 있다. 관찰된 변수가 정준변량과 함께 공유하는 분산을 반영하며, 각 정준함수에 미치는 각 변수의 상대적 기여도를 파악하는 데 있어서 요인적재량처럼 해석될 수 있다. 값이 크면 클수록 정준변량을 구하는 데 중요한데, 그 값이 절대값 .30 혹은 .40 이상이면 정준변량을 설명하는 중요 변수로 간주되어 정준함수의 해석에 포함된다.

교사의 행동 유형(5개 변인)군의 학생의 학업 만족도(3개 변인)군에 대한 정준상관 결과에서 정준적재량은 다음과 같다. 첫 번째 정준함수의 예측변량을 보면 통제적 행동이 정준변량과 $-.963$의 높은 부적상관을 보여 준다. 그다음으로는 사회적 지지($-.863$), 긍정적 피드백($-.788$) 그리고 민주적 행동($-.761$) 순으로 정준변량과 높은 부적상관관계를 보여 준다. 각 변수의 정준적재량 제곱은 그 변수가 속한 정준변량에 의해 설명되는 분산의 정도를 의미한다.

정준적재량(Canonical Loadings)

Set 1의 정준적재량

	1	2	3
통제적 행동	- .963	- .202	- .132
민주적 행동	- .761	.297	.000
권위적 행동	.045	.246	.592
사회적 지지	- .863	- .077	.361
긍정적 피드백	- .788	.378	- .138

Set 2의 정준적재량

	1	2	3
자신감	- .686	.619	.382
성취 동기	- .708	.414	- .572
학습태도	- .964	- .266	.022

3) 교차적재량

교차적재량(Cross Loadings)을 구하는 목적은 두 변수군에서 한 변수군의 정준변량과 다른 변수군에 속해 있는 각 변수 간의 상관을 알아보기 위해서다. 한 변수군의 정준변량이 다른 변수군의 어떤 변수와 가장 높은 상관을 가지고 있으며 서로 영향을 미치는지를 예측할 수 있게 만드는 것이다. 교차적재량은 정준가중치와 정준적재량보다 우선적으로 사용되어야 한다.

교사의 행동 유형(5개 변수)의 학생의 학업 만족도(3개 변수)에 대한 정준상관 결과에서 교차적재량은 다음과 같다. 첫 번째 정준함수에서 보면 예측변수군의 통제적 행동이 준거변량과 −.554의 가장 높은 부적상관을 보여 준다. 그다음으로는 사회적 지지(−.496), 긍정적 피드백(−.453) 그리고 민주적 행동(−.438) 순으로 부적상관관계를 보여 준다. 즉, 교사의 통제적 행동, 사회적 지지, 긍정적 피드백 그리고 민주적 행동 순으로 학생의 학업 만족도 정준변량과 부적상관이 있는 것으로 나타났다. 학생의 학업 만족도에서 학습태도(−.554), 성취 동기(−.407) 그리고 자신감(−.395)이 교사의 행동 유형 정준변량과 부적상관관계를 가지고 있음을 보여 준다.

정준 교차적재량(Canonical Cross-Loadings)

Set 1의 교차적재량

	1	2	3
통제적 행동	-.554	-.029	-.008
민주적 행동	-.438	.043	.000
권유적 행동	.026	.035	.037
사회적 지지	-.496	-.011	.022
긍정적 피드백	-.453	.054	-.009

Set 2의 교차적재량

	1	2	3
자신감	-.395	.089	.024
성취 동기	-.407	.060	-.035
학습태도	-.554	-.038	.001

4) 정준상관 및 중복지수

어떤 함수를 해석할 것인가를 결정할 경우 정준함수의 실질적 유의성도 고려해야 하는데, 이러한 유의성은 정준상관관계의 크기로 나타낸다. SPSS에서는 유의성을 평가하기 위한 측정치로 Wilks의 람다 값과 유의수준이 도출된다.

정준상관계수를 제곱한 것은 두 정준변량 간의 공유분산(shared variance)에 대한 추정치를 제공한다. 이 값은 종속변수군과 독립변수군의 선형결합에 의하여 공유되는 분산을 나타내고 있기 때문에 잘못 해석될 소지가 있다. 이를 극복하기 위하여 중복지수(redundancy index)가 창안되었다. 이것은 전체 예측변수군과 준거변수군에 들어 있는 각 변수 간의 다중상관계수를 제곱한 다음, 제곱한 계수들의 평균을 내어 R^2을 도출한 것이다. 이 지수는 준거변수의 분산을 한꺼번에 설명할 수 있는 예측변수군의 능력을 하나의 측정치로 요약한 것이다.

〈표 12-1〉은 첫 번째 함수에 들어 있는 예측변수로 구성된 변량과 준거변수로 구성된 변량에 대하여 중복지수를 계산한 것이다. 표에서 알 수 있듯이, 예측변수로 구성된 변량에 대한 중복지수는 .190, 준거변수로 구성된 변량에 대한 중복지수는 .210으로 나타났다.

 논문 양식

〈표 12-1〉 교사의 행동 유형과 학생의 학업 만족도 간 정준상관분석

	표준 정준함수계수	정준 적재량	교차 적재량
	함수 1	함수 1	함수 1
교사 행동 유형			
−통제적 행동	−.572	−.963	−.554
−민주적 행동	−.075	−.761	−.438
−권유적 행동	−.053	.045	.026
−사회적 지지	−.222	−.863	−.496
−긍정적 피드백	−.257	−.788	−.453
분산	.574		

중복지수	.190		
학생 학업 만족도 유형			
−자신감	−.213	−.686	−.395
−성취 동기	−.171	−.708	−.407
−학습태도	−.760	−.964	−.554
분산	1.85		
중복지수	.210		

〈표 12-2〉 교사의 행동 유형과 학생의 학업 만족도 간 교차적재량

	함수 1	함수 2	함수3
정준상관계수	.575	.144	.062
Wilks의 람다	.653	.975	.996
카이제곱	230.011	13.390	2.079
자유도	15	8	3
유의수준	.000	.099	.556

교사의 행동 유형과 학생의 학업 만족도 간의 관계 유무 및 그 정도를 분석하고, 각 변수 간의 표준화된 값을 토대로 각 변수가 소속 변수군을 설명하는 데 얼마나 기여하는지와 비소속군을 설명하는 데 얼마나 기여하는지를 알아보며, 그 기여도를 비교하기 위하여 정준상관분석을 실시하였다.

먼저 정준상관을 분석하기 위하여 교사의 행동 유형군과 학생의 학업 만족도군을 선정하였다. 두 변수군 간의 관계 유무를 파악하기 위하여 두 변수군 간의 상관을 극대화하는 가중치를 갖는 정준함수를 찾아서 통계적 유의도를 검정하였다. 〈표 12-1〉에서 나타내듯이 교사의 행동 유형과 학생의 학업 만족도 유형의 정준상관분석 결과 3개의 정준함수가 도출되었으며, 이 중 2개를 제외한 나머지 1개가 유의적인 결과를 보이는 것으로 나타났다(유의미한 결과를 보이지 않는 정준함수 2와 정준함수 3은 논문의 분석 결과에는 주로 제시하지 않는다). 첫 번째 정준함수 분석 결과, 정준상관계수는 .575(Wilk's λ =.653, χ^2 =230.011, df=15, p<.001)로 나타나 교사의 행동 유형 정준변량이 학생의 학업 만족도 정준변량과 통계적으로 유의미한 상관관계가 있었다. 중복지수의 값에 대한 일반적인 하한선은 정해져 있지 않으며, 다른 적합도 지수에 대

한 고려와 이론적인 측면을 고려함으로써 그 유의성을 논할 수 있다. 또한 중복지수는 학생의 학업 만족도군과 교사의 행동 유형군에서 모두 계산되지만, 연구자들의 관심은 주로 학생의 학업 만족도군으로부터 도출된 중복지수에 주어진다. 정준함수 1의 중복지수는 학생의 학업 만족도 변량 21.0%의 분산이 교사 행동 정준변량에 의해서 설명되고 전체적으로는 19.0%가 설명되고 있다. 구체적으로 교사의 통제적 행동, 사회적 지지, 긍정적 피드백, 권위적 행동, 민주적 행동 순으로 학습태도, 자신감, 성취 동기에 영향관계를 보이는 것으로 나타났다.

종합해 보면 교사의 행동 유형군과 학생의 학업 만족도군에는 유의한 상관이 있고, 그것은 학생의 학업 만족도군을 21.0% 정도 설명하고 있다. 이러한 결과로 볼 때 학생의 학업 만족도를 위해서는 교사의 적합한 행동 유형이 필요하다. 구체적으로 통제적 행동, 사회적 지지, 긍정적 피드백, 민주적 행동 등이 필요하며, 이러한 교사의 행동 유형은 학생의 학업 만족도를 높이는 데 중요한 요인이 된다.

1 부부관계(부부의 관계 만족도와 애정 표현)가 부모와 자녀의 관계 만족도(자녀 스트레스와 부모−자식 관계 만족도)에 어떠한 상관을 가지고 있는가?

2 아동의 특성과 학습 방법이 아동의 언어능력과 수리능력에 어떠한 상관을 가지고 있는가?

제13장

판별분석

① 개요

판별분석(Discriminant Analysis)은 Fisher에 의해 처음 도입된 통계적 기법으로, 사회현상의 여러 특성을 토대로 하여 주어진 상황에서 응답자가 어떻게 행동할 것인지를 예측하는 데 사용된다. 즉, 기존의 사례를 몇 개의 집단으로 구분할 때 중요한 역할을 했던 독립변수의 선형결합인 판별함수(discriminant function)를 만들어 그것에 아직 결과를 알 수 없는 새로운 사례의 특성을 대입하여 어떤 집단에 속할지를 판별하는 것이다. 판별분석에서는 이미 구분된 집단, 즉 종속변수는 범주형 변수(categorical variable)여야 하며, 판별변수(독립변수)는 등간척도나 비율척도로 이루어진 연속형 변수(continuous variable)여야 한다. 그러나 연속형 변수가 아닌 범주형 변수가 판별변수로 사용되기도 한다.

판별분석에서 집단의 수나 판별변수의 수가 많으면 판별함수의 수도 많아진다. 추정 판별함수의 수는 (집단의 수−1)과 독립변수의 수 둘 중에서 적은 값보다 같거나 작아야 한다. 예를 들면, 집단이 세 집단이고 독립변수가 4개라면, (3−1)과 4 중에서 적은 값인 2보다 적은 수의 판별함수가 있게 된다. 즉, 1개 혹은 2개의 판별함수가 추정된다. 판별분석의 사용목적은 다음과 같다.

① 각 집단 간에 통계적으로 유의한 차이를 살펴보고 그것을 설명할 수 있는 독립변수를 찾는다.
② 각 사례가 어느 집단에 속하는지 알 수 있는 판별함수를 구한다. 즉, 2개 이상의 집단을 구분하는 데 있어 분류 오류를 최소화할 수 있는 선형결합을 도출한다.
③ 판별함수를 이용하여 새로운 대상이 어느 집단으로 분류될 것인지 예측한다.
④ 기여도가 높은 독립변수를 결정한다.

아울러 판별분석의 기본 가정을 살펴보면 다음과 같다.

① 판별함수의 도출에 사용된 사례는 다변량 정규분포(multivariate normal distribution)

를 갖는 모집단으로부터 추출된 표본이어야 한다.

② 각 부분집단의 모집단 분포가 동일한 공분산행렬(covariance matrix)을 가지고 있어야 한다.

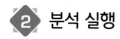 분석 실행

연구문제	지능, 창의성, 과제 집착력이 우수아와 일반아를 얼마나 잘 판별해 주는가?

적용 절차(13장 판별분석 원자료.sav)는 다음과 같다.

1 데이터 편집기 창에서 데이터를 불러온 후 **분석(A) → 분류분석(Y) → 판별분석 (D)**을 선택한다.

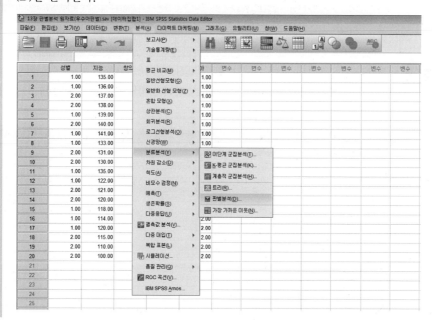

2 집단변수(G)를 지정해 준다. 여기서는 '우수'가 집단변수이며, 집단변수를 입력하면 범위지정(D) 버튼이 반전된다. 이를 선택하면 범위지정 대화상자가 나타나는데, 최소값을 1(우수), 최대값을 2(일반)로 입력한 후 **계속** 버튼을 선택한다.

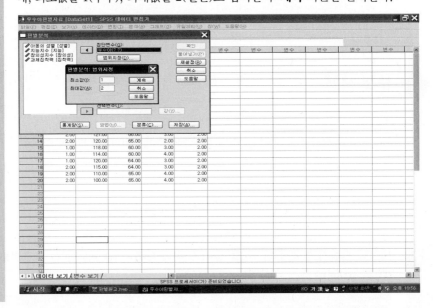

3 독립변수를 지정해 준다. 여기서는 '지능지수' '창의성 지수' '과제 집착력'이 독립변수다. 독립변수를 지정한 후 그것을 투입하는 방법을 선택한다. 여기서는 단계선택법 사용(U)을 선택한다.

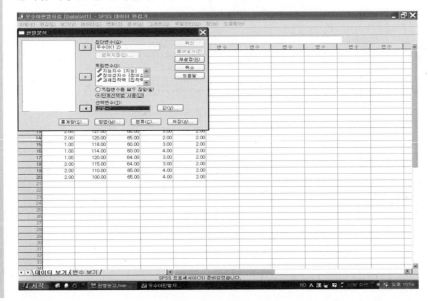

독립변수 선택법	설 명
독립변수 모두 진입 (Enter independents together)	기여도를 검토하지 않고 선택된 독립변수를 한 번에 투입하여 분석함. 분석시간이 단축되는 반면 분석의 중간과정을 볼 수 없음. 독립변수 모두 진입을 선택하면 대화상자 하단에 있는 방법 버튼이 반전되지 않음
단계선택법 사용 (Use stepwise method)	선택된 독립변수를 한 번에 투입하지 않고 기여도에 따라 하나씩 단계적으로 투입하여 분석함. 많은 수의 독립변수를 고려해야 할 때 유용하며 단계별로 선택되는 변수의 기여도를 확인할 수 있음

3단계까지 실시한 후 확인 버튼을 선택하면 기본적인 판별분석의 수행 결과가 SPSS 뷰어 창에 출력된다. 좀 더 자세한 분석을 위해서는 다음 절차를 실시한다.

4 **선택(L)**을 선택하면 선택변수 창이 열린다. 왼쪽의 유아의 성별을 선택하여 선택 변수 창으로 이동시킨다. **값(V)** 버튼을 선택하여 선택변수 값을 지정한다. 여기서는 남아를 의미하는 값 '1'을 지정한다. **계속** 버튼을 선택한다.

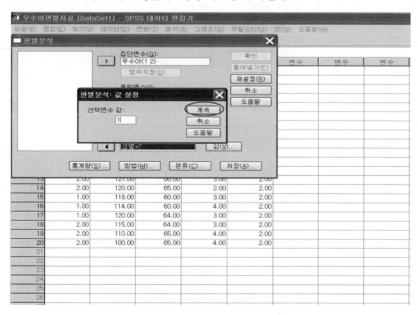

선 택	설 명
일부 선택	일부 사례를 선택하여 판별분석을 할 경우 선택 버튼을 선택한 다음 변수를 선택하고, 값 버튼을 선택한 후 값을 지정하고 계속 버튼을 선택함
전체 선택	선택 버튼을 사용하지 않으면 전체 사례에 대한 판별분석이 이루어짐

5 **통계량**(S) 버튼을 선택하여 필요한 통계량을 체크한 후 **계속** 버튼을 선택한다.

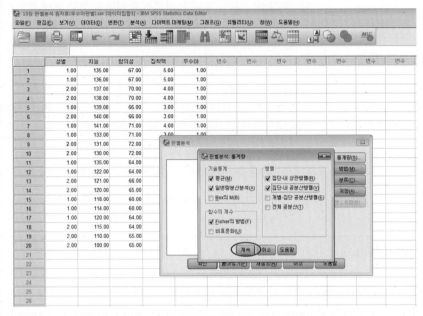

통계량		설 명
기술통계 (Descriptives)	평균(Means)	전체평균, 집단평균, 독립변수에 대한 표준편차를 구함
	일변량분산분석 (Univariate ANOVAs)	집단별 독립변수에 대한 평균의 동일성을 검정함
	Box의 M(Box's M)	판별분석의 기본 가정인 각 집단의 공분산이 동일하다는 가정을 검정함
함수의 계수 (Function coefficients)	Fisher의 방법 (Fisher's method)	Fisher가 제시한 분류함수계수를 출력함. 이는 비표준회된 분류함수계수를 이용하여 판별점수를 계산하고 분류하는 것임
	표준화하지 않음 (Unstandardized)	비표준화된 판별함수로 새로운 사례의 집단 소속을 판별할 때 표준화된 판별함수보다 적용이 편리함
행렬 (Matrices)	집단 내 상관행렬 (Within-groups correlation)	모든 집단에 대한 개별 공분산의 평균을 구하여 집단 내 통합 상관행렬을 표시함

집단 내 공분산행렬 (Within-groups covariance)	모든 집단에 대해 개별 공분산행렬의 평균을 표시함
개별집단 공분산행렬 (Separate-groups covariance)	각 집단에 대한 공분산행렬을 표시함
전체 공분산 (Total covariance)	표본 전체에 대한 총분산을 표시함

6 **방법(M)** 버튼을 선택한 후, Wilks의 람다(W), F값 사용(F), 단계요약(Y)을 체크한 후 **계속** 버튼을 선택한다.

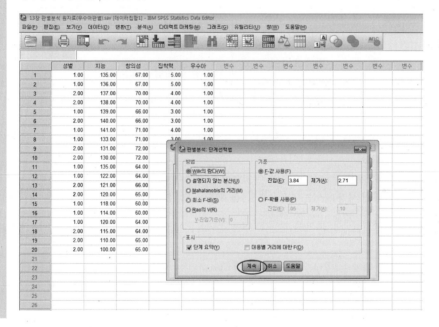

	방법	설명
방법 (Method)	Wilks의 람다 (Wilks lambda)	Wilks의 람다 통계량에 의한 단계선택법으로 가장 중요한 변수를 먼저 판별함수에 투입하는 방식임. 단계마다 전체 Wilks의 람다를 최소화할 변수를 입력함
	설명되지 않은 분산 (Unexplained variance)	잔차 최소제곱을 기준으로 한 단계선택법으로 판별집단에 대해 설명이 안 되는 분산의 합이 최소가 되게 하는 변수를 선택하는 것

	Mahalanobis 거리 (Mahalanobis distance)	가장 근접한 두 집단 간 Mahalanobis 거리가 최대가 되게 하는 변수를 선택하는 단계선택법으로 독립변수의 각 사례 값이 모든 사례 평균과 얼마나 다른지를 측정함
	최소 F비 (Smallest F ratio)	두 집단 간의 F 비율이 최소인 것을 최대가 되게 하는 변수를 선택하는 단계선택법
	Rao의 V (Rao's V)	통계량 Rao의 V를 증가시키는 변수를 선택하는 단계선택법
기준 (Criteria)	F값 사용 (Use F value)	변수의 투입 및 탈락의 기준을 F값으로 결정함
	F값의 확률 사용 (Use probability of F)	변수의 투입 및 탈락의 기준을 F값의 확률값으로 결정함. 디폴트는 .05
출력 (Display)	단계요약 (Summary of steps)	단계별 통계량을 요약함
	대응별 거리에 대한 F (F for pairwise distance)	각 쌍에 대한 F 비율의 행렬을 제시함

7 분류(C) 버튼을 선택한 후 **사전확률**에서는 모든 집단이 동일(A)을 선택하고, **공분산행렬 사용**에서는 집단 내(W)를 체크하고, **표시**와 **도표**에서는 필요한 항목을 체크한 후 **계속** 버튼을 선택한다.

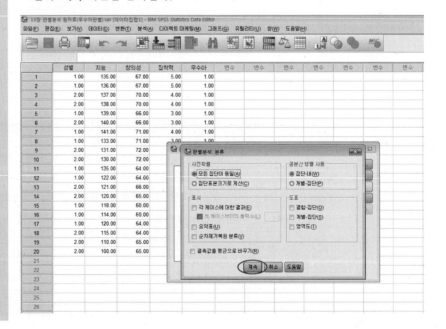

분류		설명
사전확률 (Prior probabilities)	모든 집단이 동일 (All groups equal)	각 집단이 표본에서 차지하는 비율이 모집단에서 차지하는 비율과 동일하다고 가정함
	집단 표본 크기로 계산 (Compute form group sizes)	각 집단이 표본에서 차지하는 비율로 사전확률을 추정하여 판별분석을 적용함
출력 (Display)	각 사례에 대한 결과 (Case wise results)	사례별로 실제집단, 예측집단, 사후확률, 판별점수 등을 표시함
	첫 사례부터의 출력 수 (Limit cases to first)	출력 결과를 첫 사례부터 n개까지로 제한함. 표시되는 사례 수를 지정할 수 있음
	요약표 (Summary table)	판별분석을 기초로 실제 및 예측 집단, 즉 정확하게 혹은 정확하지 않게 할당된 사례 수를 표로 나타냄. '혼돈행렬'이라고도 함
	순차제거복원 분류 (Leave-one-out classification)	분석에서 각 사례는 자신을 제외한 다른 모든 사례로부터 유도된 함수에 의해 분류됨. 'U방법'이라고도 함
	결측값을 평균으로 대체 (Replace missing values with mean)	무응답치가 있는 경우 그 변수의 평균값을 결측값으로 대체하여 결측값이 있는 사례가 분류됨
공분산행렬 사용(Use covariance matrix)	집단 내 (Within-groups)	집단 내 공분산행렬을 구함
	개별집단 (Separate-groups)	사례별로 공분산행렬을 구함
도표 (Plots)	결합집단 (Combined-groups)	판별함수가 하나일 경우에는 히스토그램을, 판별함수가 2개 이상일 경우에는 처음과 두 번째 판별함수 값의 전체집단 산포도(scatter plot)를 그려 줌
	개별집단 (Separate-groups)	판별함수가 하나일 경우에는 히스토그램을, 판별함수가 2개 이상일 경우에는 처음과 두 번째 판별함수 값의 개별집단 산포도(scatter plot)를 그려 줌
	영역도 (Territorial map)	함수값에 따라 사례를 집단으로 분류하는 데 사용하는 경계의 도표로, 숫자는 사례가 분류된 집단에 해당함. 각 집단의 평균은 경계 내에서 별표로 표시됨. 판별함수가 하나일 경우에는 영역도가 표시되지 않음

8 　**저장(A)** 버튼을 선택한 후 모든 항목에 표시하고 **계속** 버튼을 선택한다.

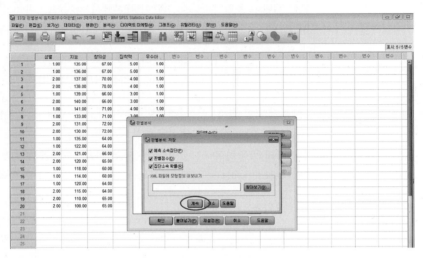

저 장	설 명
예측 소속집단(Predicted group membership)	실제 파일에 예측된 집단을 나타내 줌
판별점수(Discriminant scores)	판별점수를 나타냄
집단소속 확률(Probabilities of group membership)	판별점수에 대한 집단의 확률을 나타 내 줌

9 　모두 설정되었으면 **확인** 버튼을 선택한다. 프로그램이 실행되어 그림과 같은 결과 가 나오면 저장해 둔다.

10 SPSS 데이터 편집기 창에는 다음과 같이 예측 소속집단, 판별점수, 집단 1과 집단 2 에 속할 확률 등 새로운 변수가 생성되어 있다.

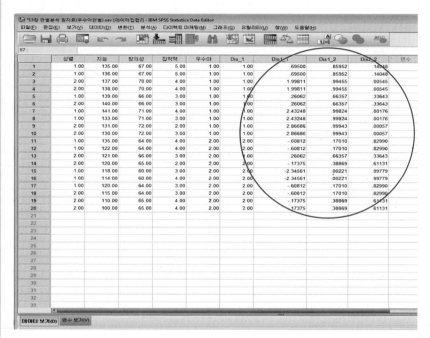

3 분석 결과

1) 분석 사례 처리 요약

가중되지 않은 사례		N	퍼센트
유효		10	50.0
제외	결측되었거나 범위를 벗어난 집단코드	0	.0
	적어도 하나 이상의 결측 판별변수	0	.0
	집단 코드와 최소 하나 이상의 결측 판별변수가 누락되었거나 범위를 벗어남	0	.0
	선택되지 않음	10	50.0
	전체	10	50.0
전체		20	100.0

전체 20건의 사례 중 남아만을 선택하여 판별분석을 실시하였으므로 유효한 사례는 10건이다.

2) 집단통계량

우수 판단		평 균	표준편차	유효수(목록별)	
				가중되지 않음	가중됨
우수	지능지수	**136.8000**	3.1937	5	5.000
	창의성 지수	**68.4000**	2.4083	5	5.000
	과제 집착력	**4.0000**	1.0000	5	5.000
일반	지능지수	121.8000	7.9498	5	5.000
	창의성 지수	62.4000	2.1909	5	5.000
	과제 집착력	3.6000	.5477	5	5.000
합계	지능지수	129.3000	9.7531	10	10.000
	창의성 지수	65.4000	3.8355	10	10.000
	과제 집착력	3.8000	.7888	10	10.000

이 표는 두 집단의 평균과 표준편차를 보여 주고 있다. 우수아 집단의 평균은 지능지수가 136.8, 창의성 지수가 68.4, 과제 집착력이 4.0으로 나타났으며, 일반아 집단은 지능지수가 121.8, 창의성 지수가 62.4, 과제 집착력이 3.6으로 나타났다. 평균으로 살펴보면 우수아 집단이 독립변수가 모두 높은 것으로 나타났다.

3) 집단평균의 동질성에 대한 검정

	Wilks의 람다	F	자유도 1	자유도 2	유의확률
지능지수	.343	15.327	1	8	.004
창의성 지수	.320	16.981	1	8	.003
과제 집착력	.929	.615	1	8	.455

이 표에서 제시된 Wilks의 람다 값은 '집단 내 분산/총분산'으로 그 값이 0~1에 있다. 0에 가까울수록 집단 내 분산은 적고 집단 간 분산은 크다는 의미가 된다. 즉, 0에 가까울수록 두 집단 간에 차이가 있음을 나타낸다. 이를 더욱 확실하게 알 수 있는 것

이 자유도를 고려하여 구한 F값이다. F값이 크면 집단 간 분산이 크다는 것을 의미한다. 여기서는 과제 집착력의 람다 값이 .929로 1에 가까우며 유의수준 .05에서 유의한 차이가 없는 것으로 나타났다. 즉, 지능지수와 창의성 지수에서는 두 집단 간에 유의미한 차이가 있지만 과제 집착력은 두 집단 간에 차이가 없으므로, 판별분석에서는 집단 간에 차이가 있는 변수인 지능지수와 창의성 지수가 이용된다.

4) 집단 내 통합행렬[a]

		지능지수	창의성 지수	과제 집착력
공분산	지능지수	36.700	5.725	.575
	창의성 지수	5.725	5.300	−.275
	과제 집착력	.575	−.275	.650
상관	지능지수	1.000	.410	.118
	창의성 지수	.410	1.000	−.148
	과제 집착력	.118	−.148	1.000

a. 공분산행렬의 자유도는 8이다.

이 표에는 집단 내 통합행렬의 공분산행렬과 상관행렬이 나타나 있다. 다른 변수의 상관관계보다 지능지수와 창의성 지수의 상관관계가 비교적 높은 것으로 나타나 있다.

5) 공분산행렬[a]

우수 판단		지능지수	창의성 지수	과제 집착력
우수	지능지수	10.200	−.150	−.250
	창의성 지수	−.150	5.800	−.750
	과제 집착력	−.250	−.750	1.000
일반	지능지수	63.200	11.600	1.400
	창의성 지수	11.600	4.800	.200
	과제 집착력	1.400	.200	.300
합계	지능지수	95.122	30.089	2.178
	창의성 지수	30.089	14.711	.422
	과제 집착력	2.178	.422	.622

a. 전체 공분산행렬은 9의 자유도를 가진다.

이 표에는 우수아 집단과 일반아 집단에 관한 판별변수별 공분산행렬이 제시되어 있다.

6) 로그행렬식

우수 판단	순 위	로그행렬식
우수	1	1.758
일반	1	1.569
집단 내 통합값	1	1.668

인쇄된 판별값의 순위와 자연로그는 집단 공분산행렬의 순위 및 자연로그를 나타낸다.

7) 검정 결과

Box의 M		.036
F	근사법	.032
	자유도 1	1
	자유도 2	192.000
	유의확률	.859

모집단 공분산행렬이 동일하다는 영가설을 검정한다.

판별분석은 다변량 정규분포를 가정하고 각 집단의 공분산이 동일하다는 가정하에 성립된다는 것을 기억하라. 각 집단 간 공분산이 동일하다는 가정을 검정하기 위해서 Box의 M 통계량을 제시하고 있다. Box의 M 통계량이 .036이고, 유의확률이 .859로 $p > .05$이므로 집단 간 공분산이 동일하다는 영가설이 채택된다.

만일 영가설이 기각되는 경우, 즉 집단 간 공분산이 동일하지 않다고 나타난 경우는 독립변수의 표준화와 같은 적절한 조치가 필요하다. 그러나 공분산행렬의 동일성이 크게 차이가 나지 않거나 표본의 크기가 큰 경우에는 그대로 적용하여도 무관하다.

8) 진입된/제거된 변수[a, b, c, d]

단계	진입된	Wilks의 람다							
		통계량	자유도 1	자유도 2	자유도 3	정확한 F			
						통계량	자유도 1	자유도 2	유의확률
1	창의성 지수	.320	1	1	8.000	16.981	1	8.000	.003

각 단계에서 전체 Wilks의 람다를 최소화하는 변수가 입력된다.

a. 최대 단계 수는 6이다.
b. 입력할 최소 부분 F는 3.84다.
c. 제거할 최대 부분 F는 2.71이다.
d. F 수준, 공차한계 또는 VIN 부족으로 계산을 더 수행할 수 없다.

이 표에서는 판별함수에 진입된 변수는 창의성 지수이고, 지능지수와 과제 집착력은 제외되었음을 보여 준다.

이 예에서는 단계선택법 중에서 Wilks의 방식을 지정하였다. 이는 전체 Wilks의 람다 값을 최소화하는 변수를 투입하는 방식이다. 변수투입의 방식은 최대 6단계까지 가능하며, 투입할 최소 F값은 3.84로, 제거할 최대 F값은 2.71로 지정되어 있다. 지능지수, 창의성 지수, 과제 집착력 중에서 창의성 지수에 대한 F값만이 16.981($p < .05$)로 유의미하게 나타났다.

9) 분석할 변수

단계		공차한계	제거할 F
1	창의성 지수	1.000	16.981

여기서 변수가 단계별 판별분석에 들어갈 것인지의 여부를 결정하는 기준이 독립변수 간의 선형적인 연관성을 나타내 주는 공차한계다.

10) 분석할 변수 없음

단 계		공차한계	최소 공차한계	입력할 F	Wilks의 람다
0	지능지수	1.000	1.000	15.327	.343
	창의성 지수	1.000	1.000	16.981	.320
	과제 집착력	1.000	1.000	.615	.929
1	지능지수	.831	.831	1.666	.259
	과제 집착력	.978	.978	.558	.297

이 표에서는 '분석할 변수 없음', 즉 분석에서 제외된 변수에 대해 단계별로 Wilks의 람다 값이 제시되어 있다. 여기에서 입력할 F값이 크면 집단 간의 차이가 크므로 설명력이 크다고 할 수 있다. 따라서 먼저 투입해야 할 변수가 된다. 단계 0을 살펴보면 입력할 F가 가장 크고 Wilks의 람다가 가장 적은 것은 창의성 지수다.

11) Wilks의 람다

단 계	변수의 수	람 다	자유도 1	자유도 2	자유도 3	정확한 F			
						통계량	자유도 1	자유도 2	유의확률
1	1	.320	1	1	8	16.981	1	8.000	3.340E−03

이 표에서는 단계별로 투입된 Wilks의 람다 값을 제시하고 있다. 단계 1에서 창의성 지수가 독립변수로 작용하였을 때 통계적 유의확률이 3.340E−03(.00334)으로 $p < .05$이므로 통계적으로 유의하다.

12) 고유값

함 수	고유값	분산의 %	누적 %	정준상관
1	2.123[a]	100.0	100.0	.824

a. 첫 번째 1 정준판별함수가 분석에 사용되었다.

이 표는 정준판별함수를 요약한 것으로 판별함수의 수는 (집단의 수−1)과 독립변수의 수 중에서 적은 수만큼 만들어진다는 것을 기억하라. 여기서는 집단의 수가 2개이고 독립변수의 수가 3개이므로 1과 3 중에서 적은 쪽의 수가 1이므로 판별함수는 1개가 만들어진다. 고유값은 집단 간 분산을 집단 내 분산으로 나눈 비율이므로, 고유값이 여러 개인 경우 그 상대적 크기는 판별함수가 총분산을 어느 정도 설명해 주고 있는가를 나타낸다. 따라서 고유값이 클수록 판별함수의 기여도가 큰 것을 나타내며 각 판별함수의 중요도를 판단하는 기준이 된다. 여기서는 고유값이 2.123으로 총분산의 100%를 설명하고 있다.

정준상관계수는 고유값과 비슷한 의미로 판별점수와 집단 간의 관련 정도를 나타낸다. 이 값이 클수록 판별력은 우수하다고 할 수 있다. 정준상관계수의 제곱은 집단들에 의하여 설명될 수 있는 판별함수의 분산 비율로 정준상관계수가 1에 가까울수록 설명력이 크다고 할 수 있다. 여기서는 정준상관계수가 .824로 판별력이 좋다고 할 수 있다.

13) Wilks의 람다

함수의 검정	Wilks의 람다	χ^2	자유도	유의확률
1	.320	8.540	1	.003

집단의 수가 2개일 때 Wilks의 람다 값은 집단 내 분산을 총분산으로 나눈 비율이다. 따라서 람다 값이 적을수록 판별함수의 설명력은 높아진다. 이 람다 값과 자유도를 고려한 카이제곱(χ^2)값을 이용하여 판별함수의 유의성을 검정한다. 여기서 카이제곱 값은 8.54로 $p < .05$이므로 집단 간 판별점수의 차이는 유의한 것으로 나타났다.

14) 표준화 정준판별함수 계수

	함수
	1
창의성 지수	1.000

이 표는 표준화 정준판별함수 계수를 나타내고 있다. 각 판별변수의 측정단위가 서로 다를 수 있으므로 SPSS에서는 기본적으로 표준화된 판별함수를 도출한다.

이 자료에서는 창의성 지수만이 설명력 있는 계수로 제시되었으며, 표준화된 판별함수는 'D = 1 × 창의성 지수'가 된다. 이에 자료를 대입할 때는 자료도 표준화해야 한다. 여러 변수에 대한 표준화 정준판별함수 계수가 도출된다면 판별함수(D)는 계수와 변수를 곱한 것들의 합이 된다. 예를 들면, 'D = (지능지수 × .069) + (창의성 지수 × 1) + (과제 집착력 × .001)'로 표현될 것이다.

15) 구조행렬

	함수
	1
창의성 지수	1.000
지능지수[a]	.410
과제 집착력[a]	−.148

판별변수와 표준화 정준판별함수 간의 집단 내 통합 상관행렬.
변수는 함수 내 상관행렬의 절대값 크기순으로 정렬되어 있다.

a. 이 변수는 분석에 사용되지 않는다.

구조행렬은 독립변수들이 판별력에 미치는 상대적 기여도를 알 수 있는 것으로 판별함수와 변수 간의 상관관계를 나타낸 것이다. 상관관계가 높을수록 판별점수가 높아진다. 여기서는 창의성 지수가 1.000으로 가장 높기 때문에 판별함수에서 가장 큰 영향을 미친다.

16) 정준판별함수 계수

	함수
	1
창의성 지수	.434
(상수)	−28.408

표준화하지 않은 계수

비표준화 정준판별함수로 'D = −28.408 + (.434 × 창의성 지수)'로 나타낸다. 이 함수는 표준화하지 않은 계수이므로 상대적인 중요성을 판단하는 데 사용할 수 없다.

17) 함수의 집단중심점

	함수
우수 판단	1
우수	1.303
일반	−1.303

비표준화 정준판별함수가 집단평균에 대해 계산되었다.

이 표에는 집단평균에 의해 평가된 비표준화 정준판별함수의 집단중심점이 제시되어 있다. 각 집단의 중심점에 대한 좌표는 차후에 새로운 사례가 어떤 집단에 소속될 것인지를 판별할 때 필요한 값이다. 즉, 집단중심점에 가까운 개체를 그 집단 구성원으로 판별한다. 예를 들어, 우수아의 평균 판별점수는 1.303, 일반아의 평균 판별점수는 −1.303이다. 분류기준은 두 집단 중심점의 평균으로 [1.303+(−1.303)]/2＝0이기에 0보다 큰 값을 가지면 우수아, 0보다 작은 값을 가지면 일반아로 분류된다.

18) 집단에 대한 사전확률

우수 판단	사전확률	분석에 사용된 사례	
		가중되지 않음	가중됨
우수아	.500	5	5.000
일반아	.500	5	5.000
합계	1.000	10	10.000

19) 분류함수계수

	우수 판단	
	우수	일반아
창의성 지수	12.906	11.774
(상수)	−442.067	−368.029

Fisher의 선형판별함수

Fisher의 선형판별함수는 집단 내 제곱합에 대한 집단 간의 비율을 최대화한다. 분류함수계수는 집단별 함수값을 결정하는 판별함수의 계수를 보여 준다.

$$\text{우수아의 판별함수: } D = -442.067 + (12.906 \times \text{창의성 지수})$$
$$\text{일반아의 판별함수: } D = -368.029 + (11.774 \times \text{창의성 지수})$$

20) 사례별 통계량

| 사례 수 | | 실제 집단 | 예측 집단 | 최대집단 | | | | 두 번째로 큰 최대집단 | | | 판별점수 |
| | | | | P(D>d / G=g) | | P(G=g / D=d) | 중심값까지의 제곱 Mahalanobis 거리 | 집단 | P (G=g / D=d) | 중심값까지의 제곱 Mahalanobis 거리 | 함수 1 |
				확률	자유도						
원래값	1	1	1	.543	1	.860	.370	2	.140	3.992	.695
	2	1	1	.543	1	.860	.370	2	.140	3.992	.695
	3u	1	1	.487	1	.995	.483	2	.005	10.898	1.998
	4u	1	1	.487	1	.995	.483	2	.005	10.898	1.998
	5	1	1	.297	1	.664	1.087	2	.336	2.445	.261
	6u	1	1	.297	1	.664	1.087	2	.336	2.445	.261
	7	1	1	.259	1	.998	1.275	2	.002	13.955	2.432
	8	1	1	.259	1	.998	1.275	2	.002	13.955	2.432
	9u	1	1	.118	1	.999	2.445	2	.001	177.389	2.867
	10u	1	1	.118	1	.999	2.445	2	.001	17.389	2.867
	11	2	2	.487	1	.830	.483	1	.170	3.653	-.608
	12	2	2	.487	1	.830	.483	1	.170	3.653	-.608
	13u	2	1**	.297	1	.664	1.087	2	.336	2.445	.261
	14u	2	2	.259	1	.611	1.275	1	.389	2.181	-.174
	15	2	2	.297	1	.998	1.087	1	.002	13.313	-2.346
	16	2	2	.297	1	.998	1.087	1	.002	13.313	-2.346
	17	2	2	.487	1	.830	.483	1	.170	3.653	-.608
	18u	2	2	.487	1	.830	.483	1	.170	3.653	-.608
	19u	2	2	.259	1	.611	1.275	1	.389	2.181	-.174
	20u	2	2	.259	1	.611	1.275	1	.389	2.181	-.174

교차 유효값[a]	1	1	1	.464	1	.830	.537	2	.170	3.708	
	2	1	1	.464	1	.830	.537	2	.170	3.708	
	5	1	1	.181	1	.597	1.790	2	.403	2.577	
	7	1	1	.140	1	.999	2.178	2	.001	15.249	
	8	1	1	.140	1	.999	2.178	2	.001	15.249	
	11	2	2	.398	1	.798	.714	1	.202	3.457	
	12	2	2	.398	1	.798	.714	1	.202	3.457	
	15	2	2	.181	1	.998	1.790	1	.002	14.032	
	16	2	2	.181	1	.998	1.790	1	.002	14.032	
	17	2	2	.398	1	.798	.714	1	.002	3.457	

원래 데이터의 경우 제곱 Mahalanobis 거리는 정준함수를 기준으로 결정된다.
교차유효화 데이터의 경우 제곱 Mahalanobis 거리는 관측에 따라 결정된다.

u. 선택되지 않은 사례
** 오분류 사례
a. 분석 시 해당 사례에 대해서만 교차유효화가 수행된다. 교차유효화 시 각 사례는 그 나머지 사례로부터 파생된 함수별로 분류된다.

이 표에서는 사례에 대한 실제 소속집단과 예측집단, 판별식에 의하여 속할 확률이 제일 높은 집단과 두 번째로 높은 집단, 판별점수가 제시된다. 실제집단은 실제로 속해 있는 집단이며, 예측집단은 판별함수를 이용하여 예측한 집단이다. 예측집단에 ** 표시가 있는 사례가 있을 수 있는데, 이것은 실제집단과 예측집단이 다르다는 것을 나타내 준다. 사례번호 옆에 u로 표시된 것은 분석에서 포함되지 않은 사례를 의미한다.

여기서는 사례 13u번이 잘못 분류된 경우로 판별분석에 포함되지 않는 사례다. 사례 13u의 경우 우수아 집단에 속할 확률은 .664, 보통아 집단에 속할 확률은 .336이며, 판별점수는 .261로 우수아를 나타내는 집단중심점 0보다 크므로 우수아로 분류되었다. 그러나 실제로는 보통아 집단에 속했다.

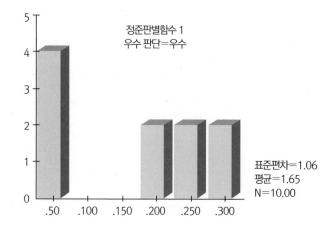

이 그래프는 우수로 예측된 집단의 10개 사례를 판별점수에 따라 히스토그램으로 그린 것이다. 0을 기준으로 0보다 크면 우수아에, 0보다 작으면 보통아에 분류되는데, 이 그래프에 따르면 모든 사례는 정확하게 우수로 판별되었다. 막대의 높이는 빈도수를 의미한다.

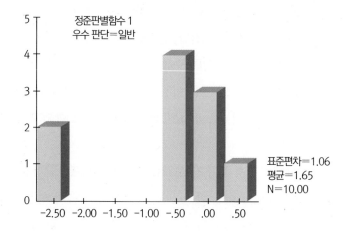

이 그래프는 보통아로 예측된 집단의 10개 사례를 판별점수에 따라 히스토그램으로 그린 것이다. 0을 기준으로 X축을 살펴보면 0보다 큰 값을 가지는 사례가 1개 나타난다. 이 사례는 실제집단은 일반아 집단인데 판별함수로 보아 우수아 집단으로 잘못 판단된 경우다.

21) 분류 결과[a, b, c, d]

	우수 판단		실제집단	예측 소속집단		전 체
				우 수	일반아	
선택된 사례	원래값	빈도	우수	5	0	5
			보통	0	5	5
		%	우수	100.0	.0	100.0
			보통	.0	100.0	100.0
	교차 유효값[a]	빈도	우수	5	0	5
			보통	0	5	5
		%	우수	100.0	.0	100.0
			보통	.0	100.0	100.0
선택되지 않은 사례	원래값	빈도	우수	5	0	5
			보통	1	4	5
		%	우수	100.0	.0	100.0
			보통	20.0	80.0	100.0

a. 분석 시 해당 사례에 대해서만 교차유효화가 수행된다. 교차유효화 시 각 사례는 해당 사례를 제외한 모든 사례로부터 파생된 함수별로 분류된다.

b. 원래의 선택집단 사례 중 100.0%가 올바로 분류되었다.

c. 원래의 비선택 집단 사례 중 90.0%가 올바로 분류되었다.

d. 선택 교차유효화 집단 사례 중 100.0%가 올바로 분류되었다.

이 표는 판별한 결과를 정리한 것이다. 선택된 사례를 살펴보면 원래 집단과 예측 소속집단이 정확하게 일치하므로 판별 적중률은 100%다. 반면 선택되지 않은 사례는 원래 우수아에 속한 유아는 모두 우수아로 판별되었으나 일반아에 속하는 유아 중 1명이 우수아로 판별되었다. 여기서 우수아의 경우는 100%, 일반아의 경우는 80%로 정확하게 판별하였으므로 전체적으로 90%의 정확도를 보인다.

논문 양식

앞에서 판별함수가 통계적으로 유의한지를 나타내 주는 지수로 고유값, 정준상관계수, Wilks의 람다, 카이제곱(χ^2)을 소개한 바 있다. 고유값이 클수록, 정준상관계수가 1에 가까울수록, Wilks의 람다가 적을수록, χ^2이 클수록 판별함수가 통계적으로 유의하게 된다. 이를 표로 나타내보면 다음과 같다.

1) 정준판별함수

〈표 13-1〉 지능지수, 창의성 지수 및 과제 집착력의 정준판별함수값

함 수	고유값	정준상관계수	Wilks의 람다	χ^2
1	2.123	.824	.320	8.540**

** p<.01

이 표에서 함수는 1개였으며, 고유값은 2.123, 정준상관계수는 .824, Wilks의 람다는 .320, χ^2은 8.540(p<.01)으로, 창의성으로 구성된 판별함수가 집단을 구분하는 판별력이 있는 것으로 나타났다.

판별함수만으로는 독립변수들이 판별력에 미치는 상대적 기여도를 알 수 없으므로 각 독립변수의 구조행렬계수, Wilks의 람다, F값으로 이를 알 수 있다. 이 장에 제시된 결과를 표로 제시하면 다음과 같다.

2) 독립변수의 판별기능분석

〈표 13-2〉 지능지수, 창의성 지수 및 과제 집착력의 판별기능분석

독립변수	구조행렬계수	Wilks의 람다	F(df=1, 8)
지능지수	.410	.343	15.327
창의성 지수	1.00	.320	16.981**
과제 집착력	-.148	.929	.615

** p<.01

이 표에서 구조행렬의 값은 창의성 지수가 1.00으로 가장 크고 다음으로 지능지수, 과제 집착력순이다. 판별분석에서 실제 두 집단 간 유의미한 차이를 나타내는 변수는 창의성 지수(F=16.981, p<.01)뿐이다.

판별분석을 통해 분류된 결과는 다음과 같다.

3) 판별기능 적중률표

〈표 13-3〉 **우수아와 일반아의 판별기능 적중률**

실제집단	표본 수	예측 소속집단	
		우 수	일 반
우수	5	5(100%)	0(100%)
일반	5	0(100%)	5(100%)

이 표에서 분류행렬을 살펴보면 우수집단 5명 모두가 정확히 분류되었으며 보통집단 5명 역시 정확하게 분류되었다. 즉, 정확하게 분류된 비율은 100%다.

이상의 판별분석을 통해 보면, 창의성 지수는 우수집단을 판별해 주는 예언력을 가지며, 집단을 100% 분류해 내는 것으로 나타났다.

연습문제

1 어느 회사 직장인의 우애, 대학학점, 직업의식, 직업적성에 따라 업무수행 유형에 대한 고용주의 판별 기능을 분석하시오.

2 최근 2년간 출판물 수, 최근 5년 동안의 연구비 수혜 건수, 최근 3학기 안의 강의시수 평균, 최근 5년 동안 활동한 위원회 수를 근거로 교수의 형태(연구교수/강의교수)를 분류하시오.

2015

2014

2005

제14장

로지스틱 회귀분석

① 개요

로지스틱 회귀분석(Logistic Regression)은 회귀분석과 개념적으로 동일하다. 다만 종속변수가 양적 변수가 아닌 이분변수라는 점이 다르다. 종속변수가 양적 변수일 때 종속변수에 영향을 주는 변수를 찾아내는 방법이 회귀분석이라면, 로지스틱 회귀분석은 종속변수가 두 집단으로 나뉜 이분변수일 때 사용하는 통계적 방법이다.

로지스틱 회귀분석은 종속변수가 성공/실패, 합격/불합격, 물건 구입 집단/비구입 집단과 같은 이분변수일 때 종속변수와 독립변수의 인과관계를 추정하는 통계적 모형이다. 그러므로 로지스틱 회귀분석은 두 집단 판별분석과 유사하다. 하지만 판별분석이 분석자료가 판별분석을 위한 기본 가정을 충족하는 경우로 제한되는 반면, 로지스틱 회귀분석은 별도의 기본 가정이 필요하지 않아 분석자료의 특성에 제한되지 않는다.

② 분석 실행

연구문제	B 대학교의 입학을 위한 주요 전형요소인 전공 수행능력, 인성 점수 중 학생들의 합격 여부에 유의한 영향을 미치는 독립변수는 무엇이며, 그중 가장 많은 영향을 미치는 독립변수는 무엇인가?

적용 절차(14장 로지스틱 회귀분석.sav)는 다음과 같다.

1 데이터 편집기 창에서 **분석(A) → 회귀분석(R) → 이분형 로지스틱(G)**을 선택한다.

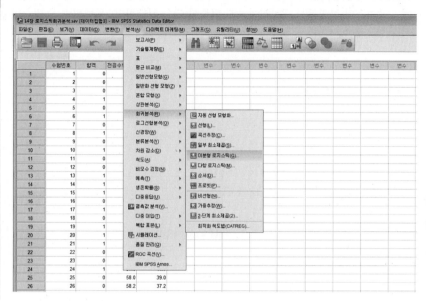

2 **종속변수(D)**에 이분변수인 종속변수를, **공변량(C)**에 독립변수를 모두 옮기고 **방법(M)**은 입력을 선택한다.

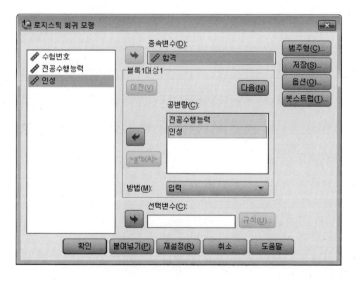

※ 다음 ③~⑤에서 언급하는 로지스틱 회귀분석 대화상자는 ②의 대화상자를 의미한다.

<table>
<tr><td>**3**</td><td>로지스틱 회귀분석 대화상자에서 **범주형(C)**을 선택한다. 독립변수 중 범주형 변수 (예, 성별)가 있다면 **범주형 공변량(T)**으로 옮긴다.</td></tr>
</table>

<table>
<tr><td>**4**</td><td>로지스틱 회귀분석 대화상 자에서 **저장(S)**을 선택하여 **확률(P), 소속집단(G)**을 체 크하면 다음 그림과 같이 새 로운 변수가 추가된다.</td></tr>
</table>

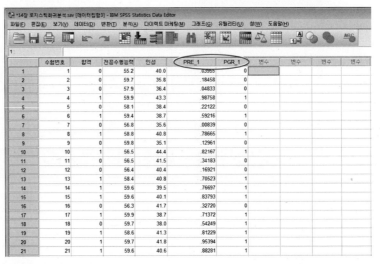

5 로지스틱 회귀분석 대화상자의 **옵션(Q)**에서 통계량 및 도표, 출력 등을 지정할 수 있다. **계속**을 선택한 후 로지스틱 회귀분석 대화상자에서 **확인**을 선택하면 SPSS 뷰어 창에 결과가 출력된다.

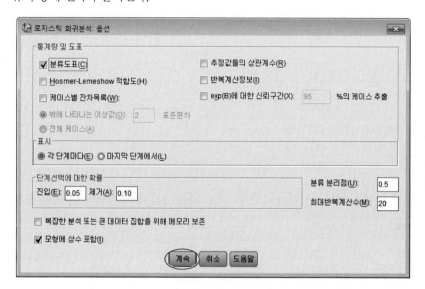

3 분석 결과

1) 분석할 종속변수의 코딩

종속변수 코딩	
원래값	내부 값
불합격	0
합격	1

2) 시작 블록 분류표

분류표[a, b]

관측			예측		
			합격		분류 정확도(%)
			불합격	합격	
0단계	합격	불합격	55	0	100.0
		합격	45	0	.0
	전체 %				55.0

a. 모형에 상수항이 있습니다.
b. 절단값은 .500입니다.

모든 사례를 보다 큰 집단에 분류한다. 따라서 분류의 정확도는 언제나 50% 이상이 된다.

3) 시작 블록: 방정식에 포함된 변수와 포함되지 않은 변수

방정식에 포함된 변수

	B	S.E	Wals	자유도	유의확률	Exp(B)
0단계 상수	- .201	.201	.997	1	.318	.818

방정식에 포함되지 않은 변수

			점수	자유도	유의확률
0단계	변수	전공 수행능력	20.451	1	.000
		인성	33.949	1	.000
전체 통계량			50.971	2	.000

4) 모형계수 전체 테스트와 모형 요약

모형계수 전체 테스트

	카이제곱	자유도	유의확률
1단계 단계	67.289	2	.000
블록	67.289	2	.000
모형	67.289	2	.000

모형 요약

단계	-2 Log 우도	Cox와 Snell의 R-제곱	Nagelkerke R-제곱
1	70.339[a]	.490	.655

a. 모수 추정값이 .001보다 작게 변경되어 계산 반복수 6에서 추정을 종료하였다.

이 표에서 카이제곱 통계값은 독립변수의 추가에 다른 −2LL(−2Log 우도)의 차이를 나타내는 것이다. 단계에서는 이전 단계와 현 단계의 −2LL의 차이를, 블록에서는 여러 개의 블록을 설정하였을 때 이전 블록과 현 블록의 −2LL의 차이를 나타낸다. 모형에서는 상수항(절편)만을 포함하는 기초모형과 2개의 독립변수를 포함하는 모형 간의 −2LL의 차이를 나타낸다. 앞에서 이전 단계와 이전 블록은 모두 상수항(절편)만을 포함하고 있는 기초모형이므로 여기서 카이제곱 통계값은 기초모형과 연구모형 간의 차이를 나타내며, 자유도 2는 추정되는 미지수의 차이를 나타낸다.

앞에서 모형의 적합도를 나타내는 카이제곱 통계값은 67.289, 유의확률은 .000으로, '모든 독립변수의 회귀계수는 0이다.'라는 영가설이 기각되었으므로 유의수준 .001에서 두 변수 중 하나라도 유의한 변수가 포함되어 있음을 알 수 있다.

Cox와 Snell의 R-제곱(R^2)과 Nagelkerke의 R-제곱(R^2)은 로그 우도 함수값을 이용해 계산한 결정계수인데, 오차의 등분산성 가정이 충족되지 않는 로지스틱 회귀분석에서는 종속변수의 값에 따라 결정계수의 값이 달라지고 그 값도 대체로 낮은 경향이 있으므로 이에 많은 의미를 둘 필요는 없다.

5) 분류의 정확도

<table>
<tr><td colspan="7" align="center">분류표^a</td></tr>
<tr><td colspan="3" rowspan="3" align="center">관측</td><td colspan="3" align="center">예측값</td></tr>
<tr><td colspan="2" align="center">합격</td><td rowspan="2" align="center">분류 정확도(%)</td></tr>
<tr><td align="center">불합격</td><td align="center">합격</td></tr>
<tr><td>1단계</td><td>합격</td><td>불합격</td><td align="center">51</td><td align="center">4</td><td align="center">92.7</td></tr>
<tr><td></td><td></td><td>합격</td><td align="center">3</td><td align="center">42</td><td align="center">93.3</td></tr>
<tr><td colspan="3" align="center">전체(%)</td><td></td><td></td><td align="center">93.0</td></tr>
</table>

이 표에서 설정된 모형에 의해 합격자와 불합격자를 분류하면 전체의 93.0%가 정확하게 분류됨을 알 수 있다.

6) 산출된 회귀식

	B	S.E	Wals	자유도	유의확률	Exp(B)
1단계^a 전공 수행능력	1.081	.256	17.872	1	.000	2.948
인성	.753	.155	23.479	1	.000	2.123
상수	-92.984	18.688	24.756	1	.000	.000

방정식에 포함된 변수

산출된 로지스틱 회귀모형식은 다음과 같다.

$$\log \hat{y} \text{ 합격자} = -92.984 + 1.081(\text{전공 수행능력}) + .753(\text{인성})$$

$$\log \hat{y} \text{ 합격자} = \ln \frac{P_i}{1-P_i} \qquad P_i = \text{합격할 확률}$$

그러므로 다음과 같은 식을 통하여 로지스틱 회귀분석에 의한 합격 확률을 계산할 수 있다. 전공 수행능력, 인성 점수가 모두 높을수록 합격할 확률이 더 높아지며, 합격 여부에 대한 영향력은 전공 수행능력이 인성보다 합격에 더 큰 영향을 주는 요인이라는 것을 알 수 있다.

$$\widehat{P}_{합격자} = \cfrac{1}{1+e^{-[-92.984+1.08(전공\ 수행능력)+.753(인성)]}}$$

유의수준 .05에서 각 독립변수의 회귀계수에 대한 유의확률은 전공 수행능력, 인성 모두 p=.000이므로, 유의수준 .001에서 합격률에 미치는 영향력이 통계적으로 유의하다.

7) 집단분류 히스토그램

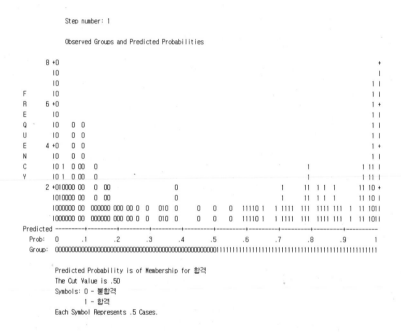

[그림 14-1] 집단분류 히스토그램

이 그래프는 로지스틱모형에 의해 예측되는 집단(가로선 아래), 실제로 관찰된 집단(가로선 위)의 분포를 나타낸 것이다. 여기서 0은 불합격 집단, 1은 합격집단을 의미하며, 하나의 숫자는 .5명을 나타내고 있다. 따라서 이 그래프를 통하여 로지스틱 회귀모형하에서 합격할 확률이 1로 최종 합격할 것이라 예측된 사람 중 실제로 불합격한 사람은 4(8)명이고, 합격확률이 0으로 최종 불합격할 것이라 예측된 사람 중 실제로 합격한 사람은 3(6)명임을 알 수 있다.

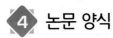

4 논문 양식

전공 수행능력과 인성 점수의 기술통계는 〈표 14-1〉과 같다.

〈표 14-1〉 전공 수행능력과 인성의 기술통계

		전공 수행능력	인 성
합격 (n=45)	평균	58.52	41.75
	표준편차	.17	.31
불합격 (n=55)	평균	57.19	38.45
	표준편차	.19	.33
전체 (n=100)	평균	57.79	39.94
	표준편차	1.48	.28

합격자의 전공 수행능력 평균과 표준편차는 각각 58.52와 .17이고, 인성의 평균과 표준편차는 각각 41.75와 .31이다. 이에 비해 불합격자의 전공 수행능력 평균과 표준편차는 각각 57.19와 .19이고, 인성의 평균과 표준편차는 각각 39.94와 .33이다.

전공 수행능력, 인성 점수를 독립변수로 하는 모형에 대한 통계적 유의성 및 집단 분류의 정확도를 로지스틱 회귀분석으로 분석한 결과는 〈표 14-2〉와 같다.

〈표 14-2〉 모형검정 및 합격 여부 분류의 정확도

		예측치			정확도
		합 격	불합격	전 체	
관찰치	합격	42	3	45	93.3
	불합격	4	51	55	92.7
	전체	46	54	100	93.0

$-2LL=70.339$, χ^2(절편모형−이론모형)$=67.289$(df$=2$, p$=.00$), Nagelkerke $R^2=.655$

모형에 포함된 모든 독립변수의 회귀계수가 0인지에 대한 가설검정 결과, 절편만을 포함하고 있는 모형의 −2LL과 연구자가 설정한 이론모형의 −2LL의 차이를 나타내는 χ^2값은 67.289, 이에 따른 유의확률은 .000이다. 그러므로 전공 수행능력, 인성 점수에 의해 합격 여부를 예측하는 모형은 유의수준 .05에서 통계적으로 의미가 있다. 합격자와 불합격자에 대한 관찰치와 예측치 간의 차이를 보면 합격자의 경우 93.3%, 불합격자의 경우 92.7%가 정확히 분류되어 전체적으로는 93.0%의 높은 정확도를 나타내고 있다.

합격 여부에 대한 개별 독립변수들의 통계적 유의성을 분석한 결과는 〈표 14-3〉과 같다.

〈표 14-3〉 합격 여부에 대한 로지스틱 회귀분석 결과

	회귀계수	표준오차	Wald	자유도	유의확률	Exp(B)
전공 수행능력	1.081	.256	17.872	1	.000	2.948
인성	.753	.155	23.479	1	.000	2.123
상수	−92.984	18.688	24.756	1	.000	.000

전공 수행능력(Wald=17.872, p=.00)과 인성(Wald=23.479, p=.00) 모두 유의수준 .05에서 대입합격 여부에 유의하게 영향을 미치고 있는 것으로 분석되었다.

1 ○○광역시에서 100명을 대상으로 선거참여 여부를 확인하였다. 정치관심도와 여당 선호도 중 선거참여에 유의한 영향을 미치는 독립변수는 무엇이며, 그중 더 많은 영향을 미치는 독립변수는 무엇인가?

2 문제 1의 분석 결과, 선거참여 여부에 대한 관찰치와 예측치 간의 차이를 확인하여 참여자와 비참여자를 얼마나 정확하게 분류하는지 서술하시오.

제15장

군집분석

① 개요

실험이나 조사에서 얻은 사례를 어떤 성질에 따라 분류하여 동질적인 몇 개의 군집(cluster)으로 나누어 분류하고자 하는 경우가 있다. 예를 들어, 생물학에서 어떤 특성에 따라 생물을 분류하는 경우, 의학에서 질병의 종류 및 상태를 분류하는 경우 혹은 심리학에서 성격 유형에 따라 개인을 분류하는 경우에 군집분석(Cluster Analysis)을 사용할 수 있다. 이는 n개의 사례를 대상으로 p개의 변수를 측정하였을 때 변수를 이용하여 n개의 사례 사이의 유사성(거리)을 측정하여 상대적으로 가까운 사례를 동질적인 집단으로 군집화(clustering)하는 것이다.

군집분석은 명확한 분류기준이 없을 경우에 실시하는 것으로, 회귀분석이나 판별분석과 달리 의미 없는 변수를 제외하는 기능이 없어서 선정된 모든 변수가 동일한 비중으로 유사성 평가에 투입된다. 또한 군집분석은 자료 탐색, 자료 축소, 가설 정립, 군집에 근거한 예측 등의 목적으로 사용된다.

구체적으로 그 목적을 살펴보면 다음과 같다.

① 사례 간의 유사성에 근거하여 군집의 구성원이 됨을 식별한다.
② 전체 다변량 자료의 구조를 파악한다.
③ 군집의 형성과정과 그 특성 그리고 식별된 군집 간의 관계 등을 체계적으로 연구·분석한다.

군집분석의 기본 가정은 다음과 같다.

① 군집분석은 군집의 개수나 구조에 관한 아무런 가정이 없다. 즉, 사례 사이의 유사성에 근거하여 '자연스러운' 군집을 찾고 나아가 자료의 요약을 꾀하는 기본적이고 탐색적인 통계 방법이다.
② 명확한 분류기준이 없을 경우에 실시하는 것으로, 변수를 제외하는 기능이 없기 때문에 선정된 모든 변수가 동일한 비중으로 유사성 평가에 투입된다.
③ 최종 결과에 대한 통계적 유의성 검정 방법이 없으므로 설명변수 선정에 유의해야 한다.

more　모집단에 대한 모수치를 알지 못하기 때문에 사례를 표집하여 그 표본이 전집을 대표한다는 가정하에서 이루어진다. 군집변수 간의 다중공선성을 해결하기 위해서는 공선성이 높은 변수를 통합하여 새로운 변수를 구성하거나 혹은 공선성의 영향을 통제할 수 있도록 고안된 근사추정치를 선택할 수 있다.

2 분석 실행

1) 계층적 군집분석

계층적 군집분석(Hierarchical Cluster Analysis)은 각 개체를 가까운 개체끼리 묶어 나가는 방법으로서 원자료를 이용하거나 표준화된 변수를 이용할 수 있다.

연구문제	흡연에 영향을 미치는 변수를 기준으로 하였을 때 흡연집단은 어떤 유형으로 분류되는가?

적용 절차(15장 군집분석 원자료.sav)는 다음과 같다.

1　데이터 편집기 창에서 데이터를 불러온 후 **분석(A) → 분류분석(Y) → 계층적 군집분석(H)**을 차례로 선택한다.

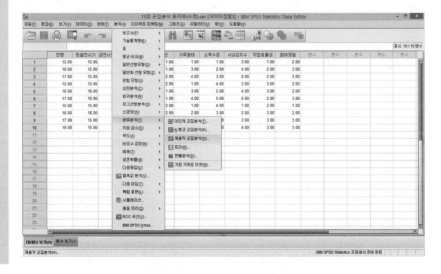

군집분석 기법	설 명
계층적 군집분석 (Hierarchical cluster analysis)	군집화 과정이 순차적으로 이루어지며, 나무 모양 그림(dendro-gram)의 형식을 취하는 유형. 한 군집이 다른 군집의 내부에 포함되나 군집 간에는 중복이 허용되지 않음. 군집의 형성에 위계가 있어서 일단 한 군집에 속하게 된 두 개체는 다시 흩어지지 않음. 사례가 100 이하인 경우에 효과적임
K-평균 군집분석 (K-means cluster analysis)	비계층적 군집분석 방법으로 군집화 과정이 순차적으로 이루어지지 않으며, 다루어야 할 사례가 100 이상인 경우 사용이 용이함. 사전에 몇 개의 군집으로 나눌 것인지 군집 수를 미리 정하고, 각 개체가 어느 군집에 속하는지를 분석함. 군집이 형성된 이후에도 일정 기준에 따라 개체가 이합집산을 되풀이하여 다른 군집에 재배정되지 않을 때까지, 즉 개체가 어느 한 군집에만 속하도록 하는 상호 배타적이 될 때까지 분석 절차를 반복함
이단계 군집분석 (Two-step cluster analysis)	계층·비계층적 방법의 절충. 계층적 군집분석은 계산시간이 짧아서 자료를 빠르게 처리할 수 있는 장점이 있으나 표본의 수가 큰 경우에는 컴퓨터로 처리하기 위한 저장용량이 너무 크기 때문에 분석의 어려움이 있음. 극단치의 영향을 많이 받는 단점이 있음. 비계층적 군집분석은 군집중심점을 무작위적인 방법보다 연구자가 지정 선택하였을 경우에 계층적 군집분석과 비교하여 극단치의 영향을 적게 받는 장점이 있음. 이단계 군집분석을 이용할 경우 각각의 장점을 살릴 수 있음.

2 변수들을 지정하여 변수(V)로 옮긴다. 수평누적에서는 사례를 체크하고, 다음 표시에서는 통계량과 도표를 선택한다.

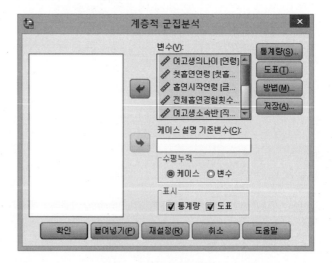

군집	설명
사례(Cases)	SPSS의 초기 지정값으로 사례들 간의 거리 계산을 통해 사례별 군집 분석을 실시함
변수(Variables)	변수 간의 거리 계산을 통해 변수들을 군집화하는 것으로 요인분석과 유사함

3 **통계량(T)** 버튼을 선택한 후 군집화 일정표(A)와 근접행렬(P)을 체크한다. **계속** 버튼을 선택한다.

통계량		설명
군집화 일정표 (Agglomeration schedule)		기본값으로 사례 혹은 군집들의 결합된 순서나 단계 및 사례 간의 거리계수를 제시함
근접행렬(Proximity matrix)		항목 간 거리행렬로서 작성된 행렬의 유형은 선택한 측도에 따라 달라짐. 항목 수가 큰 경우 이 사항을 지정하면 큰 출력 결과가 생성됨
소속군집 (Cluster membership)	지정않음(None)	기본값으로 군집 전체를 제거함
	단일해 (Single solution)	원하는 군집 수를 입력함
	해법 범위 (Range of solution)	군집 해법의 범위에 대한 소속군집을 표시함. 최저 및 최대 군집 해법에 해당하는 값을 입력함. 두 값 모두 1보다 큰 정수여야 하고, 첫 번째 값은 두 번째 값보다 작아야 함

4 도표(T) 버튼을 선택한 후 덴드로그램(D)을 체크하고 기본값으로 지정된 고드름에서는 전체 군집(A)을, 출력방향에서는 수직(V)을 체크한 후 **계속** 버튼을 선택한다.

도 표		설 명
덴드로그램(Dendrogram)		덴드로그램으로 군집화 상태를 나타내는 그림으로 군집화의 절차를 볼 수 있음
고드름 (Icicle)	전체군집 (All clusters)	모든 군집에 대해 고드름 플롯을 제시함(초기 지정값임)
	군집 범위 지정 (Specified range of clusters)	특정 군집에 대한 고드름의 형태를 제시함
	지정않음 (None)	고드름 플롯을 제시하지 않음
출력방향 (Orientation)	수직(Vertical)	수직 고드름 형태를 제시함(초기 지정값)
	수평(Horizontal)	수평 고드름 형태를 제시함

5 방법(M) 버튼을 선택한 후 군집 방법(M)과 측도의 등간(N)을 지정하고 **계속** 버튼을 선택한다.

> **more** 값 변환은 각 개체 간의 유사성 거리를 측정하기 전에 원자료를 변환하는 기능이다. 일반적으로 각 변수값을 이용하여 거리(distance) 또는 유사성(similarity)을 측정할 때는 각 변수값의 관측단위가 달라서 발생되는 영향력을 없애기 위하여 각 변수를 표준화하는 것이 좋다.

방법		설명
군집 방법 (Cluster Method)	집단 간 연결 (Between-groups linkage)	두 군집의 모든 개체 간 (제곱)거리의 평균을 군집 간 (제곱)거리로 함
	집단 내 연결 (Within-groups linkage)	새 개체를 기존 군집에 포함시킬 때 새 개체를 포함한 모든 개체 간의 평균거리가 최소가 되는 군집에 포함시키는 방법
	가장 가까운 항목 (Nearest neighbor)	단일기준 결합 방식(최단거리법)에 따른 군집 형성으로, 두 군집의 개체 간 최단거리를 군집 간 거리로 함. 즉, 어느 한 군집에 속해 있는 개체와 거리가 가장 가까운 다른 군집에 속해 있는 개체를 새로운 군집으로 형성함. 거리가 가깝다는 것은 유사하다는 것을 의미함
	가장 먼 항목 (Furthest neighbor)	완전기준 결합 방식(최장거리법)에 의해 군집을 형성함. 각 단계마다 한 군집에 속해 있는 사례와 다른 군집에 속해 있는 사례 사이의 유사성이 최장거리일 때 형성됨
	중심점 군집화 (Centroid clustering)	모든 변수에 대한 평균 간의 거리로서 두 군집 간의 거리를 계산함. 군집 p와 군집 q를 합친 새로운 군집을 t번째 군집이라 할 때, 또 다른 r번째 군집과의 유사성 거리는 다음과 같이 계산함 $$S_{tr} = \frac{N_p}{N_p+N_q}S_{pr} + \frac{N_q}{N_p+N_q}S_{qr} - \frac{N_pN_q}{(N_p+N_q)^2}S_{pq}$$
	중위수 군집화 (Median clustering)	결합된 군집들은 사례 수에 관계없이 중심값의 계산에 있어서 동일하게 가중치화됨 $$S_{tr} = \frac{S_{pr}+S_{qr}}{2} - \frac{S_{pq}}{4}$$
	Ward의 방법 (Ward's method)	군집 중심 간의 거리에 가중치를 부여하여 군집 간의 거리를 계산함. 총 군집 내 (제곱)거리의 오차제곱합(Error sum of squares: ESS)을 최소화하도록 군집끼리 합병함 $$S_{tr} = \frac{1}{(N_t+N_r)^2}\left[(N_r+N_p)S_{rp} + (N_r+N_q)S_{rq} - N_rS_{pq}\right]$$

측도 (Measure)	간격 (Interval)	유클리디안 거리 (Euclidean distance)	변수값들의 차이를 제곱하여 합산한 거리. 다차원 공간에서 직선 최단거리를 구함 $d_{ik} = \sqrt{\sum_{j}^{p}(x_{ij}-x_{kj})^2}$
		제곱유클리디안 거리 (Squared euclidean distance)	유클리디안 거리를 제곱한 것 $d_{ik}^2 = \sum_{j}^{p}(x_{ij}-x_{kj})^2$
		코사인(Cosine)	비유클리드 거리로 두 관측 벡터 사이의 코사인 각도로 측정됨
		Pearson의 상관 (Pearson correlation)	두 관찰 벡터 사이의 상관관계를 구함 $d_{ik} = \dfrac{\sum_{j=1}^{p}(x_{ij}x_{kj})}{\sqrt{(\sum_{j=1}^{p}x_{ij}{}^2)(\sum_{j=1}^{p}x_{kj}{}^2)}}$
		Chebyshev	두 항목 간의 거리는 항목 값 사이의 최소 절대치임 $d_{ik} = \max_j |x_{ij}-x_{kj}|$
		블록(Block)	$d_{ik} = \sum_{j=1}^{p}|x_{ij}-x_{kj}|$
		Minkowski	$d_{ik} = (\sum_{j=1}^{p}|x_{ij}-x_{kj}|^m),\ m>0$
	빈도 (Count)	카이제곱 측도 (Chi-square measure)	기본값으로 동질성 검정에 대한 카이제곱 통계량에 기초함
		파이제곱 측도 (Phi-square measure)	$\phi^2 = \dfrac{x^2}{n}$
	이분형 (Binary)	유클리디안 거리 (Euclidean distance)	$\sqrt{b+c}$
		제곱유클리디안 거리 (Squared euclidean distance)	$b+c$
		크기 차이 (Size difference)	비유사성의 한 지표로 범위는 0~1임
		패턴 차이 (Pattern difference)	$\dfrac{bc}{n^2}$로 범위는 0~1임
		분산(Variance)	$\dfrac{(b+c)}{4n}$
		…	이하 생략

값 변환 (Transform values)	지정않음(None)	기본 설정으로 표준화하지 않음
	Z점수(Z Scores)	평균 0, 분산 1을 가지는 표준점수로 변환함
	−1부터 1까지의 범위 (Range −1 to 1)	각 관측값을 범위로 나눔
	0부터 1까지의 범위 (Range 0 to 1)	각 관측값에서 최소값을 뺀 다음 범위로 나눔
	최대값 1 (Maximum magnitude)	각 관측값을 최대값으로 나눔
	평균 1 (Mean of 1)	각 관측값을 평균값으로 나눔
	표준편차 1 (Standard deviation of 1)	각 관측값을 표준편차로 나눔
측도변환 (Transform measures)	절댓값 (Absolute values)	거리의 절대치를 이용함
	부호 바꾸기 (Change sign)	비유사성을 유사성으로, 유사성을 비유사성으로 변환함
	0~1 범위로 척도조정(Rescale to 0~1 range)	0~1 범위에 대한 거리를 재측정함

6 **저장(A)** 버튼을 선택한 후 소속군집을 지정않음(N)을 체크하여 **계속** 버튼을 선택한다.

저 장	설 명
지정않음(None)	기본값으로 군집 전체를 저장하지 않음
단일해(Single solution)	지정한 군집 수가 있는 단일군집 해법에 대해 소속군집을 지정함. 1보다 큰 정수를 입력함
해법 범위(Range of solutions)	군집해 범위에 대한 전체 해를 저장함. 가장 낮고 가장 높은 군집해와 일치하는 값을 입력함

7 SPSS 뷰어 창에 계층적 군집분석에 대한 결과가 나오면 저장해 둔다. 모두 설정되었으면 **확인** 버튼을 선택한다.

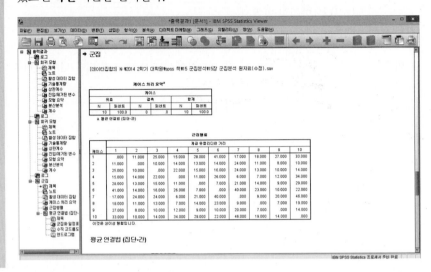

8 3개의 군집이 형성되었는지 파악되었으면 그림 ⑥으로 돌아가서 **단일해법(S)**을 체크하여 **군집 수(B)**를 '3'으로 **지정**한다.

| 9 | SPSS 데이터 편집기 창에 'CLU3_1'이라는 새로운 변수가 생성되어 있다. |

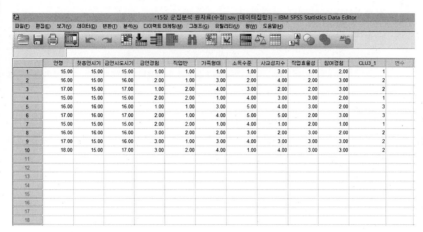

2) 비계층적 군집분석(K-평균 군집분석)

| 연구문제 | 흡연에 영향을 미치는 변수들을 기준으로 하였을 때 흡연집단은 어떤 유형으로 분류되는가? |

K-평균 군집분석(K-Means Cluster Analysis)은 계층적 군집분석에 비해 계산 속도가 빠르므로 대량 데이터의 군집분석에 유용하게 이용된다.

적용 절차(15장 군집분석 원자료.sav)는 다음과 같다.

1 데이터 편집기 창에서 데이터를 불러온 후 **분석(A) → 분류분석(Y) → K-평균 군 집분석(K)**을 차례로 선택한다.

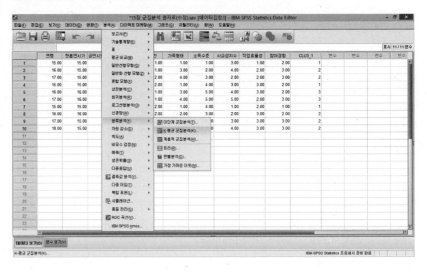

---- more **표준화 변수 생성**

변수의 측정단위가 다른 경우에는 기술통계 분석 절차에서 표준화 변수를 생성하여 작업을 하면 된다. 분석에 들어가기 앞서 먼저 기술통계 절차를 이용하여 표준화 변수(표준화된 변수는 변수 이름 앞에 z가 붙음)를 생성한다.

2 대화상자에서 변수들을 지정하여 변수(V)로 옮긴다. 군집의 수(U)에 2 이상의 값 을 입력한다. 여기서는 '3'을 입력한다. 2단계까지 실시한 후 확인 버튼을 선택하면 비계층적 군집분석의 수행 결과가 SPSS 뷰어 결과 창에 출력된다.

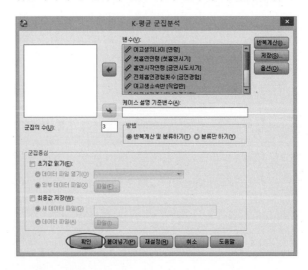

▶ more 사례 설명 기준변수

사례 설명 기준변수(B): 각 사례는 출력 결과에서 사례번호로 구별된다. 경우에 따라 문자변수 값을 사용하여 사례를 구별할 때는 문자변수를 지정하면 된다.

▶ more 중심 버튼

군집중심의 초기값을 특정 파일로부터 불러 읽거나 최종 중심값을 파일에 저장할 때 사용하는 버튼이다. 중심 단추에서 초기 군집중심 파일을 읽거나 군집중심 결과 파일을 저장한다. 군집분석의 효율성을 위해서는 일부 자료를 선택하여 군집중심의 최종값 파일을 저장한 후 다시 전체 데이터를 선택하고 초기값 읽기를 지정하면 효율적이다.

3 보다 자세한 분석을 위해서 다음 절차를 실시한다. **반복계산(I)** 버튼을 선택한 후, 기본값대로 체크한 후 **계속** 버튼을 선택한다.

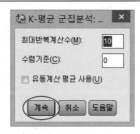

반복계산	설 명
최대반복계산 수 (Maximum iterations)	군집중심을 새로 고치기 위한 최대반복계산 수로, 각 반복계산마다 사례가 차례로 최근 군집중심으로 할당되고 군집평균이 갱신됨. 양의 정수를 입력함
수렴기준 (Convergence criterion)	초기 지정값으로 군집중심에서 최대 변화량이 초기 중심 간 최소거리의 2%보다 작은 경우 반복 계산이 중지됨. 수렴값을 바꾸려면 1 이하의 양수를 기입함
유동계산 평균 사용 (Use running means)	사례를 군집에 할당할 때마다 새로운 군집중심을 계산함

4 **저장(S)** 버튼을 선택한다. 소속군집(C)과 군집중심으로부터의 거리(D)를 체크한 후 **계속** 버튼을 선택한다.

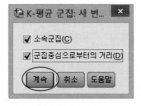

저장	설명
소속군집 (Cluster membership)	각 사례가 할당된 최종적인 군집을 데이터 창에 생성시킴
군집중심으로부터의 거리 (Distance from cluster center)	사례 분류에 사용된 군집중심 간의 유클리디안 거리를 저장함

5 대화상자 하단에 있는 **옵션(O)** 버튼을 지정하면 옵션 대화상자가 뜬다. 여기서는 군집중심 초기값(I), 분산분석표(A), 각 사례의 군집정보(C) 버튼을 선택한 후 **계속** 버튼을 선택한다.

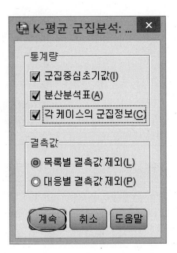

옵션		설명
통계량 (Statistics)	군집중심 초기값 (Initial cluster centers)	각 군집에 대한 변수평균의 첫 번째 추정값
	분산분석표 (ANOVA table)	각 군집변수에 대한 일원변량분석 결과를 제시함
	각 사례의 군집정보 (Cluster information for each case)	사례별로 최종 군집할당을 표시하고 분류에 사용된 사례와 군집중심 간 유클리디안 거리, 최종 군집중심 간 유클리디안 거리를 표시함
결측값 (missing values)	목록별 결측값 제외 (Exclude cases listwise)	군집변수에 대한 결측값이 있는 사례를 제외시킴
	대응별 결측값 제외 (Exclude cases pairwise)	비결측값이 있는 모든 변수로부터 계산한 거리를 기초로 사례를 군집에 할당함

6 모두 설정되었으면 **확인** 버튼을 선택한다. 프로그램이 실행되어 그림과 같은 결과가 나오면 저장해 둔다.

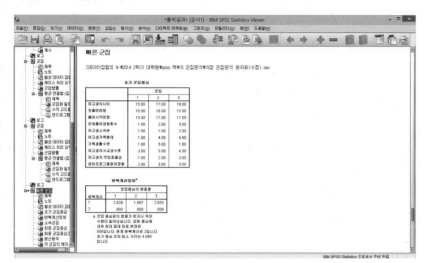

7 SPSS 데이터 편집기 창에는 소속군집과 군집중심으로부터의 거리가 새로운 변수 'QCL_1(분류된 군집)' 'QCL_2(중심과의 거리)'로 생성되어 저장되어 있다.

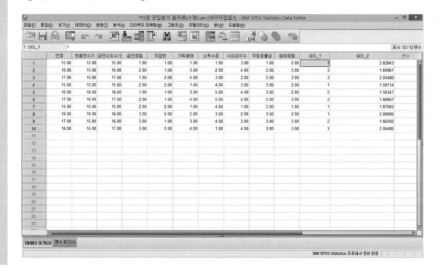

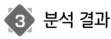

3 분석 결과

1) 계층적 군집분석

(1) 사례 처리 요약

사례					
유효		결측		전체	
N	퍼센트	N	퍼센트	N	퍼센트
10	100.0	0	0	10	100.0

이 표는 분석에 사용된 사례에 대한 요약이다. 전체 사례 수는 10이며 모두 분석에 이용되었으므로 유효 백분율은 100%다.

(2) 근접성행렬

사례	제곱유클리디안 거리									
	1	2	3	4	5	6	7	8	9	10
1		11.000	25.000	15.000	28.000	41.000	17.000	18.000	27.000	33.000
2	11.000		10.000	14.000	13.000	14.000	24.000	11.000	8.000	10.000
3	25.000	10.000		22.000	15.000	16.000	24.000	13.000	10.000	14.000
4	15.000	14.000	22.000		11.000	26.000	6.000	7.000	12.000	34.000
5	28.000	13.000	15.000	11.000		7.000	21.000	14.000	9.000	29.000
6	41.000	14.000	16.000	26.000	7.000		40.000	23.000	10.000	22.000
7	17.000	24.000	24.000	6.000	21.000	40.000		9.000	20.000	46.000
8	18.000	11.000	13.000	7.000	14.000	23.000	9.000		7.000	19.000
9	27.000	8.000	10.000	12.000	9.000	10.000	20.000	7.000		14.000
10	33.000	10.000	14.000	34.000	29.000	22.000	46.000	19.000	14.000	

이것은 상이성행렬이다.

이 결과표는 개체 사이의 유클리디안 거리행렬을 보여 준다. 이 표에서 거리행렬의 계수는 상이성(dissimilarity)의 크기를 나타낸다. 즉, 계수가 작을수록 유사성이 높다. 사례 4와 7의 거리가 6.000으로 가장 가깝고, 사례 7과 10의 거리가 46.000으로 가장 멀다. 따라서 사례 4와 7은 같은 군집에 포함될 가능성이 높고, 사례 7과 10은 같은 군집에 포함될 가능성이 낮다.

(3) 군집화 일정표

단계	조합된 군집		계 수	최초출현 군집단계		다음 단계
	군집 1	군집 2		군집 1	군집 2	
1	4	7	6.000	0	0	7
2	8	9	7.000	0	0	4
3	5	6	7.000	0	0	8
4	2	8	9.500	0	2	5
5	2	3	11.000	4	0	6
6	2	10	14.250	5	0	8
7	1	4	16.000	0	1	9
8	2	5	16.500	6	3	9
9	1	2	23.476	7	8	0

이 표에서 계수는 해당 사례가 속한 군집 간의 거리를 나타낸다. 따라서 이 계수 값이 작을수록 빨리 군집이 된다. 1단계에서는 사례 4와 7이 2단계에서는 사례 8과 9가 3단계에서는 사례 5와 6이 군집화된다. 4단계에서는 2단계에서 군집화되었던 사례 8이 사례 2와 결합됨으로써 다른 군집이나 사례들과 결합되어 있다. 그리고 마지막 단계에서는 사례 1이 속한 군집과 사례 2를 군집화한다.

(4) 수직 고드름 도표

군집의 수	6		5		10		3		9		8		2		7		4		1
												사 례							
1	X	X	X	X	X	X	X	X	X	X	X	X	X	X	X	X	X	X	X
2	X	X	X	X	X	X	X	X	X	X	X	X	X		X	X	X	X	X
3	X	X	X		X	X	X	X	X	X	X	X	X		X	X	X	X	X
4	X	X	X		X	X	X	X	X	X	X	X	X		X	X	X		X
5	X	X	X		X		X	X	X	X	X	X	X		X	X	X		X
6	X	X	X		X		X		X	X	X	X	X		X	X	X		X
7	X	X	X		X		X		X	X	X		X		X	X	X		X
8	X	X	X		X		X		X		X		X		X	X	X		X
9	X		X		X		X		X		X		X		X	X	X		X

이 표에서 열은 군집의 수에 따라 사례들이 수직 고드름으로 묶이는 차례를 보여 주고 있다. 군집의 수가 1인 경우에는 모든 사례가 다 포함되며, 2인 경우에는 한 군집에 사례 6, 5, 10, 3, 9, 8, 2가 속하고 다른 군집에는 7, 4, 1이 속하게 된다. 또 군집의 수를 3으로 할 경우에는 한 군집에 6, 5, 다른 군집에 10, 3, 9, 8, 2 그리고 마지막 한 군집에 7, 4, 1이 속하게 된다.

만일 이렇게 세 군집으로 나눈다면 (6, 5), (10, 3, 9, 8, 2), (7, 4, 1) 군집의 공통적인 특성으로 각각 군집명을 붙일 수 있다. 예를 들면, (7, 4, 1) 군집의 특성은 현재 학생들의 나이가 어리면서 흡연 경험이 있고, 가족이 핵가족이며, 가족으로부터의 흡연 경험은 거의 없다는 특성을 공유한다. (6, 5) 군집은 생활수준이 낮고 우울 증세가 심한 부류다. 그리고 (10, 3, 9, 8, 2) 군집은 성적은 중하이고, 금연 프로그램 참여 경험이 많으며, 15세경에 첫 흡연을 하였으며, 편부모 혹은 계부모 가족 형태로 최근에도 흡연 경험이 있다. 이 경우 (7, 4, 1) 군집은 '어린 연령-핵가족 흡연집단', (6, 5) 군집은 '가족원인-개인원인 가출집단', (10, 3, 9, 8, 2) 군집은 '가족원인-개인원인 흡연집단'으로 명명할 수 있다.

(5) 덴드로그램

다음 그림은 나무 모양 그림(덴드로그램)으로서 군집화 순서 상태를 나타낸 것이다. 수평축은 각 군집 간 상대적 거리를, 수직축은 각 개체를 나타낸다. 앞의 수직 고드름 도표와 비교하여 살펴보면 더욱 쉽게 이해될 것이다.

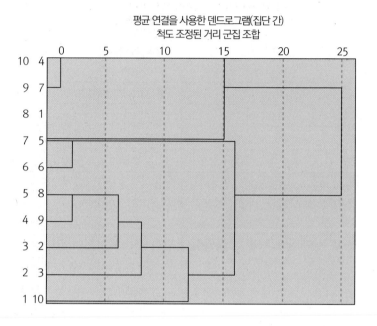

평균 연결을 사용한 덴드로그램(집단 간)
척도 조정된 거리 군집 조합

2) 비계층적 군집분석(K – 평균 군집분석)

(1) 초기 군집중심

	군집		
	1	2	3
여고생의 연령	15.00	17.00	18.00
첫 흡연시기	15.00	16.00	15.00
금연 시도시기	15.00	17.00	17.00
금연 경험(회)	1.00	2.00	3.00
여고생 직업반	1.00	1.00	2.00
여고생 가족 형태	1.00	4.00	4.00
가족 소득수준	1.00	5.00	1.00
여고생의 사교성 지수	3.00	5.00	4.00
여고생의 작업 효율성	1.00	2.00	3.00
금연 프로그램 참여 경험	2.00	3.00	3.00

이 표에 제시된 변수별 세 군집의 초기 중심값은 사례할당을 위한 임시값이다. 이러한 초기 군집 중심값을 기준으로 각 사례와 각 군집 중심점 간의 거리를 계산하여 거리가 가장 가까운 군집에 사례를 할당하는 것이다.

(2) 반복계산 정보[a]

반복 계산	군집중심의 변화량		
	1	2	3
1	2.828	1.667	2.055
2	.000	.000	.000

a. 거리 변화가 없거나 작으므로 수렴이 만들어졌다. 변경된 중심점에 의해 형성된 최대거리는 .000이다. 현재 반복계산 횟수는 2다. 내부 중심점 간의 최소거리는 4.690이다.

이 표에는 반복 계산에 따른 군집중심의 변화량이 제시되어 있다.

(3) 소속군집

사례 수	군 집	거 리
1	1	2.828
2	3	1.700
3	3	2.055
4	1	1.581
5	2	1.563
6	2	1.667
7	1	1.871
8	1	2.000
9	2	1.856
10	3	2.055

이 표에는 각 사례가 어떤 군집에 속하는지, 각 사례와 군집중심 간의 거리가 얼마인지를 나타내고 있다.

첫 번째 군집은 1, 4, 7, 8을 포함하고 두 번째 군집은 5, 6, 9를 포함한다. 세 번째 군집은 2, 3, 10을 포함한다. 첫 번째 군집에서 사례 1은 다른 사례보다 비교적 중심에서 떨어져 있고 두 번째 군집은 제일 가깝게 모여 있다.

(4) 최종 군집중심

	군집		
	1	2	3
여고생의 연령	15.25	16.67	17.00
첫 흡연시기	15.25	15.67	15.00
금연 시도시기	15.25	16.33	16.67
금연 경험(회)	2.00	2.00	2.00
여고생 직업반	1.75	1.00	1.67
여고생 가족 형태	1.25	3.33	3.67
가족 소득수준	3.00	4.67	2.00
여고생의 사교성 지수	2.25	4.00	3.33
여고생의 직업 효율성	2.25	2.67	2.33
금연 프로그램 참여 경험	1.75	2.67	3.00

이 표에는 변수별로 세 군집의 중심값이 제시되어 있다. 초기 중심점을 이용하여 군집분석을 실시하는 과정에서 새로운 사례가 포함되기 때문에 평균이 달라지고 군집의 중심도 달라진다. K-평균 군집분석은 개체가 어느 한 군집에만 속할 때까지 사례의 이합집산이 되풀이된다. 즉, 모든 사례가 세 군집 중 한 곳에 속하게 되면 분석이 끝난다. 최종 군집중심 간 거리는 다음과 같다.

(5) 최종 군집중심 간 거리

군집	1	2	3
1		3.887	3.837
2	3.887		3.000
3	3.837	3.000	

1번 군집과 2번 군집이 가장 멀고, 1번과 3번 군집이 다음으로 멀고 2번과 3번 군집이 가장 가깝다.

(6) 분산분석

	군집		오차		F	유의확률
	평균제곱	자유도	평균제곱	자유도		
여고생의 연령	3.092	2	.488	7	6.334	.027
첫 흡연시기	.342	2	.202	7	1.688	.252
금연 시도시기	1.958	2	.298	7	6.580	.025
금연 경험(회)	.000	2	.857	7	.000	1.000
여고생 직업반	.542	2	.202	7	2.676	.137
여고생 가족 형태	6.158	2	.298	7	20.692	.001
가족 소득수준	5.467	2	1.238	7	4.415	.057
여고생의 사교성 지수	2.742	2	1.060	7	2.588	.144
여고생의 직업 효율성	.158	2	.583	7	.271	.770
금연 프로그램 참여 경험	1.492	2	.202	7	7.371	.019

다른 군집의 여러 사례 간 차이를 최대화하기 위해 군집을 선택했으므로 F검정은 기술통계 목적으로만 사용되어야 한다. 이 경우 관측 유의수준은 수정되지 않으므로 군집평균이 동일하다는 가설을 검정하는 것으로 해석될 수 없다.

이 표는 세 군집 간의 평균 차이가 있는지를 알아보기 위해 일원변량분석을 실시한 결과다. 여기서 세 집단을 뚜렷이 구별하는 변수인 여고생의 연령, 금연 시도시기, 여고생 가족 형태, 금연 프로그램 참여 경험 등이 5% 유의수준에서 유의미한 것으로 나타났다. 세 집단을 구별하는 변수를 중심으로 각각 명칭을 부여할 수 있다. 예를 들면, 이 예에서는 나이, 가족 형태, 금연 프로그램 참여 경험에 따라 군집명을 정할 수 있다(마지막 흡연연령은 현재 연령에 따라 달라질 수 있기 때문에 군집명을 정하는 데 참고하지 않았다). 군집 1(사례 1, 4, 7, 8)은 나이가 어리며 핵가족이 많고 흡연의 경험은 적게 나타났다. 그러므로 군집 1은 '저연령-핵가족 집단'으로 명명할 수 있을 것이다. 군집 2(사례 5, 6, 9)는 중간 연령이며 계부모가 많고 학대 경험이 많은 것으로 나타났다. 그러므로 군집 2는 '가족문제-상습흡연집단'으로 명명하고자 한다. 군집 3(사례 2, 3, 10)은 고연령이고 금연 프로그램 참여 경험이 많은 집단이다. 따라서 '가족원인-개인원인 흡연집단'으로 칭하고자 한다.

(7) 각 군집의 사례 수

군집	1	4.000
	2	3.000
	3	3.000
유효		10.000
결측		.000

이 표는 K-평균 군집분석 결과 세 군집으로 할당된 사례 수를 제시한 것이다.

이상과 같은 군집분석을 실시한 후 군집분석의 과정을 논문에 수록하기보다는 군집분석의 결과로 어떤 군집이 형성되었는지를 표로 요약하여 제시하며, '군집화 일정표'나 '수직 고드름 도표'와 같은 분석과정은 부록에 싣는 경우가 많다. 그러고 나서 군집분석의 결과로 나뉜 집단별 차이 검정이나 변량분석 등의 후속적인 과정이 뒤따를 수 있다.

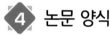

논문 양식

1) 계층적 군집분석

결과 해석을 통해 군집에 명칭을 부여하였다면 최종적으로 명명된 군집별로 다음과 같이 기술통계량을 보고할 수 있다. 모두 10개의 변수가 군집분석에 사용되기 때문에 각각의 타당도를 먼저 고려하고 유의도를 확인한다. 10개의 변수 중 몇 개가 유의하게 나타나고 있는가를 확인한다. 만약 10개의 변수 중 어느 한 변수가 네 집단 간에 차이를 보이지 않는다면, 군집을 해석하고 명명할 때 차이를 보이지 않는 집단을 제외하고 유의한 변수만 가지고 각각의 집단평균에 초점을 두어 해석하게 된다.

독립변수	군집명	어린 연령-핵가족 흡연집단	가족문제 상습 흡연집단	가족원인-개인원인 흡연집단	전 체
연령(세)	15	3			
	16		2	1	10
	17		2	1	
	18		1		
첫 흡연시기(세)	15	3	4		10
	16		1	2	
금연 시도시기(세)	15	3			
	16		3	1	10
	17		2	1	
금연 경험(회)	1	1	1	1	
	2	2	1	1	10
	3		3		
직업반	주간반	1	2	2	10
	야간반	2	3		
가족 형태	핵가족	3			
	확대가족		1		10
	계부모가족		2	1	
	편부모가족		2	1	
소득수준	상	1	1		
	중상		1		
	중		2		10
	중하	2	1		
	하			2	
사교성 지수	거의 없음	1			
	약간 있음		2		
	보통	2	1		10
	약간 심각		2	1	
	매우 심각			1	
직업 효율성	상	1			
	중	1	2	1	10
	하	1	3	1	
금연 프로그램 참여 경험	없음	1			
	약간 있음	2	1	1	10
	많이 있음		4	1	

2) 비계층적 군집분석(K-평균 군집분석)

결과 해석을 통해 군집에 대해 명칭을 부여한 후 명명된 군집별로 다음과 같이 보고할 수 있다. 가장 적절한 수의 군집을 결정하기 위하여 계층적 군집분석을 실시하였으며 그 결과로 3개의 군집 수를 가장 적절한 유효군집으로 채택하였다. 이를 바탕으로 K-평균 군집분석을 사용하여 각각의 군집을 형성하였다.

〈표 15-1〉 흡연 영향 변수를 이용한 비계층적 군집분석 결과

독립변수	군집명	군집 1	군집 2	군집 3	전 체
연령(세)	15	3			10
	16	1	1	1	
	17		2	1	
	18			1	
첫 흡연시기(세)	15	3	1	3	10
	16	1	2	0	
금연 시도시기(세)	15	3			10
	16	1	2	1	
	17		1	2	
금연 경험(회)	1	1	1	1	10
	2	2	1	1	
	3	1	1	1	
직업반	주간반	1	3	1	10
	야간반	3		2	
가족 형태	핵가족	3			10
	확대가족	1			
	계부모가족		2	1	
	편부모가족		1	2	
소득수준	상	1		1	10
	중상			1	
	중	1			
	중하	2	1		
	하		2		

사교성 지수	거의 없음	1			10
	약간 있음	1		1	
	보통	2	1		
	약간 심각		1	2	
	매우 심각		1		
직업 효율성	상	1			10
	중	1	1	2	
	하	2	2	1	
금연 프로그램 참여 경험	없음	1			10
	약간 있음	3	1		
	많이 있음		2	3	

more 계층적 군집분석은 개체를 한 번 묶으면 다시 풀지 않고 K-평균 군집분석은 묶고 푸는 과정을 반복함으로써 군집의 최적화를 추구한다. 따라서 같은 데이터를 이용하여 두 가지 분석을 동시에 하더라도 군집의 형성이 다르게 나타나는 것을 알 수 있다.

1 다음은 미국 내 22개 전기회사의 8개 변수에 대한 관찰값을 나타낸 것이다. 계층적 군집법으로 개체 군집화를 실시하시오.

	회사명	X_1	X_2	X_3	X_4	X_5	X_6	X_7	X_8
1	애리조나	1.06	9.2	151	54.4	1.6	9077	0.	.628
2	보스턴 에디슨	.89	10.3	202	57.9	2.2	5088	25.3	1.555
3	루이지애나	1.43	15.4	113	53.0	3.4	9212	0.	1.058
4	커먼웰스 에디슨	1.02	11.2	168	56.0	.3	6423	34.3	.700
5	콘솔 에디슨	1.49	8.8	192	51.2	1.0	3300	15.6	2.044
6	플로리다 파워	1.32	13.5	111	60.0	−2.2	11127	22.5	1.241
7	하와이안 일렉트릭	1.22	12.2	175	67.6	2.2	7642	0.	1.652
8	아이다호 파워	1.10	9.2	245	57.0	3.3	13082	0.	.309
9	켄터키 유틸	1.34	13.0	168	60.4	7.2	8406	0.	.862
10	메디슨 가스	1.12	12.4	197	53.0	2.7	6455	39.2	.623
11	네바다 파워	.75	7.5	173	51.5	6.5	17441	0.	.768
12	뉴잉글랜드 파워	1.13	10.9	178	62.0	3.7	6154	0.	1.897
13	노던스테이트 파워	1.15	12.7	199	53.7	6.4	7179	50.2	.527
14	오클라호마 가스	1.09	12.0	96	49.8	1.4	9673	0.	.588
15	퍼시픽 가스	.96	7.6	164	62.2	−0.1	6468	.9	1.400
16	푸젯사운드 파워	1.16	9.9	252	56.0	9.2	15991	0.	.620
17	샌디에이고 가스	.76	6.4	136	61.9	9.0	5714	8.3	1.920
18	서던 컴퍼니	1.05	12.6	150	56.7	2.7	10140	0.	1.108
19	텍사스 유틸	1.06	11.7	104	54.0	−2.1	13507	0.	.636
20	위스콘신	1.20	11.8	148	59.9	3.5	7287	41.1	.702
21	유나이트 일루미네이팅	1.04	8.6	204	61.0	3.5	6650	0.	2.116
22	버지니아 일렉트릭	1.07	9.3	174	54.3	5.9	10093	26.6	1.306

2 다음은 유럽 25개국의 아홉 가지 식품의 단백질 소비에 관한 데이터다. 계층적 군집법으로 개체 군집화를 실시하시오.

나라 순서	육류	닭고기	계란	우유	물고기	시리얼	밀	견과류	야채
1	10.1	1.4	.5	8.9	.2	42.3	.6	5.5	1.7
2	8.9	14.0	4.3	19.9	2.1	28.0	3.6	1.3	4.3
3	13.5	9.3	4.1	17.5	4.5	26.6	5.7	2.1	4.0
4	7.8	6.0	1.6	8.3	1.2	56.7	1.1	3.7	4.2
5	9.7	11.4	2.8	12.5	2.0	34.3	5.0	1.1	4.0
6	10.6	10.8	3.7	25.0	9.9	21.9	4.8	.7	2.4
7	8.4	11.6	3.7	11.1	5.4	24.6	6.5	.8	3.6
8	9.5	4.9	2.7	33.7	5.8	26.3	5.1	1.0	1.4
9	18.0	9.9	3.3	19.5	5.7	28.1	4.8	2.4	6.5
10	10.2	3.0	2.8	17.6	5.9	41.7	2.2	7.8	6.5
11	5.3	12.4	2.9	9.7	.3	40.1	4.0	5.4	4.2
12	13.9	10.0	4.7	25.8	2.2	24.0	6.2	1.6	2.9
13	9.0	5.1	2.9	13.7	3.4	36.8	2.1	4.3	6.7
14	9.5	13.6	3.6	23.4	2.5	22.4	4.2	1.8	3.7
15	9.4	4.7	2.7	23.3	9.7	23.0	4.6	1.6	2.7
16	6.9	10.2	2.7	19.3	3.0	36.1	5.9	2.0	6.6
17	6.2	3.7	1.1	4.9	14.2	27.0	5.9	4.7	7.9
18	6.2	6.3	1.5	11.1	1.0	49.6	3.1	5.3	2.8
19	7.1	3.4	3.1	8.6	7.0	29.2	5.7	5.9	7.2
20	9.9	7.8	3.5	24.7	7.5	19.5	3.7	1.4	2.0
21	13.1	10.1	3.1	23.8	2.3	25.6	2.8	2.4	4.9
22	17.4	5.7	4.7	20.6	4.3	24.3	4.7	3.4	3.3
23	9.3	4.6	2.1	16.6	3.0	43.6	6.4	3.4	2.9
24	11.4	12.5	4.1	18.8	3.4	18.6	5.2	1.5	3.8
25	4.4	5.0	1.2	9.5	.6	55.9	3.0	5.7	3.2

제16장

요인분석

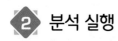

개 요

요인분석(Factor Analysis)은 다수 변수 간의 관계(상관관계)를 기초로 하여, 직접 관측할 수는 없지만 변수 속에 내재되어 있는 소수의 공통 차원(common underlying dimension)을 찾아냄으로써 변수를 적은 수의 구조로 축약하거나 요약하기 위해서 사용하는 통계기법이다. 따라서 측정척도나 검사의 개발과정에서 측정도구의 타당성을 파악하기 위해 많이 사용된다. 독립변수와 종속변수가 지정되지 않고 변수 간의 상호작용을 분석한다는 점에서 다른 다변량분석 방법과 다르다. 요인분석은 잠재적인 요인의 수를 파악하거나 잠재요인의 본질 및 상대적 중요도를 파악하고, 가설적 이론에 대한 검정을 실시할 목적으로 사용할 수 있다.

요인분석을 실시하기 위해서는 다음과 같은 기본 가정이 충족되어야 한다.

① 표본의 수는 최소한 100~200개 이상의 사례를 사용할 것을 권장하고 있다. 변수와 표본 수의 비율은 10배 이상이 바람직하며 최소한 5배는 되어야 한다.
② 무응답자, 극단적인 점수에 대한 사전 점검과 정리가 필요하다.
③ 변수 간의 선형성이 충족되어야 한다. 대체로 요인분석될 변수의 절반 이상은 상관이 .30(보수적 기준은 .40)을 초과해야 요인분석할 가치가 있다고 본다.

분석 실행

연구문제 교사지식척도는 타당한가?

교사의 지식이란 교사가 교수행위를 위하여 이미 습득해서 가지고 있는 지식이라고 정의할 수 있다. 여기서 분석하고자 하는 교사의 지식척도는 김용정(2009)이 개발한 교사지식척도를 변형한 것이다. 여기에서는 이 척도에서 편의상 33개의 문항을 뽑아 461명에게 설문한 결과를 분석한 적용 절차를 소개한다.

적용 절차(16장 요인분석 원자료.sav)는 다음과 같다.

1 데이터 편집기 창에서 데이터를 불러온 후 **분석(A) → 차원 감소 (D) → 요인분석 (F)**을 선택한다.

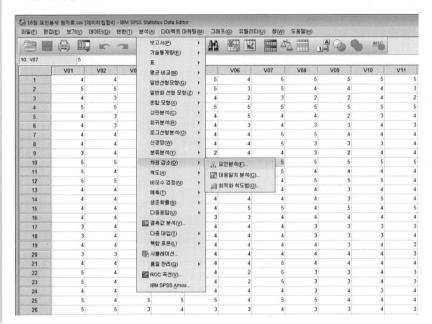

2 분석하고자 하는 변수들(V1~V33)을 모두 선택하여 **변수(V)**로 이동시킨다.

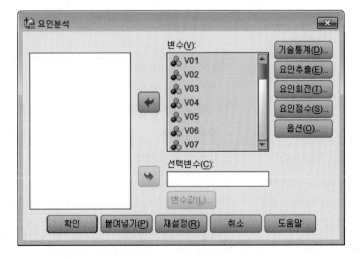

3 기술통계(D) 버튼을 선택한 후 필요한 항목을 체크한다. 여기서는 **일변량 기술통계(U), 초기해법(I), 계수(C)**를 선택하고 **계속** 버튼을 누른다.

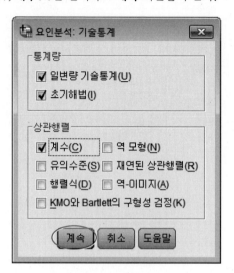

통계량(Statistics)	
일변량 기술통계 (Univariate descriptives)	분석하고자 하는 변수의 평균, 표준편차, 사례 수를 나타냄
초기해법 (Initial solution)	초기 공통성, 고유값(Eigenvalues), 설명된 변량의 비율을 나타냄

상관행렬(Correlation Matrix)	
계수(Coefficients)	지정된 변수들에 대한 상관계수행렬을 보여 줌
역모형(Inverse)	역상관계수행렬과 공변량행렬을 나타냄
유의수준(Significance levels)	상관행렬에서 상관계수의 단측 유의수준을 나타냄
재연된 상관행렬(Reproduced)	요인에 의해 추정된 상관관계행렬과 잔차를 나타냄
행렬식(Determinant)	행렬식의 값을 나타냄
역이미지(Anti-image)	음의 부분상관계수와 음의 부분공분산의 행렬을 나타냄
KMO와 Bartlett의 구형성 검정 (KMO and Bartlett's test of sphericity)	상관행렬의 적합성을 검정하는 것으로, KMO의 값이 1에 가까울수록 요인분석에 적합하다고 할 수 있음

4 요인추출(E) 버튼을 선택한다. **방법(M)**은 주성분 분석을 선택하고 필요한 부분을 체크한다. 여기서 스크리 도표는 잠정적인 요인의 수를 알 수 있게 해 준다. **계속** 버튼을 선택한다.

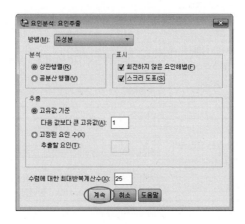

> more

요인추출 방법: 주성분분석(PCA)과 공통요인분석(CFA)

요인추출의 방법은 크게 성분을 분석하는 주성분분석(Principal Component Analysis)과 공통요인을 분석하는 공통요인분석(Common Factor Analysis)의 두 가지 형태로 분류할 수 있다. 보통 전체변량은 공통변량, 특수변량, 오차변량으로 구성되는데, 여기서 공통변량은 한 변수가 다른 변수와 공유하고 있는 변량을 의미하고, 특수변량은 특정 변수만이 가지고 있는 변량을 의미한다. 그리고 오차변량은 알려지지 않은 변량이다. 주성분분석은 이 세 가지의 변량요소 모두를 포함하여 변량을 극대화하는 성분을 추출한다. 공통요인분석에서는 요인들을 단지 공통분산(common variance)에 근거하여 추정한다. 이 방식은 주된 관심이 기본적 차원을 식별하고 공통분산에 관심이 있을 때 적절하다. 주성분분석과 공통요인분석은 서로 다른 특성을 지니고 있지만, 경험적인 연구들은 변수의 수가 30을 초과하거나 대부분 변수의 공통분(Communality)이 .60을 초과하면 같은 결과를 얻는다고 보고하고 있다(Gorsuch, 1983).

방법(Method): 요인을 추출하는 방법	
주성분분석 방법 (Principle components)	성분을 추출하는 모델로서 변량이 큰 것부터 작은 것까지 내림차순으로 나타남
주축 요인추출법 (Principal axis factoring)	주성분분석법과 논리적 방법은 같으나 최초의 커뮤넬러티 추정치로 중다상관자승(SMC)을 사용하고 이에 기초하여 요인 수를 추출함
비가중치 최소자승 방법 (Unweighed least squares)	고정된 요인 수를 구하기 위해서 잔차를 최소화하는 요인 패턴행렬을 구함
최대우도 방법 (Maximum likelihood)	모집단으로부터 관찰된 상관행렬을 표집할 가능성을 최대화하는 부하량을 계산함으로써 모수치를 추정하고, 공통요인에 대한 χ^2검정이 가능함
알파 요인 방법 (Alpha factoring)	신뢰도 계수 알파를 극대화하는 요인을 산출함
이미지 요인 방법 (Image factoring)	주성분분석법과 논리적 방법은 같으나 상관행렬의 대각선 값에 커뮤넬러티로 사용함

분석(Analyze)	
상관행렬 (Correlation Matrix)	상관행렬을 분석하며, 변수가 다른 측도에 의해 측정되는 경우에 유용함
공분산행렬 (Covariance Matrix)	공분산행렬을 분석하며, 각 변수에 대해 다른 분산을 가지는 다중집단의 요인 분석에 적합함

추출(Extract)	
고유값 기준 (Eigenvalue over)	보통 1로 지정되어 있는데 이렇게 지정된 고유값 이상의 요인이 추출됨
요인 수 (Number of factors)	사용자가 요인의 수를 지정해서 추출하는 것임

출력(Display)	
회전하지 않은 요인해법 (Unrotated factor solution)	회전 전의 요인 부하량, 공분산, 고유값 등을 나타냄
스크리 도표(Scree plot)	잠정적인 요인의 수를 알려 주는 것으로, 연결된 선이 급경사를 이루면 각 성분이 하나의 요인이 된다고 판단함

5   **요인회전(T)** 버튼을 선택한 뒤 회전 방법을 체크한다. 여기서는 가장 많이 활용되는 직접 오블리민(O)를 선택한다. 이를 선택하면 회전해법이 자동으로 선택되고 최대반복 계산 수(X)도 25로 설정되는데 50으로 수정한다.

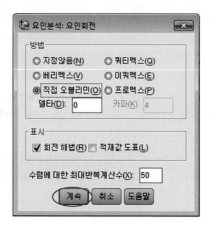

방법(Method)	
지정않음 (None)	추출된 요인을 회전시키지 않음
베리멕스 (Varimax)	직각회전의 방법으로 성분행렬에서 부하량의 자승화를 극대화하도 록 요인축을 회전시킴으로써 성분행렬의 열(각 요인)을 단순화하는 방법

퀴티맥스 (Quartimax)	직각회전의 방법으로 성분행렬의 행을 단순화하기 위해서 성분행렬의 변수 요인 중 요인 적재값이 작은 것은 더욱 극소화하고 요인 적재값이 큰 것은 극대화함으로써 그 차이를 극대화하려는 방법
이쿼맥스 (Equamax)	퀴티맥스 회전과 베리맥스 회전을 절충한 방법으로서 행과 열을 동시에 간략히 하려는 방법
직접 오블리민 (Direct Oblimin)	사각회전 방법으로서 이론적으로 더 의미 있는 구조를 찾기 위해서 많이 사용되며, 일반적으로 가장 많이 사용됨
프로맥스 (Promax)	사각회전 방법으로 직접 오블리민 방법보다 빠르게 계산해 줌으로써 대규모 자료의 분석에 유용함

출력(Display)	
회전해법 (Rotationed solution)	회전한 후 추출된 요인 값들을 계산하여 요인 변환행렬, 회전요인 구조행렬을 나타냄
적재값 도표 (Loading plot(s))	각 요인 간 변수의 적재치를 계산하여 나타냄
수렴에 대한 최대반복 계산 수 (Maximum iterations for convergence)	요인이 결정되기까지의 계산의 반복 수를 나타내는 것으로 기본적으로 25회로 설정되어 있음

6 요인 값을 저장하거나 결과 창에 나타내기 위해서 **변수로 저장(S)** 버튼을 선택한다. 이를 선택하면 회귀분석이 이미 설정되어 있다. **계속** 버튼을 선택한다.

저장 방법(Save-Mathod)	
회귀분석(Regression)	회귀분석에서는 요인점수 간의 상관을 가정하고 각 요인 간 변량-공변량이 산출됨. 요인점수를 추정하는 방법 중에서 가장 일반적으로 사용되는 방법
Bartlett	추정된 요인점수를 구하는 방법

Anderson-Rubin	요인점수를 추정하는 방법으로서 Bartlett 방법의 변형이라고 보면 됨. 여기서는 추정된 요인이 직교적 관계에 있음을 확인하게 함
요인점수 계수행렬 출력 (Display factor scores coefficient matrix)	요인점수들의 행렬을 나타내는 것으로서 요인점수 공변량 행렬을 보여 줌

7   기타 옵션을 지정하기 위해서 **옵션(O)** 버튼을 선택한다. 여기서는 **목록별 결측값 제외(L)**를 체크하고 적재량이 큰 순서대로 나타내기 위해서 **크기순 정렬(S)**을 체크한 후 **계속** 버튼을 선택한다.

계수 출력 형식(Coefficient Display Format)	
크기순 정렬(Sorted size)	동일한 요인에 대해 높은 적재값을 가지는 변수부터 내림차순으로 나타내 줌
다음 값보다 작은 절대값 출력하지 않음 (Suppress absolute values less than)	절대값이 지정한 값(.3)보다 적을 경우 출력되지 않음

8   모두 설정되었으면 **확인** 버튼을 선택한다. SPSS 뷰어 창에 나타난 결과를 저장해 둔다.

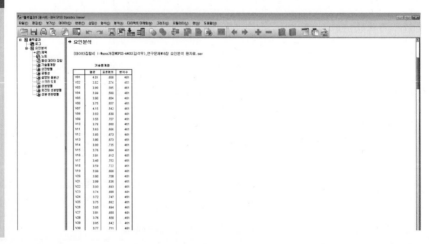

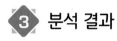 분석 결과

1) 공통성

변수	초기	추출	변수	초기	추출	변수	초기	추출
V1	1.000	.623	V12	1.000	.566	V23	1.000	.708
V2	1.000	.585	V13	1.000	.556	V24	1.000	.693
V3	1.000	.652	V14	1.000	.597	V25	1.000	.679
V4	1.000	.593	V15	1.000	.551	V26	1.000	.678
V5	1.000	.728	V16	1.000	.551	V27	1.000	.602
V6	1.000	.568	V17	1.000	.628	V28	1.000	.526
V7	1.000	.591	V18	1.000	.525	V29	1.000	.649
V8	1.000	.544	V19	1.000	.563	V30	1.000	.617
V9	1.000	.668	V20	1.000	.611	V31	1.000	.617
V10	1.000	.571	V21	1.000	.620	V32	1.000	.655
V11	1.000	.602	V22	1.000	.524	V33	1.000	.584

추출 방법: 주성분분석

이 표는 주성분분석으로 요인을 구분하였음을 보여 주고 있다. 각 변수의 초기값과 주성분분석법에 의해서 각 변수에 대해 추출된 값이 제시되어 있다. 여기서 공통성은 모두 1.0이다. 모든 변수의 변량이 1.0이기 때문에 전체변량은 33.0이 된다.

2) 설명된 총분산

성분	초기 고유값			추출 제곱합 적재값			회전 제곱합 적재값[a]
	합계	% 분산	% 누적	합계	% 분산	% 누적	합계
1	13.684	41.467	41.467	13.684	41.467	41.467	9.560
2	1.589	4.816	46.283	1.589	4.816	46.283	7.856
3	1.408	4.268	50.551	1.408	4.268	50.551	7.414
4	1.207	3.659	54.209	1.207	3.659	54.209	2.896
5	1.080	3.273	57.483	1.080	3.273	57.483	8.434
6	1.056	3.200	60.683	1.056	3.200	60.683	2.087
7	.845	2.560	63.242				
8	.788	2.389	65.632				
9	.754	2.284	67.915				
10	.681	2.064	69.979				
11	.658	1.993	71.971				
12	.622	1.886	73.857				
13	.593	1.797	75.655				
14	.571	1.730	77.385				
15	.566	1.714	79.099				
16	.508	1.538	80.637				
17	.499	1.513	82.150				
18	.493	1.494	83.645				
19	.465	1.408	85.053				
20	.464	1.406	86.459				
21	.447	1.356	87.815				
22	.438	1.328	89.143				
23	.410	1.243	90.386				
24	.398	1.206	91.591				
25	.387	1.174	92.765				
26	.370	1.122	93.887				
27	.346	1.048	94.935				
28	.323	.977	95.913				
29	.313	.949	96.862				
30	.287	.869	97.731				
31	.277	.840	98.571				
32	.252	.762	99.333				
33	.220	.667	100.000				

추출 방법: 주성분분석

a. 성분이 상관된 경우 전체 분산을 구할 때 제곱합 적재값이 추가될 수 없습니다.

설명된 총분산은 요인이 묶이는 기준을 보여 주는 것으로서 특히 초기 고유값 (Eigenvalues), 즉 아이겐 값 1.0을 요인추출의 준거로 삼는다. 아이겐 값이 1.0 미만 이라는 것은 한 변수의 변량(1.0)도 채 설명하지 못하는 요인이라는 것을 의미하기 때문이다. 여기서는 아이겐 값이 1.0 이상인 요인이 6개인 것으로 나타났다. 첫 번째 요인은 41.467%의 설명변량을 가지고 있으며(13.684/33×100=41.676), 두 번째 성분은 전체변량의 4.816%의 설명변량을 가지고 있음을 알 수 있다.

3) 스크리 도표

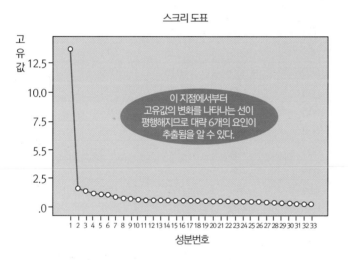

이것은 잠정적인 요인의 수를 알려 주는 스크리 검사 결과를 보여 주는 것이다. 여기서 가로축은 요인 수, 세로축은 고유값을 나타낸다. 스크리 도표는 잠정적인 요인의 수를 파악하는 데 통찰을 제공해 줌으로써 연구자가 분석에 앞서서 요인의 수를 지정해 주고자 할 때 유용한 정보를 제공한다. 스크리 도표를 통해 요인의 수를 결정하는 방법은 고유값이 현저하게 작아지다가 거의 평행해지는 지점을 결정점으로 하여 잠정적인 요인의 수를 찾는 방법이다. 이 도표에서는 요인 수의 변화에 따라 현저하게 고유값이 변하다가 7번 요인에서부터 고유값의 크기가 비슷해지면서 기울기가 평행해지고 있으므로 이 지점에서 6개의 요인이 추출될 수 있다는 것을 알 수 있다. 그러나 Kaiser(1974)는 기울기의 변화를 통해 요인의 수를 결정하는 하나의 결정점을 찾는 것이 어렵다는 이유를 들어 활용 방법상의 모호함을 지적하기도 한다.

4) 성분행렬[a]

	요인					
	1	2	3	4	5	6
V31	.739	−.096	−.017	−.169	−.002	−.181
V21	.718	.028	.164	.215	−.151	−.091
V32	.705	−.005	−.272	−.115	.030	−.265
V26	.699	−.207	.216	.267	.081	−.150
V09	.686	−.078	−.238	−.159	.299	.140
V11	.685	−.084	.126	−.273	.163	.099
V10	.683	−.110	−.055	−.167	.239	.063
V14	.677	−.261	.260	.044	.010	.023
V13	.673	−.174	.234	.059	.091	.077
V19	.669	.005	−.026	−.014	−.336	−.044
V28	.669	−.069	−.016	−.059	.003	−.264
V17	.665	−.122	−.326	−.027	−.059	.247
V24	.665	−.109	−.146	−.011	−.429	.182
V29	.662	−.125	−.030	−.135	−.098	−.408
V08	.661	.088	.104	−.114	.115	.250
V27	.655	−.208	.218	.227	.059	−.162
V23	.654	−.253	−.122	−.059	−.391	.212
V07	.636	.315	.293	.043	−.004	.006
V18	.635	.003	−.276	−.140	−.117	.111
V33	.633	.010	−.420	.074	.018	−.042
V22	.624	.193	−.230	.181	−.105	.029
V25	.624	.093	−.163	.496	.061	.078
V12	.623	−.289	.131	.099	.204	.158
V16	.621	.138	−.225	−.125	.263	−.098
V30	.615	.081	−.357	.171	.154	−.227
V20	.614	−.207	.239	.221	−.292	−.003
V03	.613	.451	.235	−.063	−.029	.115
V02	.597	.247	.145	−.354	−.089	−.122
V01	.590	.382	.192	−.160	−.010	−.259
V04	.587	.464	.142	−.015	−.115	.012
V15	.577	−.312	.189	.027	.289	.028
V06	.549	.025	.129	−.295	.022	.402
V05	.485	.479	−.060	.416	.185	.228

요인추출 방법: 주성분분석

a. 추출된 6성분

성분행렬에서는 설명된 총분산에서 산출된 6개의 요인에 대해서 회전시키기 전의 요인 부하량을 보여 주고 있다. 일반적으로 요인 부하량은 각 변수의 요인에 대한 가중치를 의미한다. 이 표에는 각 요인에 해당되는 문항의 요인 부하량이 나타나 있다. 일반적으로 요인 부하량이 클수록 해당 요인과의 상관이 높다고 해석하는데(보통 준거는 ±.30 이상, 엄격하게는 ±.50 이상), 성분행렬표에 나타나듯 요인 1에 대한 V31의 요인 부하량은 .739이며, 이를 통해 요인 1과 V31은 높은 상관을 가지고 있음을 알 수 있다. 각 요인 부하량은 한 요인에 대해 큰 값부터 작은 값까지 내림차순으로 나열되어 있다. 하지만 이 단계의 성분행렬은 회전시키기 이전의 상태이므로 최종적으로 유의미한 요인구조는 아니다.

5) 패턴행렬[a]

	요인					
	1	2	3	4	5	6
V26	.739	.055	−.085	.103	−.007	−.161
V15	.721	−.069	−.107	−.023	.103	.183
V27	.699	.065	−.077	.057	−.013	−.163
V12	.657	−.112	−.039	.095	−.064	.210
V14	.651	.084	.048	−.052	−.164	.050
V13	.605	.113	.025	.043	−.089	.118
V20	.512	.088	.203	.036	−.420	−.205
V21	.402	.284	−.008	.156	−.232	−.195
V11	.356	.251	−.154	−.130	−.073	.345
V01	.041	.738	−.193	−.040	.101	−.074
V03	.015	.705	.085	.209	−.046	.143
V04	−.076	.678	.003	.209	−.110	.004
V02	−.028	.652	−.154	−.202	−.113	.097
V07	.234	.604	.075	.183	.013	.020
V30	.098	.014	−.639	.252	−.026	−.125
V32	.079	.153	−.617	−.060	−.174	−.054
V16	.059	.207	−.564	.093	.071	.171
V33	−.015	−.061	−.543	.206	−.302	.006

V09	.204	−.021	−.470	.084	−.085	.390
V29	.270	.232	−.434	−.270	−.169	−.219
V28	.303	.209	−.369	−.108	−.105	−.107
V31	.289	.231	−.359	−.166	−.183	.017
V10	.334	.082	−.337	−.020	−.049	.303
V05	.029	.280	−.056	.736	.088	.074
V25	.287	−.051	−.192	.576	−.153	−.117
V22	−.038	.164	−.267	.333	−.323	−.062
V23	.115	−.062	.009	−.058	−.802	.072
V24	.005	.050	−.007	.030	−.796	.008
V19	.078	.255	−.087	−.019	−.525	−.121
V17	.045	−.130	−.286	.153	−.524	.240
V18	−.082	.084	−.316	.039	−.470	.165
V06	.115	.270	.123	−.020	−.280	.504
V08	.234	.293	−.025	.124	−.129	.349

요인추출 방법: 주성분 분석.
회전 방법: Kaiser 정규화가 있는 오블리민.

a. 26 반복계산에서 요인회전이 수렴되었습니다.

이 표에서 패턴행렬은 요인 축을 회전한 후의 성분행렬이다. 실제 요인의 구조를 확정하고 요인을 해석하는 단계이므로 요인분석의 결과에서 가장 핵심적인 부분이라고 할 수 있다. 여기서 회전 후 요인 부하량을 나타내는 회전 후의 성분행렬의 값을 살펴보면 변수 V26, V15, V27, V12, V14, V13, V20, V21, V11은 요인 1을 측정하는 문항이고, 변수 V01, V03, V04, V02, V07은 요인 2를, 변수 V30, V32, V16, V33, V09, V29, V28, V31, V10은 요인 3을, 변수 V05, V25, V22는 요인 4를, 변수 V23, V24, V19, V17, V18은 요인 5를, 그리고 변수 V06, V08은 요인 6을 측정하는 문항이라고 해석할 수 있다.

이러한 과정을 반복하게 되면 최종적인 모델을 선택할 수 있다. 최종적인 요인모델이 적합하다고 판단되면, 마지막으로 요인에 명칭을 부여하고 해석한다. 여기에서는 김용정(2009)이 개발한 교사지식척도를 바탕으로 학생수준 이해지식, 개별화지도지식, 교육과정 자료지식, 교육과정 수준지식, 수업계획 지식, 수업 방법 지식이 교사지식을 구성하는 하위 요인이라고 보고 이를 요인명으로 명명하였다. 요인명은 묶인

변수를 가장 잘 대표할 수 있는 것을 사용하는 것이 바람직한데, 보편적으로 이론적
인 선행연구에서 사용된 명칭을 사용하거나 혹은 그와 같은 근거가 없을 때에는 변수
의 속성에 근거하여 정하면 된다.

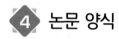 논문 양식

논문에 제시하는 요인분석의 결과표는 일반적으로 회전 후의 성분행렬에 나타난
요인 부하량, 공통성, 아이겐 값, 설명변량, 누적변량들을 제시한다. 이들을 표로 제
시하는 방법은 다음과 같다.

〈표 16-1〉 교사지식척도 측정요인에 대한 요인분석 결과

	요 인						
	학생수준 이해지식	개별화지도 지식	교육과정 자료지식	교육과정 수준지식	수업계획 지식	수업 방법 지식	공통성
V26	.739	.055	−.085	.103	−.007	−.161	.678
V15	.721	−.069	−.107	−.023	.103	.183	.551
V27	.699	.065	−.077	.057	−.013	−.163	.602
V12	.657	−.112	−.039	.095	−.064	.210	.566
V14	.651	.084	.048	−.052	−.164	.050	.597
V13	.605	.113	.025	.043	−.089	.118	.556
V20	.512	.088	.203	.036	−.420	−.205	.611
V21	.402	.284	−.008	.156	−.232	−.195	.620
V11	.356	.251	−.154	−.130	−.073	.345	.602
V01	.041	.738	−.193	−.040	.101	−.074	.623
V03	.015	.705	.085	.209	−.046	.143	.652
V04	−.076	.678	.003	.209	−.110	.004	.593
V02	−.028	.652	−.154	−.202	−.113	.097	.585
V07	.234	.604	.075	.183	.013	.020	.591
V30	.098	.014	−.639	.252	−.026	−.125	.617
V32	.079	.153	−.617	−.060	−.174	−.054	.655
V16	.059	.207	−.564	.093	.071	.171	.551

V33	-.015	-.061	-.543	.206	-.302	.006	.584
V09	.204	-.021	-.470	.084	-.085	.390	.668
V29	.270	.232	-.434	-.270	-.169	-.219	.649
V28	.303	.209	-.369	-.108	-.105	-.107	.526
V31	.289	.231	-.359	-.166	-.183	.017	.617
V10	.334	.082	-.337	-.020	-.049	.303	.571
V05	.029	.280	-.056	.736	.088	.074	.728
V25	.287	-.051	-.192	.576	-.153	-.117	.679
V22	-.038	.164	-.267	.333	-.323	-.062	.524
V23	.115	-.062	.009	-.058	-.802	.072	.708
V24	.005	.050	-.007	.030	-.796	.008	.693
V19	.078	.255	-.087	-.019	-.525	-.121	.563
V17	.045	-.130	-.286	.153	-.524	.240	.628
V18	-.082	.084	-.316	.039	-.470	.165	.525
V06	.115	.270	.123	-.020	-.280	.504	.569
V08	.234	.293	-.025	.124	-.129	.349	.544
아이겐 값	13.68	1.59	1.41	1.21	1.08	1.06	
설명변량	41.47	4.82	4.27	3.66	3.27	3.20	
누적변량	41.47	46.28	50.55	54.21	57.48	60.68	
문항 수	9	5	9	3	5	2	

요인추출 방법: 주성분분석
회전 방법: 직접 오블리민
요인추출의 준거: 아이겐 값(1.0)

이 표는 아이겐 값 1.0을 기준으로 산출된 요인의 구조를 나타낸 것이다. 이 6개 요인 모델의 전체 설명변량은 60.7%로 상당히 높고, 요인별로는 요인 1이 41.5%, 요인 2가 4.8%, 요인 3이 4.3%, 요인 4가 3.7%, 요인 5가 3.3%, 요인 6이 3.2%의 설명변량을 갖는다. 아울러 이 표에서는 산출된 요인을 개념화하기 위해서 문항 속성을 바탕으로 요인을 명명하였다. 이런 표는 전체적인 요인구조의 윤곽을 파악하고, 개별 변수의 특성뿐 아니라 요인의 특성을 세부적으로 기술하는 데 도움이 된다. 특히 표를 제시할 때는 요인추출 모델과 요인회전 방식, 요인추출의 준거(아이겐 값)를 밝혀 주도록 한다.

연습문제

1   18개의 측정변인을 이용하여 부모의 양육태도를 측정하였다. 이에 대한 주성분분석
     을 실시하고, 각 성분에 대하여 명명하시오.

2   성격 관련 6개 문항, 식습관 관련 4개 문항, 스트레스 관련 2개 문항 등으로 구성된 설
     문문항이 있다. 이에 대한 요인분석을 실시하시오.

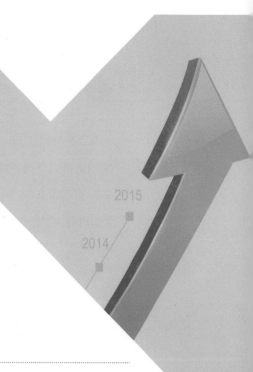

제17장

경로분석

1 개요

경로분석(Path Analysis)이란 변수가 3개 이상일 때 변수 간의 공분산이나 상관관계에 기초하여 인과관계를 분석하는 통계적 방법이다. 종속변수에 영향을 주는 독립변수를 밝혀내고 현상을 설명하는 최적의 모형을 찾아내려는 목적은 중다회귀분석과 동일하다. 다만 중다회귀분석에서 독립변수들의 종속변수에 대한 직접 효과만을 고려한다면, 경로분석에서는 직접 효과뿐 아니라 간접 효과도 분석할 수 있다.

경로분석은 생물학자 Wright(1934)가 처음 개발한 방법으로, 연구자가 변수 사이에 구조적 관계를 상정해서 만든 인과모형에 따라 주어진 상관자료를 분석하여 의미 있게 해석하기 위한 통계적 기법이다. 해당 분야의 지식과 이론적 고찰을 바탕으로 연구자가 설정한 인과모형의 적절성을 분석·검토하는 데 경로분석을 적용한다.

경로분석의 기본 가정은 다음과 같다(Pedhazur, 1982).

① 인과모형 내 변수 사이의 관계는 직선적(liner)이고 가법적(additive)이다.
② 인과모형 속에 포함된 각 변수 간의 인과적 흐름은 일방적(unidirectional)이다.
③ 모든 잔여변수는 인과모형 내 여타 변수와 상관이 없으며, 잔여변수 상호 간에도 상관이 없다.
④ 인과모형 내 모든 독립법인은 오차 없이 측정된 것이다.
⑤ 회귀분석에서 가정하고 있는 내용은 거의 경로분석에도 그대로 적용된다.

2 분석 실행

경로분석을 실시하기 위해서는 AMOS(Analysis of Moment Structure) 프로그램을 사용해야 한다. AMOS는 Arbuckle과 Werner가 개발하고, SPSS사에서 제공하는 구조방정식 분석용 패키지다. 회귀분석 또는 요인분석보다 복잡한 분석인 경로모형, 구조방정식 모형과 같은 공분산구조분석(analysis of covariance structure)과 인과모형분석(analysis of casual modeling)에 활용된다. AMOS 패키지는 그림 도구상자를 이용하여 연구자의 이론모형을 손쉽게 설계, 편집, 분석할 수 있으므로 통계에 대한 기초지식이 부족한 초보자도 널리 사용하고 있다.

연구문제	학교성적에 영향을 미치는 요인으로 학생의 사회경제적 지위, 지능, 성취 동기를 선정하고, 30명의 학생들을 대상으로 각 특성에 대해 측정하였다. 학생들의 교육적 열망과 관련된 변수 간의 관계는 어떠한가?

1) 연구모형 설정하기

이론적 배경에 근거하여 관심 변수의 관계를 연구모형으로 도식화한다.

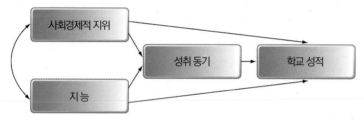

[그림 17-1] 연구모형의 설정

2) SPSS상의 자료입력

AMOS 프로그램 실행을 위해서는 분석에 사용할 데이터를 지정해야 한다. 데이터는 2장에서 소개한 자료입력 방법에 따라 작성된 SPSS 데이터 파일을 그대로 사용하거나, 사용자가 SPSS 데이터 파일로 상관분석을 실시하여 상관계수행렬을 구하고 그것을 입력하여 별도의 데이터 파일을 작성할 수 있다. SPSS 데이터 파일을 그대로 사용하면 AMOS 프로그램이 자동으로 공분산행렬로 변환하여 분석하므로 편리하지만 데이터 파일에 결측값이 포함되어 있는 경우 추정과정에서 문제가 될 수 있다. 그러므로 이러한 문제를 방지하기 위해 상관계수행렬(또는 공변량행렬)을 사용한다. 이장에서는 SPSS 데이터 파일을 그대로 사용하도록 하고, 연습문제에서 공변량행렬을 이용하여 분석하는 예를 제시하고자 한다.

3) AMOS 프로그램 시작

시작 ▷ 프로그램 ▷ IBM SPSS Statistics ▷ IBM SPSS AMOS 21 ▷ Amos Graphics

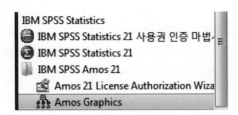

1 AMOS 그래픽스가 올바르게 실행되면 그림과 같은 화면이 나타난다.

　　AMOS 그래픽스 창은 도구상자, 상태표시, 작업시트로 구성되어 있다. 도구모음은 편리한 분석 실행을 돕는 아이콘들을 모아 놓은 부분이고, 상태표시는 분석집단, 분석모형, 분석 결과 등이 표시되는 부분이며, 작업시트는 실제 사용자가 모형을 그림으로 표시하는 부분이다. 도구상자의 아이콘과 그 기능은 다음과 같다.

	측정변수 그리기		데이터 파일 지정
	잠재변수 그리기		분석 옵션 설정
	측정모형 그리기. 클릭할 때마다 측정변수 생성		분석 실행
	경로 그리기		클립보드에 모형 복사
	상관관계 그리기		분석 결과 열기
	오차 그리기. 클릭할 때마다 시계 방향으로 회전		저장
Title	모형의 제목 입력		도형 및 경로의 특성 지정
	모형 내 변수 목록 제시		도형 및 경로의 특성을 다른 도형 및 경로로 복사
	데이터의 변수 목록 제시		모형 내 도형의 대칭 정렬
	특정 도형 선택		모형의 특정 부분만 확대
	전체 도형 선택		전체 모형 확대
	도형 선택 해제		전체 모형 축소
	도형 복사		전체 화면 보기
	도형 이동		전체 모형이 한 화면에 보이도록 조정
	도형 삭제		확대 보기
	도형의 크기 조정		베이지안 추정
	도형 회전		다집단분석
	잠재변수에 연결된 측정변수 대칭 이동		출력
	모수 이동		이전 실행 취소
	화면상의 경로도 위치 이동		실행 취소한 내용 재실행
	경로 혹은 상관관계 표시선의 위치를 중간으로 조정		모형 옵션 설정

4) AMOS 프로그램에 연구모형 그리기

적용 절차(17장 경로분석 원자료.sav)는 다음과 같다.

---

1 도구상자의 아이콘을 사용하여 연구모형을 작업시트에 그린다.

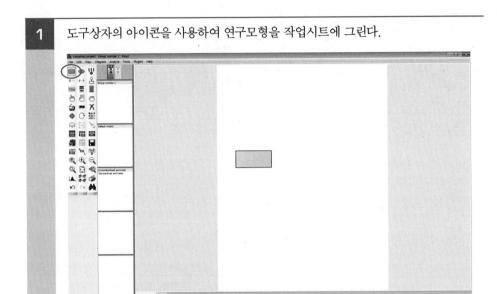

2 측정변수를 모두 그리고 난 후 ← 경로를 표시한다.

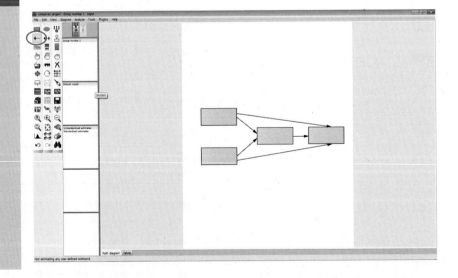

3 각 경로도형에 변수를 정의해 주기 위해 ▦ 아이콘을 클릭하여 변수 이름을 도형으로 끌어오거나 각 도형을 더블 클릭 또는 우클릭하여 **Object Properties(개체 속성)** 대화상자를 연다.

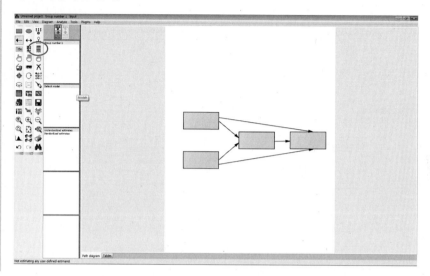

4 **Object Properties** 대화상자에서 **Variable label**에 SPSS 자료 파일에 입력된 변수 이름과 동일한 해당 변수 이름을 입력한다.

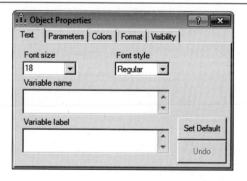

　AMOS의 장점 중 하나는 측정변수에 오차항을 설정하여 오차를 통제할 수 있다는 것이다. 이를 위해 오차가 존재할 것으로 가정되는 변수에 오차항을 삽입한다.

5 도구상자의 ♀ 아이콘을 클릭한 다음 오차항이 생성되기를 원하는 경로도형을 선택하여 클릭하면 간단히 오차항을 삽입할 수 있다. 오차항 역시 **Object Properties** 대화상자를 열어 변수 이름을 지정해 준다(e1, e2). AMOS 프로그램에서 오차항의 경로계수는 자동으로 '1'을 갖는다.

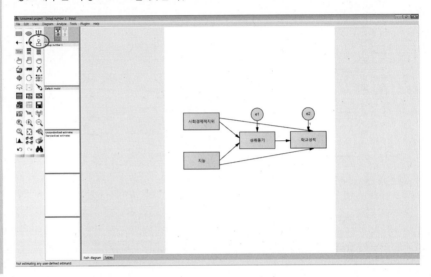

more 변수 이름이 길다 하여 줄을 바꿔 쓰거나 띄어쓰기를 잘못해서는 안 된다. AMOS가 변수를 인식하지 못하여 오류가 발생하기 때문이다. 즉, SPSS에 입력한 변수명과 동일해야 한다.

6 ↔을 사용하여 사회경제적 지위와 지능 변수 간의 상관관계가 있음을 지정해 준다.

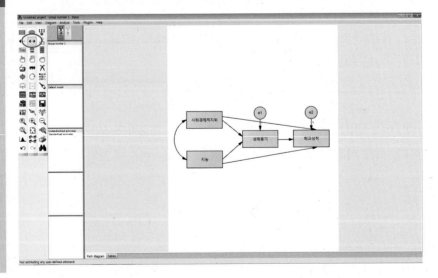

5) AMOS 프로그램 분석 실행

1 분석을 실행하기 위해 우선 미리 생성해 둔 데이터 파일의 경로를 지정한다. 데이터 파일의 경로를 지정하기 위해 도구상자에서 ▦ 아이콘을 클릭하여 데이터 파일 지정을 위한 대화상자를 연다. 대화상자가 열리면 File Name을 선택해 해당 데이터 파일이 존재하는 폴더에서 파일을 선택하고, OK 버튼을 선택하여 대화상자를 닫는다.

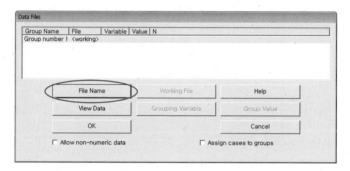

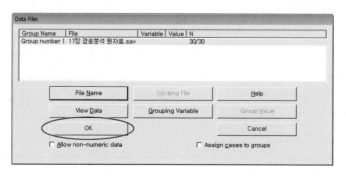

2 데이터 파일 지정을 마치면 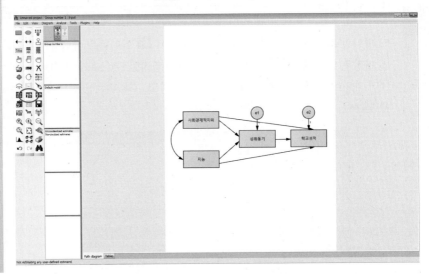 **Analysis Properties**를 선택한다.

3 Output 탭에서 결과 출력물 선택창을 열어 출력 결과물의 내용을 선택한다.

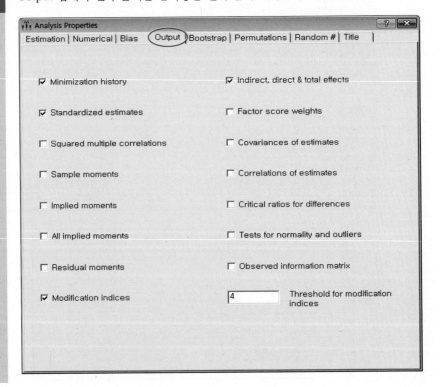

결과 출력물의 키워드에 대한 설명은 다음과 같다.

선택 키워드	내 용
Minimization history	데이터와 모형 간 불일치 정도의 과정을 요약
Standardized estimates	표준화된 회귀계수
Squared multiple correlation	다중상관치. 내생변수가 외생변수에 의해 설명되는 부분
Sample moments	표본의 평균
Implied moments	관찰변수의 공분산, 평균
All implied moments	모든 변수의 공분산, 평균
Residual implied moments	표본 공분산행렬과 공분산행렬의 차이
Modification indices	모형의 적합도를 개선하기 위한 수정지수
Indirect, direct & total effects	간접 효과, 직접 효과, 전체 효과
Factor score weight	요인점수
Covariance of estimates	모수의 공분산행렬
Critical ratios for differences	모수 t통계량
Test for nomality and outliers	정규분포성과 이상치 검정
Observed information matrix	관측정보행렬

4 AMOS 프로그램 실행 시 결측값을 포함하는 데이터 파일을 사용할 경우 **Estimation** 탭에서 **Estimate means and intercepts**를 선택하여 완전정보 최대우도추정(Full information maximum likelihood estimation)을 적용하여야 한다.

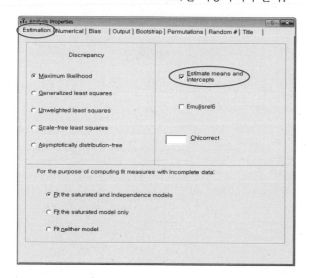

5 출력물 선택까지 마쳤으면 도구상자의 ⏣ 아이콘이나 **Analyze → Calculate Estimates** 를 선택하여 분석을 실행한다.

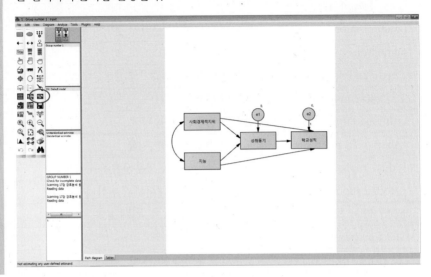

6 분석 결과는 도구상자의 ▦ 아이콘이나 **View → Text Output**에서 확인할 수 있다.

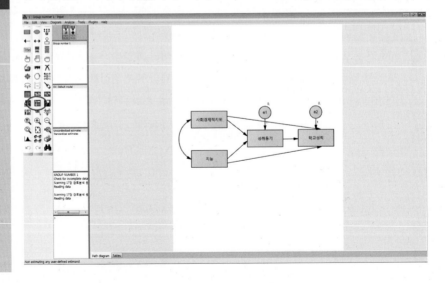

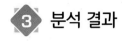 분석 결과

　경로분석의 경우 변수 간 경로계수를 알아보는 것이 가장 큰 관심사이므로 결과물 가운데 'Estimates' 부분을 중심으로 분석 결과를 알 수 있다. 표 형식으로 제공되는 Output으로 'Estimates'의 분석 결과를 살펴보면 다음과 같다.

Estimates의 구성을 살펴보면 다음과 같다.

추정치(Estimates)	
Maximum likelyhood estimates	모수의 추정이 최대우도법을 통해 이루어졌음을 의미함
Regression weights	변수 간 영향력의 크기를 의미함
Standardized regression weights	표준화된 계수임
Covariances	변수 간 공분산계수로서 표준오차, t값, p값이 함께 제시됨
Correlations	변수 간 상관관계 계수로서 표준오차, t값, p값이 함께 제시됨
Variances	변수의 분산값으로 표준오차, t값, p값이 함께 제시됨
Squared multiple correlations	특정 내생변수의 분산이 선행변수에 의해 설명되는 비율
Total effects	한 변수가 다른 변수에 미치는 표준화되지 않은 전체 효과를 의미함
Standardized total effects	한 변수가 다른 변수에 미치는 표준화된 전체 효과를 의미함
Direct effects	한 변수가 다른 변수에 미치는 표준화되지 않은 직접 효과를 의미함
Standardized direct effects	한 변수가 다른 변수에 미치는 표준화된 직접 효과를 의미함
Indirect effects	한 변수가 다른 변수에 미치는 표준화되지 않은 간접 효과를 의미함
Standardized indirect effects	한 변수가 다른 변수에 미치는 표준화된 간접 효과를 의미함

'Regression Weight'와 'Variance'의 경우 추정치에 대한 통계적 유의도 검정 결과가 함께 제시되는데, 각각이 의미하는 바는 다음과 같다.

구분	내용
Estimate	추정치
S.E.	Standard Error = 표준오차
C.R.	Critical Ratio = Estimate/S.E.
P	유의확률

이를 토대로 본 연구문제의 분석 결과를 살펴보면, 연구모형에서 설정한 경로 중 유의확률이 .234, .217인 경로의 경우는 유의수준 .05에서 통계적으로 유의하지 않음을 알 수 있다. 따라서 유의하지 않은 두 경로를 차례로 삭제하여 결과를 비교할 필요가 있다. 도구상자의 ▥ 아이콘이나 Analyze → Calculate Estimates를 선택하여 다시 분석을 실행한다. 분석 결과, '지능 → 성취 동기' 경로만 삭제한 경우보다 '사회경제적 지위 → 학교성적' 경로를 같이 삭제한 경우에 더 나은 결과를 얻을 수 있었다. 단, 통계적으로 유의하지 않은 경로라 하여 무조건 삭제하는 것이 아니라 반드시 이론적 근거에 바탕을 두고 삭제하는 것이 바람직하다. 이에 따라 얻은 경로계수를 연구모형에 제시하면 다음과 같은 경로도를 얻을 수 있다.

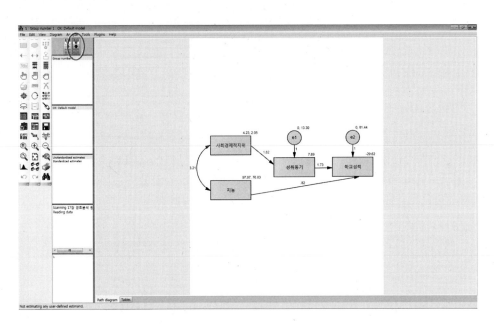

경로도에서 각 변수의 직접 효과, 간접 효과, 전체 효과는 Output의 Estimates 부분에서 확인할 수 있는데 각각 표준화된 효과 부분을 해석한다.

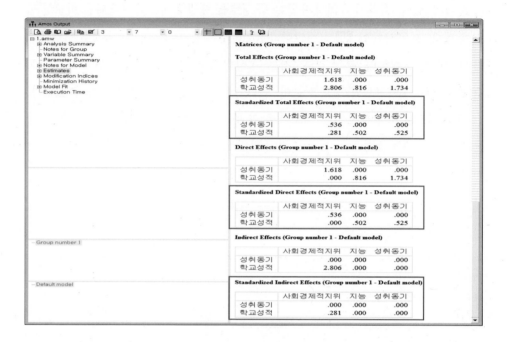

연구모형의 적합도는 Output의 'Model fit' 부분에서 확인할 수 있다.

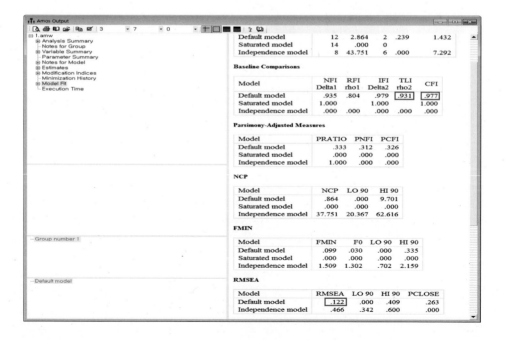

일반적으로 사용되는 적합도 지수는 다음과 같다(홍세희, 2000).

적합도 지수		개발자	기준값	표본 크기	간명도
상대 적합도 지수	NFI (Normal Fit Index)	Bentler & Bonett, 1980	> .90	민감	비고려
	NNFI (Non Normal Fit Index) =TLI(Tucker-Lewis Index)	Bentler & Bonett, 1980	> .90	덜 민감	고려
	CFI (Comparative Fit Index)	Bentler, 1990	> .90	덜 민감	비고려
절대 적합도 지수	GFI (Goodness of Fit Index)	Joreskog & Sorbom, 1984	> .90	민감	비고려
	AGFI (Adjusted Goodness of Fit Index)	Joreskog & Sorbom, 1984	없음	민감	고려
	RMSEA (Root Mean Square Error of Approximation)	Steiger & Lind, 1980	< .05	덜 민감	고려

상대적합도 지수(relative fit index, incremental fit index)는 독립모형과 비교하여 모형의 적합도를 평가하는 지수로서 이론모형이 독립모형에 비해 자료를 얼마나 잘 설명하는지를 나타내 준다. 독립모형은 변수 간 관계가 없음을 가정하지 않은 모형을 의미한다. 상대적합도 지수에는 NFI, NNFI(TLI), CFI 등이 있다. 반면 절대적합도 지수(absolute fit index)는 이론모형의 적합도를 독립모형의 적합도와 비교하지 않고, 이론모형이 자료와 얼마나 합치하는지를 절대적으로 평가한다. 절대적합도 지수에는 GFI, AGFI, RMSEA 등이 있다. 적합도 지수를 선택할 때에는 표본 크기에 민감하지 않고 모형의 간명성을 고려하는 지수를 선택하는 것이 바람직하다. 좋은 이론이란 동일한 현상을 가장 간단하게 설명할 수 있는 것이므로 간명한 모형을 지지할 수 있는 적합도가 가장 좋은 것이라 할 수 있다. 이러한 기준에서는 NNFI(TLI)와 RMSEA가 가장 추천할 만한 적합도 지수다.

4 논문 양식

학생들의 학교성적과 관련된 변수들 간의 관계를 알아보기 위하여 학교성적에 영향을 미치는 요인으로 학생의 사회경제적 지위, 지능, 성취 동기를 선정하고, 30명의 학생들을 대상으로 각 특성에 대해 측정하였다. 예측변수인 사회경제적 지위, 지능, 성취 동기와 종속변수인 학교성적 간의 상관계수행렬은 〈표 17-1〉과 같다.

〈표 17-1〉 학교성적과 관련된 변수 간의 상관계수행렬

	학교성적	지 능	사회경제적 지위	성취 동기
학교성적	1			
지능	.64	1		
사회경제적 지위	.51	.26	1	
성취 동기	.65	.31	.54	1

변수 간의 관계를 검정하기 위하여 앞의 [그림 17-1]과 같은 모형을 설정하고, AMOS 프로그램을 이용하여 모형의 적합도 및 경로계수의 값을 추정하였다. 연구모형의 적합도는 〈표 17-2〉와 같다.

〈표 17-2〉 모형의 적합도

	χ^2(p)	자유도	RMSEA	NNFI(TLI)	GFI	CFI
연구모형	2.9	2	.12	.93	.95	.98
수용기준	p>.05		.05 이하	.9 이상	.9 이상	.9 이상

연구자가 설정한 모형이 수집한 자료의 특성을 잘 반영할 수 있는지 검정한 결과, χ^2값은 2.9, 유의확률은 .000으로서 유의수준 .05에서 모형과 자료가 일치한다는 영가설이 기각되었다. 그러나 χ^2검정은 표본의 크기에 매우 민감하게 영향을 받는다는 단점이 있으므로 다른 적합도 지수를 함께 고려하여 모형의 적합도를 평가해 보아야 한다. 표본 크기에 영향을 받지 않는 적합도 지수는 RMSEA, NNFI(TLI), CFI다. 연구모형의 RMSEA는 .12, NNIF는 .93으로서 수용할 수 있는 기준값(〈표 17-1〉 참조)과 비교할 때 다소 낮은 적합도를 보이고 있다. 그러나 GFI와 CFI는 각각 .95와 .98로 기

준치보다 높은 적합도를 나타내고 있어 대체로 양호한 모형이라고 평가할 수 있다.

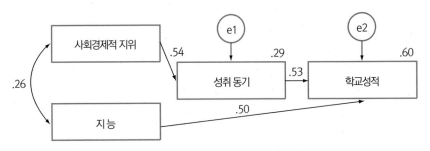

[그림 17-2] 학교성적에 대한 경로모형

  연구모형에서 추정된 경로계수의 값을 살펴보면 사회경제적 지위 → 성취 동기의 경로계수는 .54, 지능 → 학교성적의 경로계수는 .50, 성취 동기 → 학교성적의 경로계수는 .53으로서 모두 유의수준 .05에서 유의한 값을 나타내고 있다. 그리고 사회경제적 지위와 지능의 상관관계는 .26이다.

  학교성적에 대한 연구모형의 효과계수는 〈표 17-3〉과 같다. 지능 → 학교성적의 전체 효과는 직접 효과 .53과 간접 효과 .0의 합으로 구성되므로 .50이다. 또한 사회경제적 지위 → 학교성적의 전체 효과는 직접 효과 .0과 간접 효과(.54×.53)의 합으로 구성되므로 .29다. 이와 같이 경로분석에서는 직접적인 인과관계만 다루는 회귀분석과 달리 매개변수에 의한 간접 효과까지 파악할 수 있다는 장점이 있다.

〈표 17-3〉 연구모형의 효과계수

		사회경제적 지위	지 능	성취 동기
성취 동기	직접 효과	.54	–	–
	간접 효과	–	–	–
	전체 효과	.54	–	–
학교성적	직접 효과	–	.50	.53
	간접 효과	.29	–	–
	전체 효과	.29	.50	.53

1 다음은 173명의 사범대학 학생의 '교원임용고사에 대한 태도'에 관한 공변량 자료다.

y_1	y_2	y_3	x_1	x_2
14.610				
−5.250	11.017			
−8.057	11.087	31.971		
−.482	.677	1.559	1.021	
−18.857	17.861	28.250	7.139	215.662

이 자료에 대해 다음의 경로도형을 AMOS를 사용하여 분석하시오.

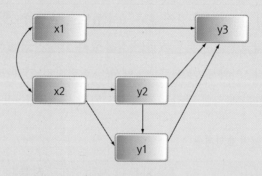

2 문제 1의 자료를 사용하여 다음 모형을 검정하시오. 그 결과, 1의 모형과 2의 모형 중
   어느 것이 채택되어야 하는지 통계적으로 판단하시오.

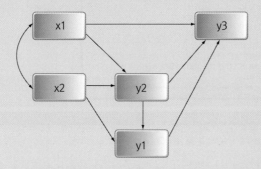

more

경로분석을 위하여 상관계수행렬 또는 공변량행렬을 사용하게 될 때는 사용할 데이터 파일을 작성하기 위하여 SPSS 명령문 편집기를 이용한다.

SPSS 명령문 편집기에 명령문을 작성하여 실행하면 다음과 같은 데이터 파일이 생성된다. 상관계수행렬을 사용할 때는 'cov' 대신에 'corr'을 입력하면 된다. 이때 띄어쓰기 및 마침표 하나라도 빠트리면 정확한 결과를 얻을 수 없으므로 주의가 필요하다.

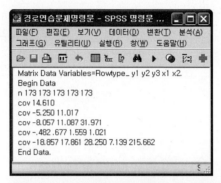

제18장

확인적 요인분석

1 개 요

확인적 요인분석(Confirmatory Factor Analysis)은 요인분석의 두 모형 중 공통요인 모형을 확인할 목적으로 사용하는 방법이다. 탐색적 요인분석과 확인적 요인분석의 차이점은 간단히 말해 SPSS 또는 SAS에서 하는 요인분석은 탐색적 요인분석, AMOS 또는 LISREL에서 하는 분석은 확인적 요인분석이라고 할 수 있다. 그러나 이것으로 는 충분하지 않으며, 두 요인분석은 잠재변수와 관측변수 간의 관계 설정에서 차이 를 보인다. 즉, 요인분석모형은 X(관찰변수), λ(Lambda, 요인부하량), ξ(Xi, 잠재변수), δ(Delta, 측정오차)의 네 가지 요소로 구성된 측정모형으로 볼 수 있으며, 선형등식으 로는 $X = \Lambda\xi + \delta$로 나타낼 수 있다. Λ(Lambda)는 요인부하량, λ 추정치를 포함하는 행렬이다. λ는 요인과 관찰변수를 연결하는 계수로서 요인의 한 단위 변화에 따른 관찰변수의 기대 변화의 크기를 나타낸다. 즉, 관찰변수에 대한 요인의 영향력을 나 타내는 회귀계수다. 잠재변수 ξ_1의 관찰변수의 개수가 x1에서 x4까지 4개, ξ_2는 x5 에서 x8까지 4개로 정의된다면, 확인적 요인분석에서는 ξ_1는 x1에서 x4까지 상관을 가지고 나머지 관찰변수와는 상관을 가지지 않는다고 가정한다. 하지만 탐색적 요 인분석은 ξ_1는 x1에서 x8까지 모든 관측변수와 상관관계를 가지게 된다. 이것이 확 인적 요인분석과 탐색적 요인분석의 가장 큰 차이점이다.

확인적 요인분석의 기본 가정은 다음과 같다.

① 모든 측정오차 δ는 요인 ξ와 서로 상관이 없어야 한다.
② $E(\xi) = E(\delta) = 0$ 및 $Var(\xi) = 1$이어야 한다. 즉, 요인과 측정오차의 기대치는 0이 고 요인의 변량은 1로 고정되어 있어야 한다.

확인적 요인분석에서의 영가설 및 대립가설은 다음과 같다.

영가설(H_0): 표본 공분산행렬 = 모형 공분산행렬($\Sigma = \Sigma(\theta)$)
대립가설(H_1): 표본 공분산행렬 $\neq$ 모형 공분산행렬($\Sigma \neq \Sigma(\theta)$)

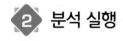 **분석 실행**

연구문제	초등학생들의 학업성취도를 구성하는 관찰변수를 국어, 수학, 사회, 과학 교과의 성적으로 설정하고, 이들의 관련성을 살펴보기 위해 S초등학교 학생들을 대상으로 종단연구를 실시하였다. 초등학교 3학년 때와 5학년의 학업성취도 간의 관계는 어떠한가?

적용 절차(18장 확인적 요인분석 원자료.sav)는 다음과 같다.

1 연구모형에 포함되어 있는 변수의 자료를 SPSS 데이터 파일로 입력하고 AMOS 프로그램을 시작한다.
분석 → IBM SPSS AMOS를 선택하여 실행한다.

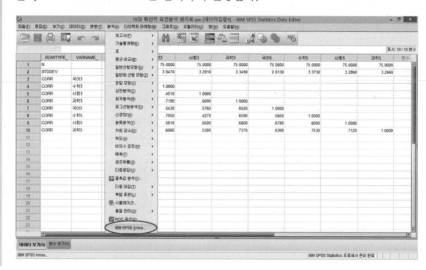

2 확인적 요인분석 연구모형 그리기

도구상자에서 🎎 아이콘을 선택하여 **잠재변수, 관측변수 및 오차**를 그리고 ↔
으로 잠재변수 간 **상관관계 화살표**를 그린다.

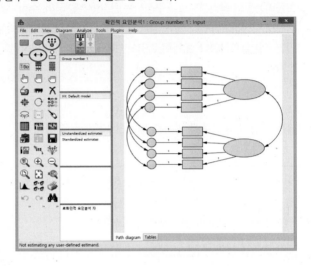

3 변수명 입력하기

작업시트에 있는 관측변수, 잠재변수 및 오차변수에 마우스를 대고 **오른쪽 마우스 버튼
클릭**하여 Object Properties를 **선택**하고 Object Properties **대화상자**의 Text **탭**
에 있는 Variable label에 **변수명**을 입력한다.

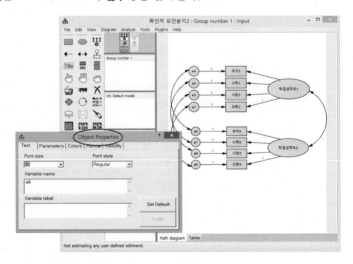

> more   SPSS에 저장된 관측변수명과 AMOS 경로도상의 관측변수명은 반드시 일치해야 되지만 잠재변수명
> 은 일치하지 않아도 된다.

4 연구모형과 표본자료 연결하기

연구모형과 표본자료를 연결해 주기 위해 도구상자에서 **데이터 파일 지정 아이콘**
을 선택하거나 **File 메뉴 → Data Files**을 클릭한다.

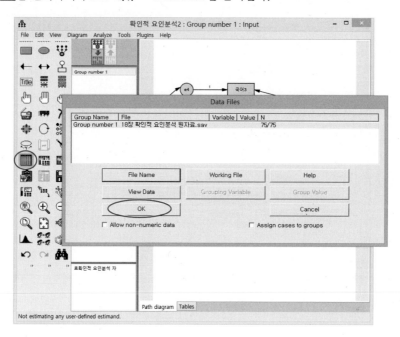

5 연구모형과 표본자료 연결하기

해당 데이터 파일이 존재하는 폴더에서 데이터 **파일 선택 → 열기** 버튼을 클릭한다.

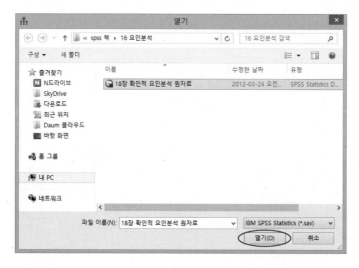

6 모수 추정 방법 선택

View 메뉴 → Analysis Properties → Estimation에서 **모수 추정 방법을 선택**한다.

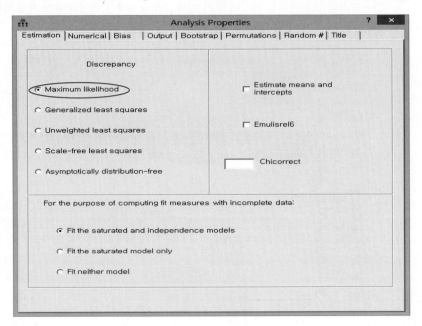

7 모수 추정치 선택

View 메뉴 → Analysis Properties → Output에서 **모수 추정치를 선택**한다.

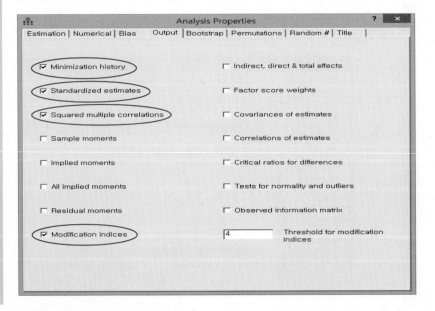

8 저장하기

도구상자에서 **분석 실행 아이콘 ▦ 을 선택**하거나 Analyze 메뉴에서 **Calculate Estimate** 선택을 하면 자동으로 **저장하기 대화상자**가 나타난다.

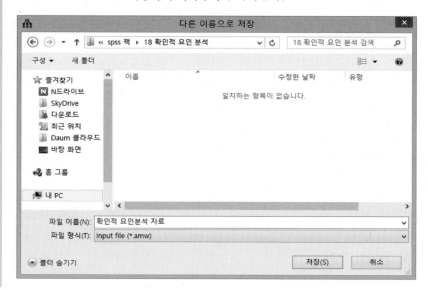

9 분석 실행

도구상자에서 **분석 실행 아이콘 ▦ 을 선택**하거나 Analyze 메뉴에서 **Calculate Estimate** 를 선택하여 분석을 실행한다.

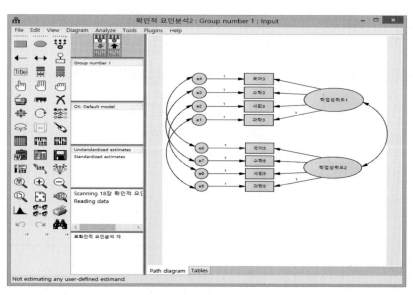

10 분석 결과 열기

분석 결과를 열기 위해 **분석 결과 열기 아이콘** 📟 **을 선택**하거나 **View 메뉴** → **Text Output**을 클릭한다.

3 분석 결과

1) Notes for Model

1 **Text Output → Notes for Model 클릭**

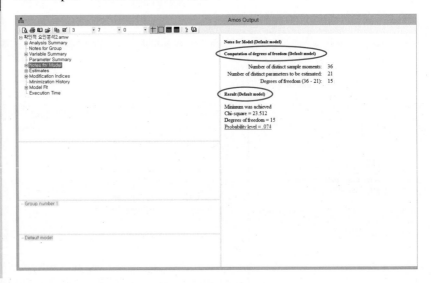

Note for Model에는 앞의 그림과 같이 연구모형의 개괄적인 내용이 제시되어 있다. Computation of degree of freedom(Default Model)에서 연구모형의 자유도의 계산 결과가 제시되어 있다. 자유도는 15다.

χ^2지수는 23.525이고, p값은 .074다.

2) 추정치 확인하기

1 **Text Output → Estimation 클릭**

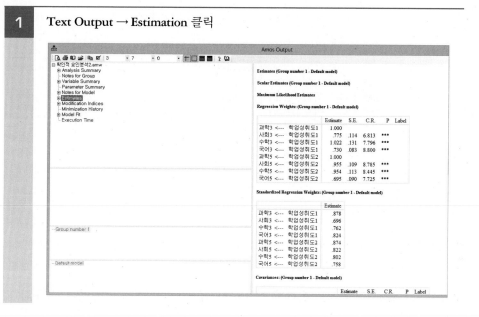

Estimation에는 이 그림과 같이 AMOS 분석을 통해 계산된 추정값들이 제시되어 있다. Estimation은 모형적합도(Model Fit)와 함께 가장 중요한 출력 결과물이다. 특히 연구가설들은 Estimation에 제시되는 내용에 의해 지지 여부가 결정된다. 그 내용은 다음과 같다.

(1) 회귀계수

Regression Weights: (Group number 1 - Default model)

			Estimate	S.E.	C.R.	P	Label
과학3	<---	학업성취도1	1.000				
사회3	<---	학업성취도1	.775	.114	6.813	***	
수학3	<---	학업성취도1	1.022	.131	7.796	***	
국어3	<---	학업성취도1	.730	.083	8.800	***	
과학5	<---	학업성취도2	1.000				
사회5	<---	학업성취도2	.955	.109	8.785	***	
수학5	<---	학업성취도2	.954	.113	8.445	***	
국어5	<---	학업성취도2	.695	.090	7.725	***	

Standardized Regression Weights: (Group number 1 - Default model)

			Estimate
과학3	<---	학업성취도1	.878
사회3	<---	학업성취도1	.696
수학3	<---	학업성취도1	.762
국어3	<---	학업성취도1	.824
과학5	<---	학업성취도2	.874
사회5	<---	학업성취도2	.822
수학5	<---	학업성취도2	.802
국어5	<---	학업성취도2	.758

회귀계수(Regression Weight Estimation)는 표준화되지 않은 것이다. 학업성취도1, 학업성취도2의 잠재요인에 대한 관찰변수 회귀계수의 C.R은 모두 유의한 것으로 나타났다($p < .001$). 회귀계수 아래에는 표준화 회귀계수가 제시되어 있다. 표준화 회귀계수의 적재량이 .50 이상이어서 문제가 없는 것으로 나타났다.

(2) 공분산계수

Covariances: (Group number 1 - Default model)

			Estimate	S.E.	C.R.	P	Label
학업성취도1	<-->	학업성취도2	7.748	1.560	4.965	***	
e4	<-->	e8	.877	.376	2.332	.020	
e3	<-->	e7	1.773	.756	2.347	.019	
e2	<-->	e6	1.310	.631	2.077	.038	
e1	<-->	e5	.264	.478	.552	.581	

학업성취도1과 학업성취도2의 공분산계수는 7.748이다. 잠재변수에 대한 공분산
계수의 C.R은 유의한 것으로 나타났다(p<.001).

(3) 적합도 지수 확인

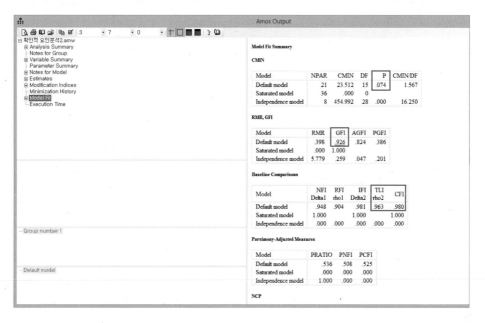

AMOS는 다양한 적합도 지수(Model fit)를 보여 준다. 위에는 AMOS가 제시하는 적
합도 지수가 제시되어 있다. 이 가운데 CMIN(χ^2), RMSEA, TLI, CFI, GFI의 다섯 가지
적합도 지수를 중심으로 모형의 적합도를 판단할 수 있다. 연구모형은 CMIN 통계량
은 .074로 유의수준 .05보다 크게 나와 전체 모형의 적합도가 양호한 것으로 판단된
다. GFI, TLI, CFI 적합도 지수의 판정 결과 모두 수용기준인 .90 이상으로 높은 수준
의 적합도를 확보한 것으로 나타났으나, RMSEA 적합도 지수 판정에서는 수용기준
인 .05 이하에 미치지 못하는 .088로 나타났다.

 **논문 양식**

초등학생의 학업성취도를 구성하는 관찰변수를 국어, 수학, 사회, 과학 교과의 성적으로 설정하고, 이들의 관련성을 살펴보고자 S초등학교 학생들을 대상으로 종단연구를 실시하였다. 초등학교 3학년 때와 5학년 때의 학업성취도 간의 관계는 어떠한가? 이를 살펴보기 위하여 [그림 18-1]과 같은 연구모형을 설정하였다.

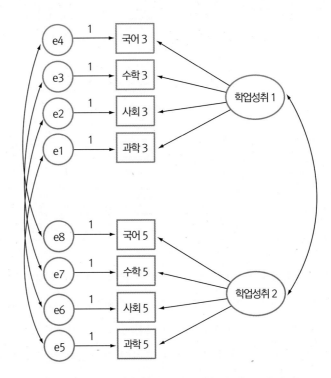

[그림 18-1] 초등학교 3학년과 5학년의 학업성취도 모형

75명의 학생들을 대상으로 각 특성에 대해 종단연구로 측정하였으며, 산출된 변수들 간의 상관계수행렬은 〈표 18-1〉과 같다.

〈표 18-1〉 학업성취도와 관련 변수 간의 상관계수행렬

	국어 5	수학 5	사회 5	과학 5	국어 3	수학 3	사회 3	과학 3
국어 5	1.000							
수학 5	.565	1.000						

사회 5	.678	.609	1.000					
과학 5	.630	.753	.712	1.000				
국어 3	.739	.650	.674	.666	1.000			
수학 3	.543	.705	.581	.606	.604	1.000		
사회 3	.576	.427	.650	.530	.679	.451	1.000	
과학 3	.652	.659	.690	.737	.693	.719	.609	1.000

AMOS 프로그램에 의해 연구모형의 적합도 지수 및 각 변수의 분산과 공분산, 잠재요인과 관찰변수 간의 관계를 나타내는 요인계수를 추정하였다. 연구모형의 추정치는 [그림 18-2]에 제시하였다.

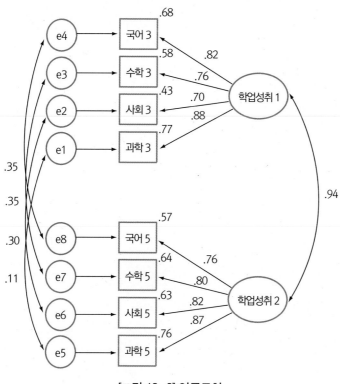

[그림 18-2] 연구모형

연구모형의 적합도 분석 결과는 〈표 18-2〉와 같다.

〈표 18-2〉 **연구모형의 적합도 분석 결과**

	χ^2(p)	자유도	RMSEA	TLI	CFI	GFI
연구모형	23.50(.07)	15	.09	.96	.98	.93
수용기준	p>.05		.05 이하	.90 이상	.90 이상	.90 이상

연구자가 설정한 연구모형에 대한 적합도 검정 결과 유의수준 .05에서 모형이 자료와 합치된다는 영가설이 채택되었으며(χ^2=23.50 p=.07), RMSEA에 의한 적합도는 기준값보다 낮은 것으로 나타났으나 TLI, CFI, GFI에 의한 적합도는 기준값보다 높게 나타났다. 그러므로 연구모형은 자료에 적합하다고 할 수 있다.

1   다음은 관련 연구를 토대로 이론적인 배경하에 설정한 연구모형이다. 이 연구모형에서 개인 능력과 성취 욕구가 상관관계가 있다는 가정하에 확인적 요인분석을 실시하고 결과를 설명하시오.

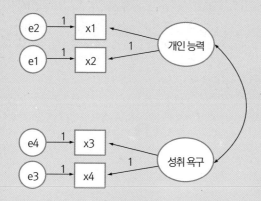

2   최근 모 갤럽에서는 인기 있는 각종 다큐멘터리에 대한 만족도 평가를 주제별로 실시하고 있다. 만족도를 측정하기 위한 측정변수는 유용성(Y1), 편리성(Y2), 디자인(Y3) 등이다. 이를 통해서 확인적 요인분석을 위한 연구모형을 구상해 보시오.

구조방정식모형

1 개 요

구조방정식모형(Structural Equation Modeling: SEM)은 현상과 관련된 이론을 분석할 때 확인적(예, 가설검정) 접근 방법을 취하는 통계적 방법론이다. 즉, 이론을 기초로 연구자가 사전에 수립한 모델이 자료에 의해 지지되는가를 검정하는 것이 연구의 주된 관심사다. SEM은 확인적 요인분석과 다중회귀분석 또는 경로분석 등이 결합된 방법론으로 관찰변인 간의 인과관계와 잠재적 요인 간의 인과관계까지도 동시에 검정할 수 있는 장점을 가지고 있다.

구조방정식모형을 적용하기 위해서는 다음과 같은 기본 가정이 필요하다.

① 표본 수는 최소한 입력자료 상관행렬(공분산행렬)의 수보다 커야 한다. SEM에 사용되는 표본의 수는 추정될 모수의 수에 비해 적어도 5배 이상 되어야 하며, 10배의 표본 비율이 가장 적절한 표본 크기라고 본다(Bentler & Chou, 1987).
② 입력될 자료는 자료의 정확성, 결측자료 및 극단치, 정규성, 선형성, 등분산성 등의 점검이 필요하다.
③ 잔차와 잠재변인 간의 상관은 0이다.

AMOS의 장점 중의 하나가 구조방정식 표기법을 많이 활용하지 않는 것이지만, 구조방정식 표기법을 모르면 정확한 이해가 힘들어지며 분석수준을 끌어올리는 데 한계가 있다. 따라서 기본적인 구조방정식 표기법에 대해 살펴본다.

[그림 19-1]은 일반 구조방정식모형 또는 완전 구조방정식모형(general or full SEM)이라고 부른다. 구조방정식모형에서 변인은 잠재변인과 관측변인으로 구분된다.

잠재변인은 문맥에 따라 구인(construct)과 같은 뜻으로 사용되기도 하며 요인(factor)으로도 쓰인다. 또한 잠재변인은 관찰이 불가능하기 때문에 비관측(unobserved) 변인 또는 비측정(unmeasured) 변인이라고도 한다. 잠재변인은 외생 잠재변인과 내생 잠재변인으로 구분되는데, [그림 19-1]에서 외생 잠재변인은 ξ_1이며, 내생 잠재변인은 η_1과 η_2다. 또한 ξ_1은 독립변인이며 η_1, η_2는 종속변인이 된다. 그림에서처럼 외생 잠재변인의 관측변인은 X로, 내생 잠재변인의 관측변인은 Y로 표시되며 사각형

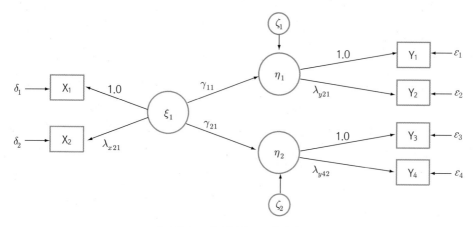

[그림 19-1] 일반 구조방정식모형

으로 그려진다.

구조방정식에서 계수는 λ(lambda), γ(gamma), β(beta)의 세 가지다. 외생 및 내생 잠재변인이 자신을 측정하는 관측변인에 대한 영향 정도를 각각 λ_x, λ_y라고 한다. ξ_1, x_1, δ_1을 구조방정식으로 나타내면 '$x_1 = (\lambda_{x11})\xi_1 + \delta_1$'이다. 여기서 λ는 회귀계수이면서 요인 부하량이다. 따라서 화살표 방향이 잠재변인에서 관측변인으로 향한다. γ는 외생 잠재변인이 내생 잠재변인에게 또는 외생 관측변인이 내생 관측변인에게 미치는 영향이다. λ, γ, β를 경로계수라고 표현하기도 한다. AMOS의 분석 결과물에서는 λ, γ, β를 회귀가중치(regression weight)로 통괄하여 지칭한다. ϕ(phi)는 잠재변인 간 또는 관측변인 간의 공분산이다.

구조방정식의 오차는 측정오차와 방해오차의 두 가지로 나뉜다. 측정오차는 관측변인이 측정될 때의 오차를 말하는데, 관측변인 X의 측정오차는 δ, 관측변인 Y의 측정오차는 ε이다. 방해오차 ζ는 내생변인에만 붙는 오차로 외생변인이 내생변인을 설명하지 못하는 부분을 의미한다.

구조방정식의 모수행렬은 8개의 경로계수로 구성된다. 즉, X의 λ, Y의 λ, γ, β 각각의 행렬 4개, X의 측정오차, Y의 측정오차, 방해오차 각각의 행렬 3개 그리고 공분산 ϕ의 행렬 1개로 총 8개다.

구조방정식모형의 변인, 계수 및 오차는 다음과 같다.

잠재변인 (원, 타원)	변인명	외생 잠재변인 ξ(xi or ksi)	내생 잠재변인 η(eta)
	방해오차		ζ(zeta)
관측변인 (사각형)	변인명	X(q=x의 개수)	Y(p=y의 개수)
	측정오차	δ(delta)	ε(epsilon)
계 수	측정모형	λ_x(lambda x)	λ_y(lambda y)
	이론모형	γ(gamma): 외생 → 내생	β(beta): 내생 → 외생
공분산	ϕ(phi): 외생 ↔ 내생		

2 분석 실행

연구문제   SES 요인을 구성하는 관측변인으로 부모소득, 부모학력, 부모기대를, 학습역량 요인을 구성하는 관찰변인으로 학습태도, 학습동기, 학습기술을, 성취도 요인을 구성하는 관찰변인으로 국어점수, 영어점수, 수학점수, 사회점수를 설정하였다. SES 요인과 학습역량 요인 및 성취도 요인 간의 관계는 어떠한가?

적용 절차(19장 구조방정식모형.sav)는 다음과 같다.

1   AMOS 프로그램에서 **시작 → 프로그램 → AMOS → AMOS GRAPHICS**를 선택한다. 도구상자 중 잠재변인, 관측변인 및 오차를 동시에 그리는 아이콘을 선택하여 작업시트에서 그린다.

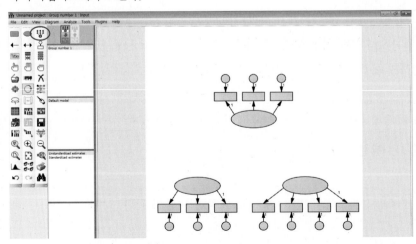

2　경로를 나타내는 ← 아이콘을 선택하여 경로를 그리고 내생 잠재변인에 ♘(방해 오차항)을 선택하여 그린다.

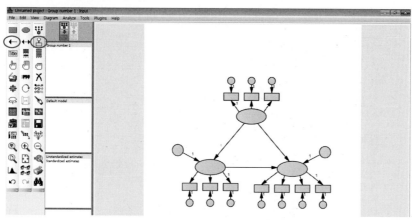

3　관측변인, 잠재변인에 마우스를 대고 버튼을 더블클릭하여 Object Properties 대화상자를 불러온 후 Text 상자를 선택하고 변인명을 써넣는다. 오차변인명을 한꺼번에 넣기 위해서는 Plugins 메뉴에서 Name Unobserved Variables를 클릭하면 된다.

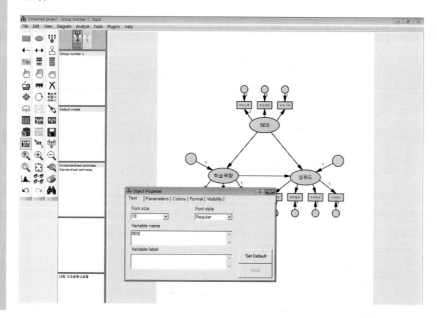

> **more**　SPSS에 저장된 원자료의 관찰변인명과 AMOS 경로도상의 관측변인명은 반드시 일치해야 되지만 잠재변인명은 일치하지 않아도 된다.

4 자료의 연결 및 실행

경로도와 자료를 연결해 주기 위해 도구상자에서 ▦ 아이콘을 누르거나 File 메뉴에서 Data File을 클릭하여 그림과 같은 대화상자가 나타나게 한다.

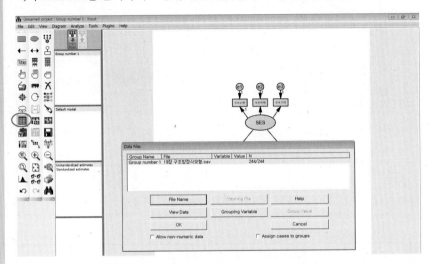

5 대화상자에서 File Name을 클릭하여 해당 데이터 파일이 존재하는 폴더에서 파일을 선택하고 열기를 클릭한다.

자료 입력 방식

AMOS는 입력자료로 꼭 원자료를 요구하는 것은 아니다. 원자료를 통해 얻은 상관행렬이나 공분산행렬도 입력자료로 이용될 수 있다. 입력자료로 원자료가 필요한 경우는 추정법이 자료의 정규분포를 가정하지 않은 경우나 결측자료에 의한 사례를 특별한 방법(예, 완전정보 최우도법)을 이용하여 분석하는 경우다. AMOS에서 평균이 분석되지 않는다면 공분산행렬과 상관행렬 가운데 하나가 이용된다. Hair 등(1998)에 따르면 공분산행렬은 연구자가 가정한 잠재변인 간의 관계가 채택되는지를 확인하고자 할 때 적절하며, 상관행렬은 탐색적인 성격에 의해 인과관계의 패턴을 검토하고자 할 때 적절하다.

6 데이터 파일을 지정하고 난 후 View 메뉴에서 Analysis Properties 하위 메뉴를 눌러 대화상자가 나타나면 Estimation에서 추정 방법을 선택한다.

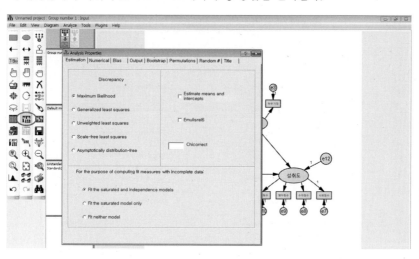

AMOS에서 제공하는 추정 방법		
Discrepancy (불일치 정도)	Maximum likelihood	최대우도법
	Generalized least squares	일반화 최소화법
	Unweighted least squares	비가중 최소자승법
	Scaled−free least squares	척도와 무관한 최소자승법
	Asymptotically distribution−free	점근적인 분포와 무관한 최소자승법
기타	Estimate means and intercepts	각 변인의 평균을 제시함
	Emuliseral6	불일치 함수의 계산 방법을 변형한 방법
	Chicorrect	평균과 절편이 높은 값이 나올 때 제약함
For the purpose of computing fit measures with incomplete date (적합도 지수 표시 방법)	Fit the saturated and independence model	포화모형과 독립모형을 제시함
	Fit the saturated model only	포화모형만 제시함
	Fit neither model	어느 모형도 제시하지 않음

7 또한 Analysis Properties 하위 메뉴의 Output에서 분석에 필요한 각종 추정치를 선택한다.

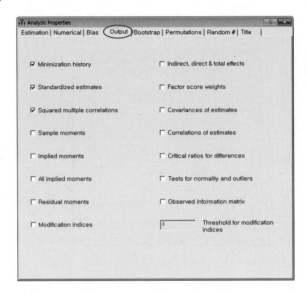

8 데이터 파일을 지정하고 도구상자에서 ▦ 아이콘을 누르거나 Analyze 메뉴에서 Calculate Estimates 하위 메뉴를 눌러 분석을 실행한다.

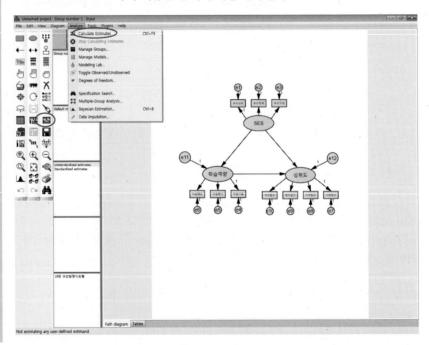

9 분석 결과는 ▤를 눌러서 혹은 View 메뉴 Text Output 하위 메뉴에서 확 인할 수 있다.

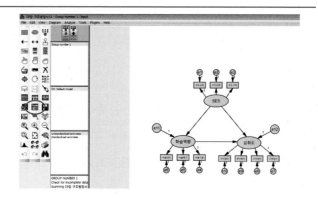

10 화면에 모형의 적합도를 나타내기 위해서 도구상자의 Title을 선택하고 화면의 빈 여백을 찾아 클릭하면 그림과 같은 대화상자가 나타난다. Figure Caption 대화상 자가 나타나면 Caption에 'CMIN＝₩CMIN과 GFI＝₩GFI'를 입력한다. File Save As에서 구조방정식모형으로 저장한다.

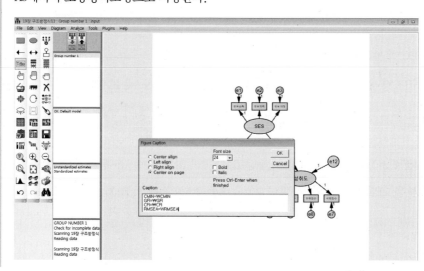

분석 결과

1) 해의 검토

모델 적합도를 평가하기 전에 모수 추정치를 검토해야 한다. 이를 위해 모수 추정치가 올바른 부호를 갖고 있는지, 위반 추정치가 있는지, 모수치의 통계적 유의성 등을 검토한다. 위반 추정치의 예로 Heywood case와 같은 음오차분산, 표준화 계수가 1.0에 가깝거나 1.0을 초과하는 것, 측정오차의 분산이 0에 가까운 것 등을 들 수 있다. 표준화 해의 상관계수가 1.0을 초과하거나 두 개념 간에 매우 높은 상관관계를 보인다면, 개념 가운데 하나를 제거하거나 또는 개념들 간에 판별타당도가 있음을 보여 줘야 한다. Heywood case 제약 방법은 '3) 모델의 수정' 부분에 설명되어 있다.

2) 모델의 적합도 평가

(1) 모델의 전반적 적합도 평가

구조방정식모형의 가장 큰 관심사는 모형의 적합도 및 모형의 수정이다. 연구모형의 적합도는 'Text Out'의 'Model Fit'에서 알아볼 수 있다. AMOS에서는 다양한 적합도 지수가 제공되지만 일반적으로 추천되는 전반적 적합도 지수로서 x^2의 p > .05, x^2/df < 2.0, GFI > .90, CFI > .90, TLI > .90, RMSEA < .05 등을 중심으로 모형의 적합도를 판단할 수 있다(배병렬, 2014; 허준, 2013; 홍세희, 2000; Byrne, 2001).

1 'Text Out'에서 'Model Fit'을 선택하여 연구모형의 전체적인 적합도를 살펴보면 χ^2(CMIN)의 p값이 32.006으로 .05보다 크고, χ^2(CMIN)/df=1.729<2.0, RMR=.060<.05, GFI=.958>.90, CFI=.967>.90, TLI=.953>.90으로 전반 적으로 연구모형이 적합하다고 할 수 있다. 다만 RMSEA가 .055로 .05보다 크게 나 와서 모형을 수정하는 것이 필요하다. 이 부분은 (2)공분산의 설정을 통한 모델 수 정에서 설명한다.

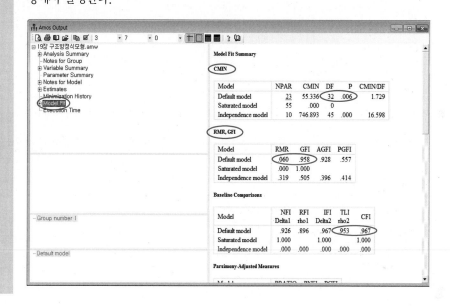

(2) 측정모델의 평가

측정모델을 평가하는 데는 지표의 내적 일관성을 측정한 개념신뢰도(construct reliability) 와 평균분산추출(average variance extracted: AVE)이 사용된다. AMOS에서는 이들 측 정치를 직접 보고하지는 않지만 다음과 같은 식에 의해 계산된다.

$$\bullet\, 개념(합성)신뢰도 = \frac{(\sum 표준화\ 추정치)^2}{(\sum 표준화\ 추정치)^2 + \sum 측정오차}$$

$$\bullet\, 평균분산추출(AVE) = \frac{(\sum 표준화\ 추정치^2)}{(\sum 표준화\ 추정치^2) + \sum 측정오차}$$

여기서 개념신뢰도 수준은 .70 이상, 평균분산추출은 .50 이상이 되어야 신뢰도가 있는 것으로 본다.

예를 들어 다음 표의 측정모형 분석 결과에서 보듯이 SES, 학습역량, 성취도 개념 신뢰도는 모두 .70 이상으로 잘 측정되었다고 볼 수 있다. 그러나 성취도의 평균분산 추출이 .490으로 .50보다 낮아 측정모델에 약간의 문제가 있는 것으로 나타났다.

개 념	비표준화 추정치	표준화 추정치	표준 오차	오차 분산	C.R.	개념 신뢰도	평균분산 추출
SES				.796	9.218	.771	.528
부모소득	.989	.787	.063	.477	10.009		
부모학력	.979	.750	.065	.592	11.211		
부모기대	1.000	.776		.527	10.420		
학습역량				.268	6.743	.752	.503
학습태도	1.000	.707		.432	10.716		
학습동기	1.013	.716	.085	.423	10.481		
학습기술	.970	.648	.086	.562	12.109		
성취도				.183	6.403	.742	.490
국어점수	1.239	.613	.128	.637	11.815		
영어점수	1.213	.674	.122	.443	10.285		
수학점수	1.000	.689		.277	9.831		

(3) 구조모델의 평가

구조모델을 평가하기 위해서는 우선 회중가중치 추정계수의 유의성을 검토해야 한다. 두 번째로 다중상관자승(R^2)이 보고되는데, R^2이 높을수록 구조모델이 잘 수립 되었다고 판단할 수 있다. 마지막으로 모수의 부호가 가설화된 관계의 방향과 일치 하는지를 살펴본다.

다중상관자승(Squared Multiple Correlations)은 연구모형 내 각 내생 잠재변인 분산 의 몇 %가 다른 잠재변인에 의해 설명되는가를 의미한다. 이는 회귀분석의 R^2에 해 당되는 것이다. AMOS 분석에서는 Analysis Properties의 Output 탭에서 'Squared Multiple Correlations'를 설정하면 분석된다. 이 예제에서 내생 잠재변인들의 Squared Multiple Correlations는 403쪽의 ①번 그림에 제시되어 있다.

3) 모델의 수정

(1) 헤이우드 사례(Heywood Case) 제약 방법

1 제19장 구조방정식모형 파일에서 가상적인 예로 Text Out의 Note for Model에서 위반 추정치, 즉 이론적인 한계를 초과하는 값을 가지고 있어 해를 수용할 수 없음을 나타낸다. 더 정확한 정보는 그림의 결과 화면에서 볼 수 있다.

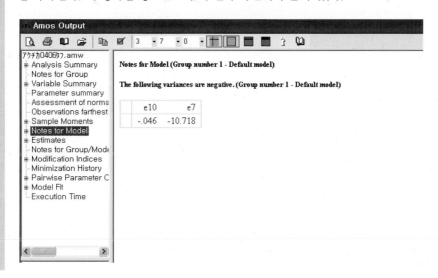

2 Note for Model에서 문제가 되는 오차항 e7에 마우스를 올려놓고 오른쪽 버튼을 누른다. 그리고 Object Properties를 클릭하여 대화상자를 열고 parameters 창의 Variance에 '.005'를 입력한다.

3 그림에서와 같이 수정된 모델의 오차항 e7에 오차분산 .005가 제약되어 있음을 볼 수 있다.

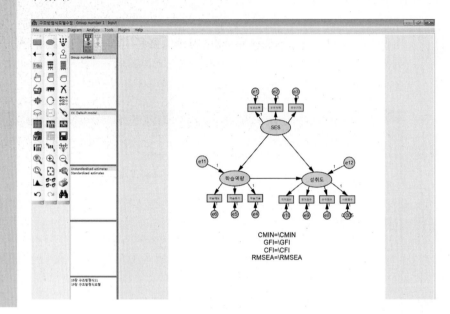

(2) 공분산의 설정을 통한 모델 수정

적합도 향상을 위하여 수정지수인 M.I. 값을 기준으로 무조건 공분산을 설정해서 는 안 된다. 공분산 설정을 위한 원칙을 정리하면 다음과 같다.

① 잠재변인의 오차항과 측정변인의 오차항 간에는 공분산을 설정해서는 안 된다.
② 잠재변인과 측정변인의 오차항 간에는 공분산을 설정해서는 안 된다.
③ 외생 잠재변인의 측정변인 오차항과 내생 잠재변인의 측정변인 오차항 간에는 공분산을 설정해서는 안 된다.
④ 공분산은 측정변인의 오차항 간에 그리고 잠재변인의 오차항 간에 설정할 수 있다.
⑤ 공분산을 설정할 때는 여러 개를 한꺼번에 설정하여 분석하지 말고, 하나씩 설 정하여 결과를 파악하면서 다른 변인 간에 공분산을 설정하는 것이 좋다.

1 RMSEA에서는 수용기준이 .05 이하에 미치지 못하고 .055로 나타나서, 연구모형
의 수정이 필요하다. 모형의 수정을 위해서는 View 메뉴에서 Analysis Properties
하위 메뉴를 눌러 대화상자가 나타나면 Modification Indices를 체크하고 기준치
(threshold)를 4(보수적으로는 10)로 한다.

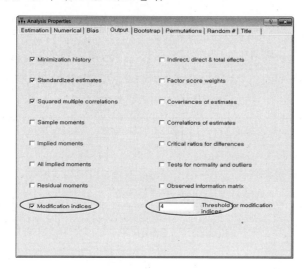

2 Analysis Properties의 X를 클릭하여 닫고 ▦ 아이콘을 누르거나 Analyze 메뉴에
서 Calculate Estimates 하위 메뉴를 눌러 분석을 실행을 한 후, 분석 결과는 ▤를
누르거나 혹은 View의 하위 메뉴 Text Output을 클릭한다. 여기서 Modification
Indices를 클릭하면 다음 그림과 같이 수정지수(M.I.)를 볼 수 있다.

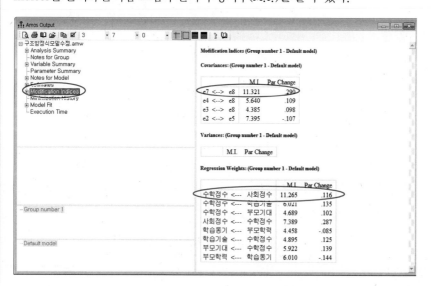

연구모형의 적합도를 향상시키는 방법은 첫째, 공분산 관계(양방향 화살표) 중 M.I. 수치가 가장 큰 오차항 e4와 e5를 연결시키는 것이다(M.I.=11.321). 둘째, 회귀관계 (일방향 화살표) 중 M.I.수치가 가장 큰 사회점수에서 수학점수로의 연결을 설정하는 것이다(M.I.=11.265). 그러나 이론적으로나 상식적으로 사회점수가 수학점수에 영향을 미치는 인과관계 설정은 연구자의 기본가설에 위배되는 것으로 보인다. 따라서 사회점수가 아니라 과학점수 변인이 잘못 입력되었을 것이다. 그렇지 않다면 제3의 요인을 찾거나 사회점수를 삭제하는 것이 필요할 것이다.

---

3 앞의 2번 그림에서 보듯이 e4와 e5 간에 공분산(상관관계)을 설정하였을 경우 χ^2 (CMIN)값은 최소한 11.321만큼 감소한다. Par Change는 Parameter Change의 약자로 두 변인 간에 공분산을 설정하였을 경우의 대략적인 추정치를 의미한다. 공분산을 설정하면 다음 그림과 같다.

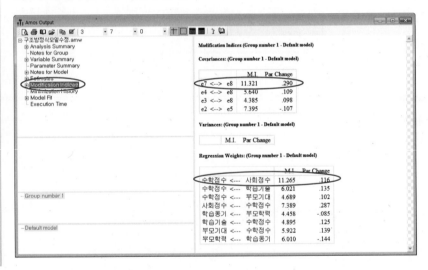

(3) 적합도를 저해하는 측정변인을 제거하는 방법

측정모델에서 R^2은 잠재변인이 관측변인에 의해 설명되는 정도를 나타낸다. 측정모델에서는 표준화 요인 부하량(Standardized Regression Weights)이 관측변인의 신뢰도를 평가하는 데 이용된다. 404쪽의 ①번 그림을 보면 성취도 설명모델에서 측정모델의 표준화 요인 부하량 가운데 사회점수(SMC=.006)가 낮아 측정에 있어 신뢰도가 떨어지는 것으로 나타났다. 사회점수 변인을 제거하는 것은 측정모델의 타당성을 저해하는 측정변인을 제거함으로써 모형의 적합도를 높이기 위함이다. 따라서 사회점수라는 측정변인을 제거하고 이를 '구조방정식 2'라는 파일명으로 저장한 후 분석을 실시한다.

1 분석을 실시한 후 🔳 을 클릭하면 모형 적합도, 경로계수, 회귀계수, 측정변인의 분산 등이 표시된다.

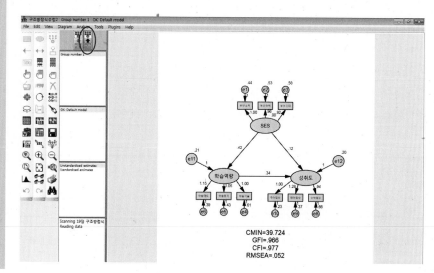

4 논문 양식

　SES 요인과 학습역량 요인 및 학업성취도 요인 간의 관계를 알아보기 위해 394쪽의 ⑧번 그림과 같은 연구모형을 설정하였다. SES 요인을 구성하는 관찰변인으로 부모소득, 부모학력, 부모기대를 설정하였고, 학습역량 요인을 구성하는 관찰변인으로 학습태도, 학습동기, 학습기술을 설정하였으며, 성취도 요인을 구성하는 관찰변인으로 국어점수, 영어점수, 수학점수를 설정하였다. 각 특성에 대해 측정한 가상의 자료로서 산출된 변인들 간의 상관계수행렬은 〈표 19-1〉과 같다.

〈표 19-1〉 학업성취도와 관련된 변인들 간의 상관계수행렬

	부모 소득	부모 학력	부모 기대	학습 태도	학습 동기	학습 기술	국어 점수	영어 점수	수학 점수
부모소득	1								
부모학력	.618	1							
부모기대	.602	.564	1						
학습태도	.318	.292	.375	1					
학습동기	.299	.290	.389	.522	1				
학습기술	.329	.310	.368	.439	.462	1			
국어점수	.218	.243	.283	.269	.264	.301	1		
영어점수	.182	.194	.231	.250	.226	.218	.379	1	
수학점수	.169	.198	.232	.214	.183	.175	.417	.494	1

1 제안모델

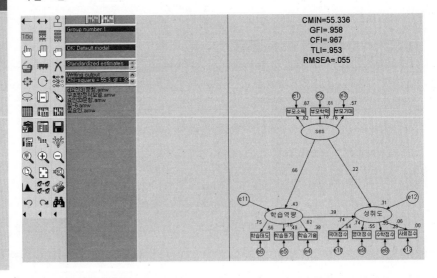

연구모델의 적합도 지수 및 수정지수를 검토하여 제안모델에서 '사회점수' 변인을 제거한 수정모델을 설정하였다. 제안모델과 수정모델에 대한 적합도 분석 결과를 비교하면 〈표 19-2〉와 같다.

〈표 19-2〉 연구모형의 적합도

	χ^2(p)	자유도	χ^2/자유도	CFA	GFI	TLI	RMSEA
제한모델	55.336 (.000)	32	1.729	.967	.958	.953	.055
수정모델 (Ⅰ)	39.724 (.023)	24	1.655	.977	.966	.966	.052
수정모델 (Ⅱ)	33.922 (.066)	23	1.475	.984	.971	.975	.044
수용기준	p>.05			.90 이상	.90 이상	.90 이상	.05 이하

2 수정모델(Ⅰ)

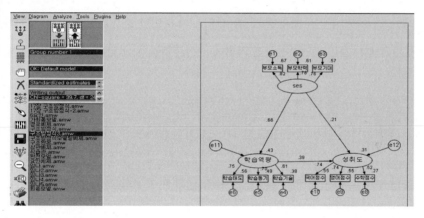

3 수정모델(Ⅱ)

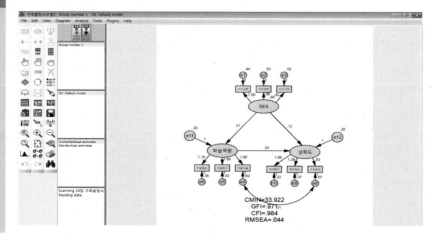

연구자가 설정한 제안모델에 대한 적합도 검정 결과 유의수준 .05에서 모형이 자료와 합치된다는 영가설이 수용되었고($x^2/df=1.729$), CFI, GFI, TLI, RMSEA의 값은 기준보다 높은 적합도를 나타내고 있다. 그러나 추정치 SMC 검토 결과 측정모형의 타당성을 저해하는 사회점수 변인을 제거한 모형을 수정모델(Ⅰ)로 설정하였다. 수정모델(Ⅰ)의 적합도 검정 결과 x^2(p) 및 RMSEA의 값에서 기준치를 상회하고 있는데 이는 모델의 수정을 암시하고 있다. 따라서 자료의 특성을 더 잘 반영할 수 있는 모형을 탐색하기 위하여 수정지수를 살펴본 결과, 오차항 e4와 e8 간에 연결시키는 모델의 경우 x^2값이 5.608 감소된다. 〈표 19-2〉에서 보듯이 x^2/자유도가 1.655에서 1.475로 유의하게 감소하고 있으며, 다른 적합도 지수들 모두 기준값보다 더 나은 적합도를 보이고 있다. 따라서 수정모델(Ⅱ)이 제안모델보다 자료의 속성을 더 잘 반영한다고 할 수 있어서 수정모델(Ⅱ)을 선택하여 변인들 간의 관계를 파악하였다. 수정모형의 추정치들은 405쪽의 ③번 그림에 제시하였는데, 모든 추정치가 유의수준 .05에서 통계적으로 유의한 값을 나타낸다.

구조모델의 R^2은 독립변인들이 종속변인을 설명하는 정도인데, 성취도 설명모델에서 성취도는 SES 요인에 의해서 22%, 학업역량 요인에 의해서 38%의 직접 영향을 받고 있으며, 학업역량은 SES 요인에 의해서 65%의 직접 영향을 받고 있다. 한편 성취도는 SES 요인에 의해서 24.7%의 간접 영향과 22%의 직접 영향으로 총 46.7%의 영향을 받는 것으로 나타났다.

1 이론적 배경 및 다음과 같은 연구모형을 근거로 2개의 가설을 설정하였다.

• 가설 1: 회사의 정책이 직무 만족에 정(+)의 영향을 미칠 것이다.

• 가설 2: 직무 만족이 서비스 품질에 정(+)의 영향을 미칠 것이다.

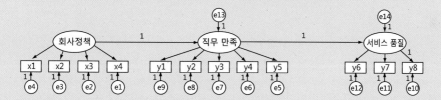

회사정책, 직무 만족, 서비스 품질의 단일 차원성 검정을 위해 확인적 요인분석을 실시하고 이 세 잠재변수 간에 경로분석을 실시하시오.

2 성격, 운동, 식습관, 스트레스, 질병 등 5개의 잠재변수가 있다. 연구문제와 관련된 잠재변수 간의 가정된 관계인 연구모형을 구상해 보시오.

χ^2검정

개 요

χ^2검정은 어떤 현상이나 행동을 몇 가지 범주로 구분하여 범주별 관찰수를 분할표 (contingency table)로 작성한다. χ^2검정은 χ^2 분포에 기초한 통계적 방법으로, 관찰된 빈도와 기대되는 빈도가 다른지의 여부를 검정하기 위해 사용되는 검정 방법이다. 자료가 빈도로 주어졌을 때, 특히 명명척도 자료의 분석에 이용된다.

 분석 실행

적용 절차(7장 교차분석 원자료.sav)는 다음과 같다.

연구문제	대학생의 전공계열과 성별 간에는 관계가 있는가?

대학생을 대상으로 전공계열과 성별 간의 관계를 알아보기 위하여 χ^2검정을 실시하였다.

1 데이터 편집기 창에서 데이터를 불러온 후 **분석(A) → 비모수 검정(N) → 레거시 대화상자(L) → 카이제곱검정(C)**을 선택한다.

2 왼쪽의 변수 선택란에 '성별'과 '전공계열'을 선택하여 **검정변수(T)**로 옮긴다. 정확한 검정을 구하기 위하여 **정확(X)** 버튼을 선택한다.

3 **점근적 검정(A)**가 기본으로 선택되어 있다. **계속** 버튼을 선택한다.

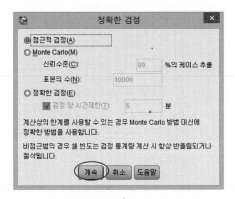

4 카이제곱검정 대화상자에서 **옵션(O)**을 선택하면 다음과 같은 대화상자가 나타난다. **기술통계(D)**를 체크한 후 **계속** 버튼을 선택한다.

| 5 | 모두 설정되었으면 **확인** 버튼을 선택한다. 프로그램이 실행되어 그림과 같은 결과가 나타나면 저장해 둔다. |

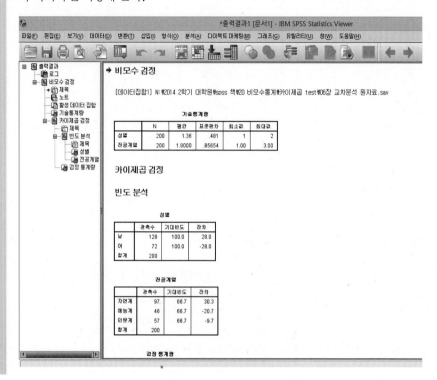

3 분석 결과

1) 기술통계량

기술통계량					
	N	평 균	표준편차	최소값	최대값
성별	200	1.36	.481	1	2
전공계열	200	1.8000	.85654	1.00	3.00

2) 빈도분석

성 별			
	관측수	기대빈도	잔 차
남	128	100.0	28.0
여	72	100.0	−28.0
합계	200		

전공계열			
	관측수	기대빈도	잔 차
자연계	97	66.7	30.3
예능계	46	66.7	−20.7
인문계	57	66.7	−9.7
합계	200		

검정 통계량		
	전공계열	성 별
카이제곱	21.610[b]	15.680[a]
자유도	2	1
근사 유의확률	.000	.000

a. 0 셀(.0%)은 5보다 작은 기대빈도를 가진다. 최소 셀 기대빈도는 100.0이다.
b. 0 셀(.0%)은 5보다 작은 기대빈도를 가진다. 최소 셀 기대빈도는 66.7이다.

이 분석 결과는 대학생의 전공계열과 성별 간의 관계에 대한 χ^2검정의 결과다. 표에서 전공계열의 χ^2값은 21.610이고 자유도는 2이며, 근사 유의확률은 .000이고, 성별의 χ^2값은 15.680이고 자유도는 1이며, 근사 유의확률은 .000이다. 연구문제의 검정 결과는 $p < .001$ 수준에서 통계적으로 유의한 것으로 볼 수 있다. 따라서 H_0(영가설)를 기각하므로 전공계열과 성별 간에는 상관이 있다고 결론 내릴 수 있다.

콜모고로프-스미르노프검정

개 요

콜모고로프−스미르노프(Kolmogorov−Smirnov)검정은 모집단에 대한 어떤 가정을 요구하지 않는 비모수적 통계 방법으로 단일표본과 독립표본 비모수 검정에 사용할 수 있다. 단일표본 콜모고로프−스미르노프(K−S)검정은 한 변수에 대해 관측된 데이터의 누적분포함수가 준거분포인 정규분포, 균일분포, 지수분포, 포아송분포에 근사한지를 검정하는 비모수적 통계 방법이다. 즉, K−S검정은 표본의 누적확률분포함수와 검정하고자 하는 확률분포함수의 누적치를 비교함으로써 검정한다. 독립표본 콜모고로프−스미르노프(K−S)검정은 두 독립표본이 동일한 분포를 가진 모집단에서 표집되었는지를 검정하는 두 독립표본 간의 적합도 검정이다. 이 검정법은 2개의 독립적인 빈도분포의 차이검정에 적합하다. 카이제곱검정과 다른 것은 카이제곱검정의 경우는 이산적 분포인 데 반하여 콜로모고로프−스미르노프(K−S)검정은 연속 확률분포함수를 이용한다는 점이다. 사례 수가 적은 경우에도 검정력이 강력하다. 다만 자료의 연속성을 위반하면 검정력이 약화된다. 따라서 자료를 급간으로 묶은 경우에는 카이제곱검정이 우수할 수 있다.

콜로모고로프−스미르노프검정을 적용하기 위해서는 다음과 같은 기본 가정이 필요하다.
① 입력자료는 정규분포를 이룬다고 가정하지 않는다.
② 입력자료는 적어도 서열변인이며 연속적 분포를 이룬다.
③ 포아송분포를 검정하려면 자료가 음수가 아닌 정수여야 한다.

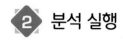

분석 실행

1) 단일표본 콜모고로프–스미르노프검정

연구문제	임의의 한 반을 표집하여서 수학등위을 조사한다. 이 반의 수학등위는 정규분포를 이루는가?

적용 절차(20장 비모수 단일표본 K–S검정 1개반 원자료.sav)는 다음과 같다.

1 데이터 편집기 창에서 **분석(A) → 비모수 검정(N) → 레거시 대화상자(L) → 일표본 K–S(1)**을 선택한다.

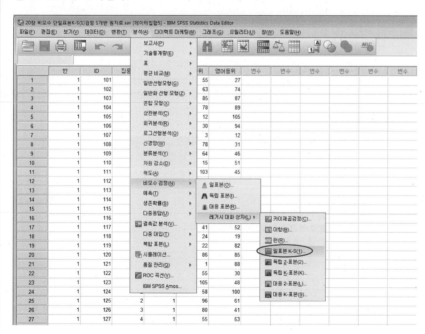

2 수학등수를 검정변수(T)로 이동시키고 **옵션(O)**을 선택하여 기술통계(D)를 체크하고 계속 버튼을 클릭한다.

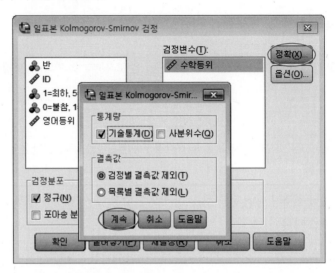

3 필요한 검정분포를 체크한 다음 **확인**을 선택한다. 여기서는 정규분포(N)만을 검정한다.

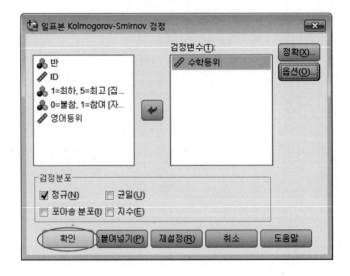

검정 분포	
정규 분포 (Normal Distribution)	변인의 분포가 연속적이고 대칭적이며 따라서 종모양을 지닌 곡선으로 된 빈도분포로서 중앙치, 평균치, 최빈치가 동일하며 곡선의 양 끝은 낮은 빈도로 되어 있다. 가우스 분포 또는 정상분포라고도 한다.
균일 분포 (Uniform Distribution)	구간 a와 b의 어느 곳에서도 같은 값을 가지는 이산형 또는 연속형 확률변수 X의 분포를 말한다. 어떤 개체들이 무작위로 분배되기보다 규칙적으로 나타나는 것이다.
포아송 분포 (Poisson Distribution)	주어진 단위시간 동안 발생하는 어떤 사건의 출현횟수가 갖는 분포다. 수리적으로 포아송 분포는 사건을 n회 시행할 때 특정한 사건이 y회 발생할 확률분포 중에서 사건을 시행한 수인 n이 무한대인 경우에 해당한다.
지수 분포 (Expotential Distribution)	다음 사건이 일어날 때까지 걸리는 시간에 대한 분포다. 사건이 서로 독립적일 때, 일정 시간 동안 발생하는 사건의 횟수가 푸아송 분포를 따른다면, 다음 사건이 일어날 때까지 대기 시간은 지수분포를 따른다.

4 다음과 같이 나타나는 출력 결과를 저장해 둔다.

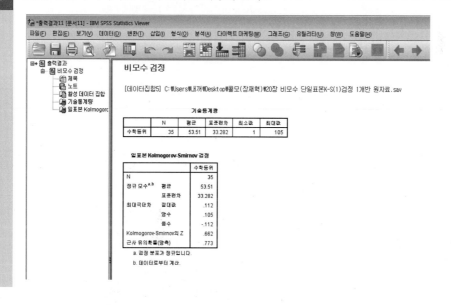

2) 독립표본 콜모고로프–스미르노프(K–S)검정

연구문제 | 자율학습 참여 여부에 따라서 2개 반의 영어등위의 확률분포는 차이가 있는가?

적용 절차(20장 비모수 독립표본 K–S(2) 검정 원자료.sav)는 다음과 같다.

1 데이터 편집기 창에서 **분석(A) → 비모수 검정(N) → 레거시 대화상자(L) → 독립2–표본(2)**을 선택한다.

2 영어등위를 검정변수(T)로, 자율학습은 집단변수(G)로 이동시키고 **집단정의(D)**를 선택한다.

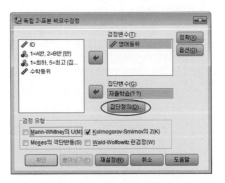

3 참여집단과 불참집단을 비교하기 위해 '집단 1:'에 1을 '집단 2:'에 0을 입력하고 **계속**을 선택한다.

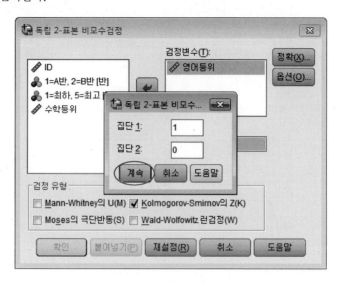

4 옵션(O)을 선택하여 기술통계(D)를 체크하고 **계속**을 선택한다.

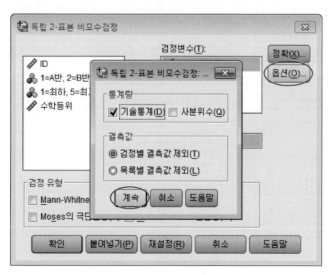

5 Kolmogorov–Smirnov의 Z(K)를 체크하고 **확인**을 선택한다.

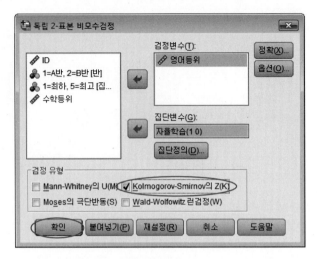

6 다음과 같은 비모수 검정의 출력결과를 저장해 둔다.

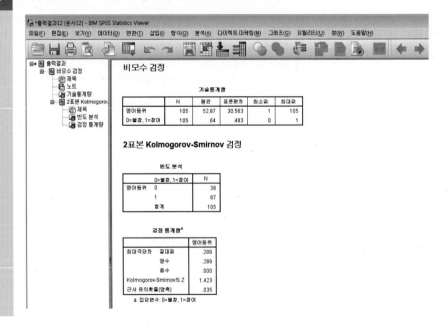

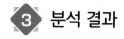

분석 결과

1) 단일표본 콜모고로프-스미르노프검정

(1) 기술통계

기술통계량					
	N	평균	표준편차	최소값	최대값
수학등위	35	53.51	33.282	1	105

이 표는 수학등위에 대한 기술통계량으로 사례 수(N)는 35이고 평균 53.51, 표준편차 33.282, 최소값 1, 최대값 105를 제시하고 있다.

(2) 적합도 검정

① 정규 분포 적합도 검정

일표본 Kolmogorov-Smirnov검정		
		수학등위
N		35
정규 모수 a, b	평균	53.51
	표준편차	33.282
최대극단차	절대값	.112
	양수	.105
	음수	-.112
Kolmogorov-Smirnov의 Z		.662
근사 유의확률(양측)		.773

a. 검정 분포가 정규임.
b. 데이터로부터 계산

K-S의 Z값이 .662, 근사유의확률(양측)$p = .773$으로 유의수준 $\alpha = .05$보다 크므로 수학등위가 이론적으로 가정한 정규분포와 같다는 영가설(H_0)은 기각되지 않는다. 즉, 수학등위가 이루는 확률분포는 정규분포를 이룬다고 가정할 수 있다.

2) 독립표본 콜모고로프−스미르노프검정

(1) 기술통계

	N	평균	표준편차	최소값	최대값
			기술통계량		
영어등위	105	52.87	30.563	1	105
0=불참, 1=참여	105	.64	.483	0	1

이 표는 영어점수에 대한 기술통계량으로 사례 수(N)는 105이고 평균 52.87, 표준편차 30.563, 최소값 1, 최대값 105를 제시하고 있다.

(2) 적합도 검정

① 두 집단 빈도분석

빈도분석	0=불참, 1=참여	N
영어등위	0	38
	1	67
	합계	105

② 두 집단 적합도 검정

검정 통계량[a]		영어등위
최대극단차	절대값	.289
	양수	.289
	음수	.000
Kolmogorov−Smirnov의 Z		1.423
근사 유의확률(양측)		.035

a. 집단변수: 0=불참, 1=참여

자율학습 참여집단과 불참집단의 영어등위에 대한 검정 통계량을 보면 최대극단차 절대값은 .289이고 K−S의 Z값이 1.423이다. 근사유의확률(양측)p＝.035으로 유의수준 .05보다 작기 때문에 2개 반의 영어점수의 확률분포가 같다고 가정한 영가설(H_0)은 기각된다. 즉, 자율학습 참여집단과 불참집단의 영어등위의 확률분포는 차이가 있다.

제22장

부호검정

개 요

    부호검정은 모수 통계분석의 대응표본 t검정에 비교되는 분석 방법이고 두 변수값에 대해서 두 변수가 이루는 확률분포의 차이가 있는지를 검정하는 방법이다. 평균치보다는 중앙치에 중점을 두며, 두 변수값을 비교하여(+), (−) 방향만을 이용하여 분석하게 된다(영가설 H_0하에서 위치모수의 값 θ_0보다 큰 관측값의 개수만을 이용하여 검정하는 것이 그 특징이다).

 분석 실행

    적용 절차(sign test 원자료.sav)는 다음과 같다.

연구문제   10명 학생들의 1차, 2차 수행평가 간의 차이는 있는가?

    10명의 학생을 대상으로 1차, 2차 수행평가 간의 차이를 알아보기 위하여 부호검정을 실시하였다.

1   데이터 편집기에서 다음과 같이 데이터를 입력한 후 메뉴에서 **분석(A) → 비모수 검정(N) → 레거시 대화상자(L) → 대응 2−표본(L)**을 선택한다.

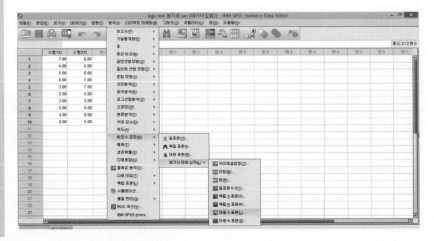

2 검정할 변수를 선택하여 검정 대응변수 창으로 보내고, 검정 유형 창에서 부호를 설정한다.

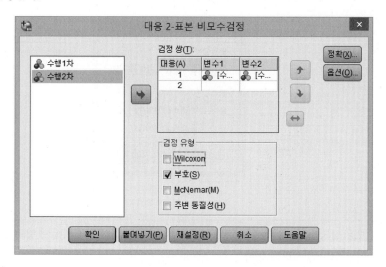

3 **점근적 검정(A)**이 기본으로 선택되어 있다. **계속** 버튼을 선택한다.

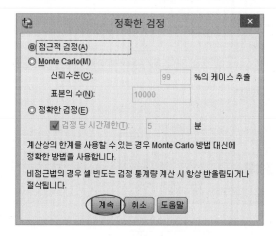

4 카이제곱 검정 대화상자에서 **옵션(O)**을 선택하면 다음과 같은 대화상자가 나타난다. **기술통계(D)**를 체크한 후 **계속** 버튼을 선택한다.

5 모두 설정되었으면 **확인** 버튼을 선택한다. 프로그램이 실행되어 그림과 같은 결과가 나타나면 저장해 둔다.

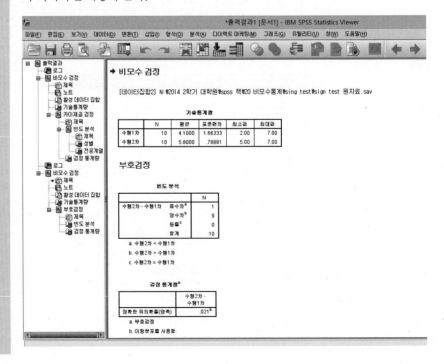

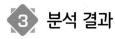 **분석 결과**

1) 기술통계량

기술통계량					
	N	평 균	표준편차	최소값	최대값
수행 2차	10	5.8000	.78881	5.00	7.00
수행 1차	10	4.1000	1.66333	2.00	7.00

2) 빈도분석

빈도분석			
			N
수행 1차-수행 2차	음수차[a]		9
	양수차[b]		1
	동률[c]		0
	합계		10

a. 수행 1차 < 수행 2차
b. 수행 1차 > 수행 2차
c. 수행 1차 = 수행 2차

검정 통계량[a]	
	수행 1차-수행 2차
정확한 유의확률(양측)	.021[b]

a. 부호검정
b. 이항분포를 사용함.

이 분석 결과 10명의 학생들의 수행 1차, 2차 사이의 차이를 알아보기 위해 요구되는 검정 통계량의 정확한 유의확률(양측)은 .021이다. 연구문제의 검정 결과는 $p < .05$ 수준에서 통계적으로 유의한 것으로 볼 수 있다. 따라서 H_0(영가설)를 기각하므로 10명의 학생의 수행 1차, 2차 간에는 차이가 있다고 결론 내릴 수 있다.

크루스칼-왈리스검정

개 요

크루스칼–왈리스(Kruskal–Wallis)검정은 여러 평균치의 차이 검정인 일원변량분석의 F검정에 대응하는 비모수적 통계 방법이다. 이 방법은 2개 이상의 독립표집의 비교에 적합하다. 이는 서열변인으로 연속적 분포를 가정하고 있으나 분포의 정상성이나 동변량성은 가정하지 않는다.

크루스칼–왈리스검정은 k개 집단의 점수를 하나로 통합한 다음 이 통합된 집단에서 점수의 크기로 등위를 배정하여 각 집단별로 등위의 합을 구한다.

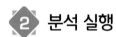 분석 실행

연구문제	거주 지역(A도시, B도시, C도시)에 따른 지역만족도는 같다고 볼 수 있는가?

적용 절차(비모수_ Kruskal–Wallis.sav)는 다음과 같다.

1	데이터 편집기 창에서 **분석(A) → 비모수 검정(N) → 레거시 대화상자(L) → 독립 K–표본(K)**을 선택한다.

2   **검정변수(T)**에 지역만족도를, **집단변수(G)**에 거주지역을 이동시킨다. 오른쪽의 **정확(X)**을 이용하여 크기, 분포, 조밀성에서 좀 더 정확한 검정이 가능하며, **옵션 (O)**을 이용하여 통계량과 결측값의 처리를 지정할 수 있으나, 여기서는 별도로 사용하지 않았다.

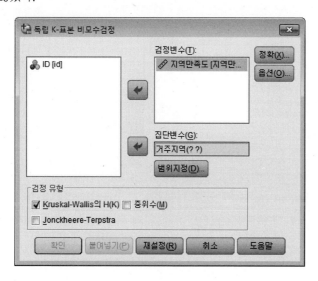

3   **집단변수(G)** 아래에 있는 **범위지정(D)**을 이용하여 집단변수의 범위를 지정한다. 거주지역 A, B, C의 최소값인 1과 최대값인 3을 입력한다.

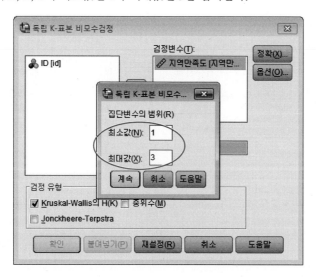

> **4** 검정유형 중에서 **Kruskal-Wallis의 H(K)**를 선택한 다음, **확인** 버튼을 선택하면
> SPSS 뷰어 창에 결과가 출력된다.

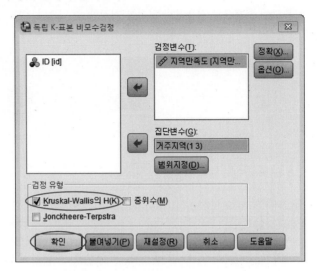

3 분석 결과

1) 집단변수의 순위

	거주지역	N	평균순위
지역 만족도	A도시	6	4.92
	B도시	6	12.00
	C도시	8	13.56
	합계	20	

이 표는 지역만족도를 거주지역별로 순위를 구하여 각각의 평균순위를 나타낸 것이다.

2) 검정 통계량

검정 통계량[a, b]	
	지역만족도
카이제곱	7.897
자유도	2
근사유의확률	.019

a. Kruskal–Wallis검정
b. 집단변수: 거주지역

이 표는 거주지역에 따른 지역만족도의 검정 통계량으로서, 카이제곱값, 자유도, 근사유의확률이 제시되어 있다.

분석 결과 지역만족도의 평균은 C도시, B도시, A도시 순으로 높게 나타났으며, 평균순위는 마찬가지로 C도시의 지역만족도가 가장 높고 A도시의 지역만족도가 가장 낮게 나타났다. 또한 χ^2값이 7.897, 자유도가 2이며, 근사유의확률이 .019($p < .05$)이므로 거주지역에 따라 지역만족도에 유의한 차이가 있다고 볼 수 있다.

프리드만검정

개 요

2개 이상의 변인의 평균순위에 차이가 있는지의 여부를 검정하는 경우에 이용된다. 모수통계의 중단변량분석(Multivariate Analysis of Variance)과 비교되는 분석 방법이다. 즉, 변수들의 측정자료가 순위척도로 수집된 경우에 변수들 간의 순위의 평균값을 비교하여 과연 그 순위상의 차이가 있는지를 검정하는 방법이다. 예를 들어, 문제 유형에 따른 난이도 차이를 검정하고자 할 때, 학생들의 점수(등간척도)를 그대로 활용한다면 모수통계의 중다변량분석을 활용하면 되겠지만, 순위자료로 수집되었을 경우 또는 표본의 수가 적어 다변량정상을 가정할 수 없는 경우에 비모수통계의 프리드만검정(Friedman test)을 할 수 있다.

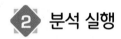 분석 실행

연구문제 문제 유형(A형, B형, C형)에 따른 난이도에 차이가 있는가?

적용 절차(24장 프리드만검정.sav)는 다음과 같다. 자료는 피험자는 세 가지 문제 유형에 모두 응시하고 각 문제 유형에 대한 점수를 순위(1, 2, 3순위)로 나타낸 것이다.

1 **분석(A) → 비모수 검정(N) → 레거시 대화상자(L) → 대응 K-표본(S)을 선택한다.**

2 차이를 확인하고자 하는 변인을 검정변수(T) 창으로 모두 이동시키고 검정 유형에
서 'Friedman(F)'을 선택하고 **확인**을 클릭한다.

 분석 결과

순 위	
	평균순위
A형	1.48
B형	2.12
C형	2.40

검정 통계량[a]	
N	25
카이제곱	11.120
자유도	2
근사 유의확률	.004

a. Friedman검정

세 가지 문제 유형 중 A형의 경우, 평균순위가 1.48로서 가장 낮고, C형의 경우,
2.40으로 가장 높게 나타났다. 유의수준 .01에서 검정한 결과, 자유도 2에서 χ^2값은
11.120으로 근사 유의확률 p=.004(p<.01)로 문제 유형에 따른 평균순위의 차이는
통계적으로 유의미한 것으로 확인되었다. 즉, 세 가지 문제 유형에 따라 난이도 순위
에는 차이가 있음을 알 수 있다.

제25장

런검정

개 요

런검정은 일련의 연속적인 관측값들이 임의적(random)으로 나타난 것인지를 검정하는 방법으로서 관측값들이 얻어진 순서에 근거하는 비모수적 검정법이다. 일련의 연속적인 관측값이 무작위적으로 나타난 것인지, 아니면 앞에서 나타난 관측값이 뒤에 나타나는 관측값에 어떤 영향을 미치는지를 검정하는 데 이용되며 변수가 이항변수인 경우 사용한다. 런(run)이란 동일한 관측값이 연속적으로 이어진 것(a sequence of like observations)을 말한다. 이 런의 수에 근거를 두고 무작위성을 검정하는데 런의 수가 너무 많거나 너무 적으면 관측값 간의 연관성이 있다고 판단하게 되는 것이다.

 분석 실행

연구문제	B 자동차공장의 30일간의 생산과정에서 완성품 중 불량품의 유무가 다음 완성품의 불량유무와 관계가 있는가?

1 분석(A) → 비모수 검정(N) → 레거시 대화상자(L) → 런(R)을 선택한다.

2 검정변수와 절단점을 설정한다. 절단점은 분석할 자료의 관측값을 나누는 지점을 의미하며, 절단점에 근거하여 런의 개수가 결정된다. 절단점 설정의 기본 값은 중위수(Median)이며, 최빈값(Mode), 평균(Mean)으로 설정할 수 있으며, 사용자가 직접 정의할 수도 있다. 사용자가 직접 정의할 경우, 코딩된 자료에 근거하여 설정한다. 절단점을 1로 지정한다면, 1보다 작은 값을 갖는 경우와 같거나 큰 값을 갖는 경우로 런을 설정하게 되는 것이다.

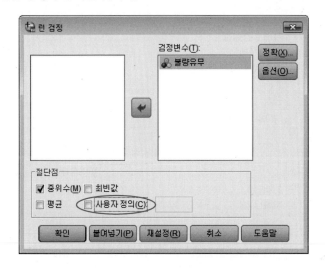

3 절단점 설정을 기본값인 중위수와 사용자정의를 선택하고 분석해야 할 자료가 0 또는 1로 코딩된 자료이므로 1로 설정하였다. 확인을 클릭하면 결과를 확인할 수 있다.

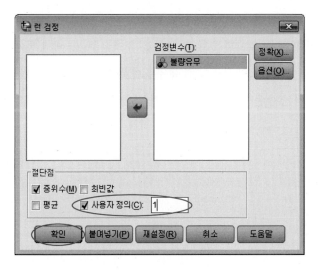

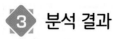 **분석 결과**

비모수 검정

런 검정

	불량유무
검정값[a]	1
사례<검정값	15
사례≦검정값	15
전체 사례	30
런의 수	10
Z	-2.044
근사 유의확률(양측)	.041

a. 중위수

런의 검정 2

	불량유무
검정값[a]	1.00
전체 사례	30
런의 수	10
Z	-2.044
근사 유의확률(양측)	.041

a. 사용자 지정

앞의 두 결과 중 첫 번째 런검정은 절단점을 중위수로 설정하였을 경우이고, 두 번째 런검정 2는 절단점을 사용자가 직접 설정한 경우의 결과다.

런의 수는 10개이며, 검정값(절단점)보다 작은 사례가 15, 같거나 큰 사례가 15로 나타났다. 이때 근사 유의확률(p)은 .041로 유의수준 .05에서 통계적으로 유의한 것으로 나타났다. 따라서 완성품의 불량유무가 무작위로 발생한다는 영가설을 기각한다. 즉, 앞서 생산된 완성품의 불량유무가 나중에 생산될 완성품의 불량여부에 영향을 미친다고 볼 수 있다.

참고문헌

김석우(2001). 사회과학 연구를 위한 통계방법의 이해. 서울: 원미사.

김용정(2009). 교사문화의 진단도구 개발 및 특성 분석. 부산대학교 대학원 박사학위 논문.

김정환(2008). 교육연구 및 통계방법(개정신판). 서울: 원미사.

박광배(2000). 다변량분석. 서울: 학지사.

박성현, 조신섭, 김성수(1999). 통계자료분석을 위한 한글 SPSS. 서울: SPSS아카데미.

박정식, 윤영선(2002). 현대통계학(제4판). 서울: 다산사.

배병렬(2007). AMOS7에 의한 구조방정식모델링. 서울: 도서출판 청람.

성태제(2014). 현대 기초통계학(제7판). 서울: 학지사.

손충기, 백영균, 박정환(2006). 내가 하는 통계분석 SPSS(제4판). 서울: 학지사.

송인섭(1994). 통계학의 이해(개정판). 서울: 학지사.

송인섭(2001). 통계학의 기초. 서울: 학지사.

이종성, 강계남, 김양분, 강상진(2000). 사회과학연구를 위한 통계방법(제4판). 서울: 박영사.

홍세희(2000). 구조방정식 모형의 적합도 지수 선정기준과 그 근거. 한국심리학회지, 19(1), 161-177.

황정규 편(1998). 교육측정·평가의 새 지평. 서울: 교육과학사.

Abrami, P. C., Chomsky, P., & Cordon, R. (2001). *Statistical analysis for the social sciences: An interactive approach*. Needham Heights, MA: Allyn & Bacon.

Bentler, P. M., & Chou, C.-P. (1987). Practical issues in structural modeling. *Sociological Methods and Research, 16,* 78-117.

Bloomers, P. J., & Forsyth, R. A. (1977). *Elementary statistical methods in psychology and education* (2nd ed.). Lanham, MD: University Press of America, Inc.

Bollen, K. A. (1989). *Structural equations with latent variables*. New York: John Wiley

& Sons, Inc.

Byrne, B. M. (2001). *Structural equation modeling with AMOS: Basic concepts, applications, and programming.* Mahwah, NJ: Lawrence Erlbaum Associates.

Dillon, W. R., & Goldstein, M. (1984). *Multivariate analysis: Methods and applications.* New York: John Wiley & Sons, Inc.

Draper, N. R., & Smith, H. (1966). *Applied regression analysis* (2nd ed.). New York: John Wiley & Sons, Inc.

Gorsuch, R. L. (1983). *Factor analysis* (2nd ed.). Hillsdale, NJ: Lawrence Erlbaum Associates.

Hair, J. F., Anderson, R. E., Tatham, R. L., & Clack, W. C. (1998). *Multivariate data analysis* (5th ed.). Englewood Cliff, NJ: Prentice—Hall, Inc.

Hays, W. L. (1988). *Statistics* (4th ed.). New York: Holt, Rinehart & Winston.

Hotelling, H. (1935). The most predictable criterion. *Journal of Educational Psychology, 26,* 139–142.

Kaiser, H. F. (1974). An index of factorial simplicity. *Psychometrika, 39,* 31–36.

Mark, S. A., & Roger, K. B. (1984). *Cluster analysis.* Beverly Hills, CA: Sage Publications.

Pedhazar, E. J. (1982). *Multiple regression in behavioral research: Explanation and prediction* (2nd ed.). New York: Holt, Rinehart & Winston.

Pedhazar, E. J., & Schmelkin, L. P. (1991). *Measurement, design, and analysis: An integrated approach.* Hillsdale, NJ: Lawrence Erlbaum Associates.

Tabachnick, B. G., & Fidell, L. S. (1989). *Using multivariate statistics* (2nd ed.). New York: Harper & Row.

Wright, S. (1934). The method of path coefficients. *Annals of Mathematical Statistics, 5,* 161–215.

찾아보기

| 저자 소개 |

■ 김석우(Kim Sukwoo)
    고려대학교 사범대학 교육학과 졸업
    미국 UCLA 대학원 교육학과 석사 및 철학박사
    미국 조지아 대학교 연구교수
    현 부산대학교 사범대학 교육학과 교수

    〈주요 저서〉
    포트폴리오 평가의 이론과 실제(공저, 학지사, 2000)
    사회과학 연구를 위한 통계방법의 이해(공저, 원미사, 2001)
    인과모형의 이해와 응용(공저, 학지사, 2001)
    다변량분석(공저, 교육과학사, 2005)
    교사를 위한 현장연구의 이론과 실제(공저, 학지사, 2007)
    사회과학 연구를 위한 SPSSWIN 12.0 활용의 실제(공저, 교육과학사, 2007)
    교육과정 및 교육평가(4판, 공저, 학지사, 2015)
    교육연구방법론(2판, 공저, 학지사, 2015)
    교육평가의 이해(2판, 학지사, 2015) 외 다수

[2판] 사회과학 연구를 위한
SPSS·AMOS 활용의 실제
Application of Statistical Package for Social Sciences/
Analysis of Moment Structures

2010년 1월 20일 1판 1쇄 발행
2012년 10월 10일 1판 3쇄 발행
2015년 8월 25일 2판 1쇄 발행
2018년 2월 20일 2판 2쇄 발행

지은이 • 김 석 우
펴낸이 • 김 진 환
펴낸곳 • (주)**학지사**

　　　　04031 서울특별시 마포구 양화로 15길 20 마인드월드빌딩 5층
대표전화 • 02) 330-5114　　팩스 • 02) 324-2345
등록번호 • 제313-2006-000265호
홈페이지 • http://www.hakjisa.co.kr
페이스북 • https://www.facebook.com/hakjisabook

ISBN 978-89-997-0722-3 93370

정가 22,000원

저자와의 협약으로 인지는 생략합니다.
파본은 구입처에서 교환하여 드립니다.

이 책을 무단 전재 또는 복제 행위 시 저작권법에 따라 처벌을 받게 됩니다.

자료분석을 위한 **연습용 파일**은
학지사 홈페이지(http://www.hakjisa.co.kr)의 자료실에서 다운로드하세요.

이 도서의 국립중앙도서관 출판시도서목록(CIP)은 서지정보유통지원시스템
홈페이지(http://seoji.nl.go.kr)와 국가자료공동목록시스템(http://www.nl.go.kr/kolisnet)
에서 이용하실 수 있습니다.
(CIP제어번호: CIP2015018373)

교육문화출판미디어그룹 **학지사**

학술논문서비스 **뉴논문** www.newnonmun.com
심리검사연구소 **인싸이트** www.inpsyt.co.kr
원격교육연수원 **카운피아** www.counpia.com
간호보건의학출판 **정담미디어** www.jdmpub.com